Y. 5545
7.a.o.4.

à conserver

THÉATRE COMPLET
DE M.
EUGÈNE SCRIBE.

IMPRIMERIE DE H. FOURNIER,
RUE DE SEINE, N. 14.

THÉATRE COMPLET

DE M.

EUGÈNE SCRIBE.

Seconde Édition,

ORNÉE

D'UNE VIGNETTE POUR CHAQUE PIÈCE.

TOME QUATRIÈME.

PARIS,
AIMÉ ANDRÉ, LIBRAIRE-ÉDITEUR,
RUE CHRISTINE, N. 1.

M DCCC XXXIV.

LE COIFFEUR

ET

LE PERRUQUIER,

VAUDEVILLE EN UN ACTE.

Représenté, pour la première fois, sur le théâtre du Gymnase dramatique, le 15 janvier 1824.

EN SOCIÉTÉ AVEC MM. MAZÈRES ET SAINT-LAURENT.

PERSONNAGES.

M. DESROCHES, propriétaire.
Mademoiselle DESROCHES, sa sœur.
ALCIBIADE, coiffeur.
POUDRET, perruquier.
JUSTINE, nièce de Poudret, et filleule de mademoiselle Desroches.
PETIT-JEAN, domestique de M. Desroches.

La scène se passe à Paris, à la place Royale.

Le théâtre représente un salon. Porte au fond. Deux portes latérales. A droite, un guéridon recouvert d'un tapis de serge verte. A gauche, une table et tout ce qu'il faut pour la toilette.

POUDRET,

OÙ SUIS-JE ? ET QU'EST-CE QUE JE VOIS ?

Le Coiffeur & le Perruquier (Sc. VIII.)

LE COIFFEUR

ET

LE PERRUQUIER.

SCÈNE PREMIÈRE.

M. DESROCHES, MADEMOISELLE DESROCHES.

DESROCHES.

Ah çà! tâchons de nous entendre, si nous pouvons. Vous voici arrivée à un âge décisif : à celui où il faut rester fille, ou prendre un mari.

MADEMOISELLE DESROCHES.

Air : *Connaissez mieux le grand Eugène.*

Mais mon âge est encor, mon frère,
Fort raisonnable, Dieu merci.

DESROCHES.

Hélas, que n'êtes-vous, ma chère,
Aussi raisonnable que lui!

MADEMOISELLE DESROCHES.

Je n'ai compté, jusqu'ici, je m'en vante,
Que des printemps.

DESROCHES.

Le fait est clair ;
Mais au total, quand on en a cinquante,
Ça peut déjà compter pour un hiver.

Mais les romans que vous lisez tous les jours, sans compter ceux que vous composez...

MADEMOISELLE DESROCHES.

C'est-à-dire, monsieur Desroches, que parce que je suis votre pupille, vous vous croyez le droit...

DESROCHES.

Du tout; je ne suis plus votre tuteur : depuis long-temps vous êtes majeure, et maîtresse de vous-même. Mais j'ai du moins conservé le droit de remontrance! et je puis vous demander pourquoi, chaque jour, vous vous plaignez de rester fille, et pourquoi vous n'acceptez pas le parti que je vous propose, M. Durand, un avoué de province, et pourtant un garçon d'esprit, un parfait honnête homme, à qui j'ai donné parole, et qui doit arriver cette semaine ; pourquoi n'en voulez-vous pas?

MADEMOISELLE DESROCHES.

Pourquoi? Parce que j'espère trouver mieux?

DESROCHES.

Mais voilà trente ans que vous espérez ainsi ; et si je ne craignais de vous fâcher, je vous dirais : « Belle Philis, on désespère, alors... »

MADEMOISELLE DESROCHES.

Aussi, c'est votre faute : pourquoi vous obstiner à rester au Marais? Croyez-vous que les jeunes gens à la mode viendront nous y chercher? et le moyen de trouver un mari quand on demeure à la place Royale?

DESROCHES.

D'abord, ma sœur, Ninon y demeurait.

MADEMOISELLE DESROCHES.

Aussi, est-elle restée fille.

SCÈNE I.

DESROCHES.

Ah! vous appelez cela rester fille! vous êtes bien honnête! Mais je ne vois pas, moi, pourquoi vous en voulez tant à notre Marais. Ce n'est pas parce que j'ai l'honneur d'y être propriétaire, mais trouvez-moi donc un plus beau quartier! Un air pur, des rues superbes! une population paisible; tous parapluies à canne!

MADEMOISELLE DESROCHES.

A la bonne heure; mais c'est province : le Marais n'est pas dans Paris.

DESROCHES.

D'accord; mais vous conviendrez qu'il en est bien près.

MADEMOISELLE DESROCHES.

Eh bien! prouvez-le-moi en me menant ce soir au spectacle.

DESROCHES.

Je ne vous empêche pas d'y aller avec Justine, votre filleule; mais moi je vais passer la soirée chez mon ami Dumont. (Il appelle.) Justine, as-tu averti ton oncle, M. Poudret, mon perruquier?

JUSTINE, en entrant.

Oui, monsieur; mais il était en bas, dans sa boutique, à parler politique avec le marchand de vins; ça fait qu'il ne m'aura peut-être pas entendue.

DESROCHES.

Retourne-s-y, et qu'il vienne me raser. Tous ces perruquiers sont si bavards, et celui-là, surtout! même quand il est seul, il ne peut pas se faire la barbe sans se couper : et pourquoi? Parce qu'il faut qu'il se parle à lui-même... Adieu, ma sœur; sans rancune : bien du plaisir ce soir.

SCÈNE II.

Mademoiselle DESROCHES, JUSTINE.

MADEMOISELLE DESROCHES.

Oui, bien du plaisir; tu l'entends : voilà comme sont les frères.

JUSTINE.

Ah bien! mon oncle Poudret est encore pire : car enfin M. Desroches, votre frère, veut bien entendre parler de mariage, et tout ce qu'il dit là-dessus me semble assez raisonnable. Pourquoi ne voulez-vous pas de M. Durand, qui me paraît un mari comme un autre, et c'est déjà beaucoup.

MADEMOISELLE DESROCHES.

Ah! Justine, tu ne peux pas me comprendre! S'il était le premier en date, je ne dis pas : mais quand le cœur est déjà prévenu par une inclination antérieure!

JUSTINE.

Quoi! mademoiselle, vous avez une inclination?

MADEMOISELLE DESROCHES.

D'autant plus violente, qu'elle a été spontanée dans le principe, et qu'elle est sans espoir dans ses conséquences; car qui sait si jamais nous pourrons nous rencontrer!

SCÈNE II.

JUSTINE.

Est-ce qu'il n'est pas de ce quartier?

MADEMOISELLE DESROCHES.

C'est ce que je ne puis dire.

JUSTINE.

Est-ce qu'il n'est pas de Paris?

MADEMOISELLE DESROCHES.

Je n'en sais rien.

JUSTINE.

Mais, au moins, vous le connaissez?

MADEMOISELLE DESROCHES.

Oui, certes; je connais son cœur; mais pour son nom et son adresse, je les ignore totalement. Un bel inconnu, un jeune homme que j'ai vu la semaine dernière à Meudon, dans une partie de campagne: la mise la plus élégante, la coiffure la plus soignée; et une voiture, un jockei, tout ce qu'il y a de mieux! Juge, après cela, si je peux penser à M. Durand! Si tu savais, Justine, ce que c'est qu'un amour contrarié, ou une inclination sans résultat!

JUSTINE.

Allez, allez, je le sais aussi bien que vous, et depuis long-temps. Est-ce qu'autrefois mon oncle Poudret n'avait pas dans sa boutique un jeune apprenti qui était de mon âge; est-ce que nous n'avions pas juré de nous aimer toujours?

MADEMOISELLE DESROCHES.

Eh bien! pourquoi n'êtes-vous pas mariés?

JUSTINE.

C'est l'ambition qui en est cause : mon oncle cousentait à nous unir, à condition que son élève lui succéderait et prendrait son fonds de boutique ; mais lui qui était jeune, qui avait de l'ardeur, qui ne demandait qu'à parvenir, n'a pas voulu être perruquier : il aspirait à être coiffeur ; et mon oncle, qui tenait à la poudre et aux anciennes idées, s'est brouillé avec lui, et ils ne se voient plus.

MADEMOISELLE DESROCHES.

Et qu'est devenu ton amant ?

JUSTINE.

Il est devenu un monsieur comme il faut, un artiste à la mode ; il demeure rue Vivienne ; il a un salon pour la coupe des cheveux, et une école de perfectionnement ; il s'appelle M. Alcibiade.

MADEMOISELLE DESROCHES.

Alcibiade ! c'est un beau nom.

JUSTINE.

Et puis il est si joli garcon, si aimable, et il a tant de talent ! Aussi je trouve tout naturel qu'il ait de l'ambition, et qu'il cherche à faire fortune. Vous sentez bien qu'il serait plus agréable pour moi d'être dans un beau salon, avec des miroirs et des meubles en acajou. Mais j'ai peur que toutes ces splendeurs ne l'éblouissent, que l'*huile de Macassar* ne lui porte à la tête, et qu'il ne finisse par m'oublier.

MADEMOISELLE DESROCHES.

Allons, ne vas-tu pas être jalouse ?

JUSTINE.

Écoutez donc ; il coiffe le faubourg Saint-Germain, la Chaussée-d'Antin, et même la nouvelle Athènes !

SCÈNE III.

Air : Du partage de la richesse.

> Plus d'une dame, et jolie et coquette,
> Dont le peignoir embellit les attraits,
> En négligé, l'admet à sa toilette ;
> Je sais qu'il m'est fidèle... mais
> Les occasions rend't tout facile ;
> On dit qu'aux ch'veux il faut les prend' soudain...
> Jugez alors si j' dois être tranquille,
> Lui qui les a tous les jours sous la main !

Aussi je prévois qu'un jour j'aurai bien des chagrins ! Mais enfin, ça m'est égal, je me risque ; et pourvu que je devienne un jour madame Alcibiade... Ah ! mon dieu ! c'est mon oncle !

SCÈNE III.

Les précédens ; POUDRET, avec une cafetière, une serviette et un plat a barbe.

POUDRET, parlant en dehors.

Eh bien ! eh bien ! c'est bon ; si M. Desrochés m'attend, il fallait donc le dire, je ne pouvais pas le deviner ; pour être perruquier, on n'est pas sorcier. (A mademoiselle Desroches.) Mademoiselle, j'ai bien l'honneur d'être votre très-humble serviteur, si j'en suis capable.

MADEMOISELLE DESROCHES, d'un air protecteur.

Bonjour, bonjour, Poudret ; comment va la santé ?

POUDRET.

Ah ! mademoiselle, ça va bien, quant au physique (Montrant la mâchoire et l'estomac.) ; tout ceci fait très-bien ses fonctions (Faisant le geste de la houpe.) : mais ceci, ah! mademoiselle, décadence totale!

MADEMOISELLE DESROCHES.

Vous vous plaignez toujours.

POUDRET.

Voilà un mois que j'ai changé de local, et que j'ai loué une boutique dans la maison de M. Desroches, et ça ne va pas mieux. Ah! mademoiselle, les perruquiers sont bien bas! ils sont bien bas les pauvres perruquiers!

MADEMOISELLE DESROCHES, souriant.

Ce pauvre Poudret!

POUDRET.

Plaignez-moi, mademoiselle, vous avez bien raison. Le monde est infesté de charlatans qui démoralisent la coiffure publique. Les barbares! tout est tombé sous leurs ciseaux : les queues, les bourses, les crapauds, les boudins, les catacouas, les chignons, les crêpés, les toupets et les poufs! voilà l'effet des nouvelles inventions!

JUSTINE.

Mais enfin, mon oncle, si toutes ces belles choses-là ne sont plus à la mode?

POUDRET.

Je vous vois venir : vous allez me faire l'éloge des coiffures modernes; je sais dans quelles intentions.

JUSTINE.

Moi! du tout; mais enfin...

POUDRET.

Taisez-vous, ma nièce, taisez-vous; vous êtes jeune,

très-jeune, mais cela vous passera; cela vous passera avec l'âge. (Montrant mademoiselle Desroches.) Demandez à mademoiselle; votre inexpérience se laisse séduire par de nouvelles inventions : *l'huile de Macassar, l'eau de Vénus, le baume de la Mecque*, et cent antres balivernes qu'ils appellent, je crois, des *cosmétiques*, et qui ne font pas plus pousser de cheveux que dans le creux de la main. Ah! si vous aviez usé de la moëlle de bœuf, de la graisse d'ours et de la peau d'anguille! Voilà les vrais conservateurs du cheveu! Alors c'était le bon temps, c'était le bon temps pour les perruquiers!

Air de la walse des Comédiens.

Jours fortunés, jours d'honneur et de gloire,
Vous n'êtes plus!... mais à mon triste cœur,
Tant qu'il battra, votre douce mémoire
Viendra toujours rappeler le bonheur.

Au temps jadis, la poudre qui m'est chère
Dans tous les rangs brillait avec éclat,
Elle parait l'élégant militaire,
Le jeune abbé, le grave magistrat.

Il m'en souvient! dans ma simple boutique,
Soir et matin se pressaient les chalans;
Et sur leur chef, arrosé d'huile antique,
Je bâtissais d'énormes catogans.

Dans tout Paris, dans toute la banlieue,
Mon coup de peigne alors était cité;
Quand je faisais une barbe, une queue,
J'ai vu souvent le passant arrêté.

Adieu la gloire, adieu les honoraires!
Tout est détruit! nos indignes enfans
Ont méconnu les leçons de leurs pères,
Et de notre art sapé les fondemens.

La catacoua s'est, hélas! écroulée.
Ils ont coupé les ailes de pigeons;
Et du boudoir la pommade exilée
Se réfugie au dos des postillons.

Ma vieille enseigne est un vain simulacre!
J'ai vu s'enfuir tous les gens du bon ton;
Heureux encor, lorsqu'un cocher de fiacre
A mon rasoir vient livrer son menton!

Jours fortunés, jours d'honneur et de gloire,
Vous n'êtes plus! mais à mon triste cœur,
Tant qu'il battra, votre douce mémoire
Viendra toujours rappeler le bonheur.

(On entend sonner.)

JUSTINE.

Tenez, tenez, pendant que vous êtes à causer, voilà M. Desroches qui vous attend, et qui s'impatiente.

POUDRET.

J'y vais, j'y vais, M. Desroches. (Il reprend sur la table sa cafetière et sa serviette, qu'il y a déposées.) C'est là une ancienne et bonne pratique! il n'a pas donné dans le charlatanisme de la Titus, celui-là: il a été fidèle à la poudre, et a conservé l'aile de pigeon dans son intégrité. (On sonne encore.) J'y vais. (A Justine.) Et vous, mademoiselle, qu'est-ce que vous faites là? descendez à la boutique, et restez-y en mon absence.

MADEMOISELLE DESROCHES, à Justine.

Oui, petite, descends t'apprêter, et fais-toi bien belle; tu n'as pas oublié que ce soir nous allons ensemble au spectacle.

POUDRET.

Quoi! mademoiselle, vous lui faites cet honneur?

(A Justine.) Sois tranquille, je vais en descendant t'arranger un chignon et un petit crêpé.

JUSTINE, murmurant entre ses dents.

Je serai belle ! une coiffure gothique !

POUDRET.

Qu'est-ce que c'est ?

JUSTINE.

Je dis que ça vous fera négliger une pratique.

SCÈNE IV.

Mademoiselle DESROCHES, seule, s'asseyant près de la table.

Voilà pourtant comme les parens contrecarrent toujours les inclinations des enfans ! et après cela, on s'étonne des évènemens ! Me voilà seule et mélancolique. Si je profitais de ce moment d'inspiration pour composer quelques pages de mon roman. Qu'il est doux d'écrire ainsi des lettres d'amour ! on fait soi-même la demande et la réponse. Lettre seconde; Clarisse à M. ***. (Écrivant.) « Je crains pour mon cœur « l'explosion d'un sentiment qui, long-temps con- « centré... »

SCÈNE V.

Mademoiselle DESROCHES, écrivant; ALCIBIADE, entrant par la porte du fond.

ALCIBIADE, à part.

Personne pour m'annoncer! (Regardant sur une carte.) Madame Murval, place Royale, n° 28; ce doit être ici. (Apercevant mademoiselle Desroches.) Ah! voilà sans doute la dame qui m'a fait demander, et que je dois coiffer. (S'avançant et saluant.) Madame, pourriez-vous me faire l'honneur de me dire...

MADEMOISELLE DESROCHES.

Hein! qui vient là! (Le regardant.) Ah! mon dieu! en croirai-je mes yeux? mon jeune inconnu!

ALCIBIADE, à part.

O ciel! ma passion de l'autre jour! cette dame que j'ai rencontrée à Meudon! (Haut.) Combien je dois me féliciter, mademoiselle! que je suis heureux de vous retrouver enfin!

MADEMOISELLE DESROCHES.

Arrêtez! monsieur; je vous l'ai déjà dit : je dépends de M. Desroches, mon frère; je suis maîtresse, il est vrai, de mon cœur, de ma main, et d'une soixantaine de mille francs.

ALCIBIADE.

Soixante mille francs!

MADEMOISELLE DESROCHES.

Mais je ne puis en disposer sans son aveu.

SCÈNE V.

ALCIBIADE.

C'est le vôtre surtout qui me serait précieux ! On me nomme Saint-Amand (à part.), c'est mon nom de société. (Haut.) Je vais dans les meilleures maisons; et j'ai reçu souvent dans mon salon les personnages les plus distingués. Ah ! si j'étais sûr d'être aimé pour moi-même !

MADEMOISELLE DESROCHES.

Pouvez-vous en douter encore ? Tenez, lisez plutôt. (Lui donnant le papier qui était sur la table.) Vous voyez qu'en votre absence je m'occupais de vous.

ALCIBIADE, baisant la feuille de papier.

Grands dieux ! il se pourrait ?

MADEMOISELLE DESROCHES.

Eh bien ! que faites-vous ?

ALCIBIADE.

Je presse contre mes lèvres ces caractères chéris, qui ne me quitteront jamais ! (Il met la lettre dans sa poche.) Ah ! pour mettre le comble à vos bontés, qu'il me soit permis de me présenter chez vous; d'aspirer à l'honneur d'être votre chevalier ! J'ai souvent des billets pour les Musées, les Expositions, le Diorama, Panorama, Cosmorama. Quand on est lancé dans le monde...

Air : Le fleuve de la vie.

J'en ai pour l'Opéra-Comique,
Pour les Bouffons, pour l'Opéra,
La Gaîté, le Cirque-Olympique,
Le Vaudeville, *et cætera !*
De tous je ne peux prendre notes !
Billets de spectacle ou d'amour,
J'en reçois tant, que chaque jour
J'en fais des papillotes.

MADEMOISELLE DESROCHES.

Nous allons peu au spectacle; ce soir, cependant, moi et ma filleule, nous avons le projet...

ALCIBIADE.

Vous n'irez pas seule : je vous accompagnerai ; je vous donnerai mon bras.

MADEMOISELLE DESROCHES.

Mais, monsieur...

ALCIBIADE.

Vous acceptez, c'est convenu ; ce soir, avant sept heures, je serai à votre porte avec mon tilbury.

MADEMOISELLE DESROCHES.

Vous le voulez ; je vais, dès ce moment, m'occuper de ma toilette, acheter des fleurs, des rubans.

ALCIBIADE.

Daignez accepter ma main.

MADEMOISELLE DESROCHES.

Non pas ; il y a des voisins et des médisans, même à la place Royale. (Faisant la révérence.) C'est moi qui vous laisse ; je descends par mon autre escalier. A ce soir.

ALCIBIADE.

A ce soir.

(Mademoiselle Desroches rentre dans la chambre.)

SCÈNE VI.

ALCIBIADE, seul.

Elle s'éloigne, respirons un peu. Quand il faut faire du sentiment obligé, et avoir deux ou trois accès

SCÈNE VI.

de tendresse improvisée... Allons, Alcibiade, mon ami, l'entreprise est hardie, mais le hasard l'a commencée, et ton audace peut l'achever ; tu sais mieux que personne comment il faut saisir l'occasion. Certainement je suis content de mes affaires : la coupe des cheveux donne assez ; la coiffure se soutient ; les faux toupets se consolident ; et dans mes mains actives, le fer à papillottes n'a pas le temps de se refroidir. Mais enfin, je ne suis qu'un coiffeur du second ordre, et dans mes rêves ambitieux, je voudrais déjà m'élancer au premier rang ! Les perruques de *Letellier* me tourmentent ; les cache-folies de *Plaisir* me bouleversent ; et les trophées de *Michalon* m'empêchent de dormir. Ah ! si je pouvais faire un bon mariage ! si je touchais les soixante mille francs qu'on me propose ici ! quelle extension je donnerais à mon commerce ! dans mon atelier, resplendissant de glaces et de cristaux, j'appellerais à mon aide la sculpture et l'histoire : on y verrait couronnés de lauriers les bustes des empereurs romains qui se sont distingués dans notre art : *Titus*, *Caracalla* et les autres. Et qui m'empêcherait de réaliser ces projets ? Tout me sourit, tout me seconde : je plais, je suis aimé ; avec une tête aussi romanesque que celle de mademoiselle Desroches...

AIR : Traitant l'amour sans pitié.

Je puis, grace au sentiment,
Brusquer tellement l'affaire,
Qu'il faudra bien que le frère
Donne son consentement :
Cédant à ma loi suprême,
Je veux qu'ici chacun m'aime,

> Et que l'envie elle-même
> Dont mon art a triomphé,
> Dise, en voyant mes conquêtes :
> « Il fit tourner plus de têtes
> « Que sa main n'en a coiffé. »

Eh bien ! je ne sais pas pourquoi, je sens là une espèce de remords. Cette pauvre Justine, qui m'aime tant, et que j'aime malgré moi ! elle que j'avais promis d'épouser ! Après cela, si on était toujours honnête homme, on ne ferait jamais fortune... Que diable ! elle se consolera ; elle en épousera un autre... D'ailleurs son oncle a des économies ; mais il fait le fier, et ne veut pas de moi ; ce n'est pas ma faute. Oui, c'est décidé, poursuivons ici mon rôle de séducteur ; personne ici ne me connaît, personne ne peut me découvrir. Ah, mon dieu ! qu'est-ce que je vois là ? Justine !

SCÈNE VII.

ALCIBIADE, JUSTINE.

JUSTINE.

Est-ce possible ? c'est lui ! c'est Alcibiade ! Ah ! que je suis contente de vous voir !

ALCIBIADE.

Et moi aussi, chère Justine ! (à part.) Dieu ! la fâcheuse rencontre !

JUSTINE.

Comment vous trouvez-vous ici, vous qui ne venez jamais dans le quartier ?

SCÈNE VII.

ALCIBIADE, troublé.

Mais... je ne sais pas trop... je venais... j'arrivais... c'est une dame que j'avais à coiffer dans cette maison : madame de Murval.

JUSTINE.

C'est ici dessus, au second : une jeune élégante de la rue du Helder, qui a épousé un riche rentier de la place Royale. C'est le jour et la nuit ; elle met tout sens dessus dessous dans la maison.... Mais qu'avez-vous donc, monsieur ? vous n'avez pas l'air d'avoir du plaisir à me voir.

ALCIBIADE.

Si, vraiment.... mais c'est que je crains que votre oncle... Dites-moi, Justine, comment vous trouvez-vous ici ?

JUSTINE.

Je venais le chercher, parce qu'il y a du monde dans la boutique, qui le demande. Il est vrai que vous ne savez pas... Mon oncle a loué une boutique qui dépend de cette maison.

ALCIBIADE, à part.

Ah, mon Dieu ! il faut que je tienne le plus strict incognito : dorénavant je m'envelopperai dans mon *Quiroga*.

JUSTINE.

Mais, que je vous regarde, monsieur Alcibiade ; que vous voilà donc beau et bien mis ! quelle différence quand vous étiez apprenti chez mon oncle, et que vous n'aviez qu'un habit gris, qui était toujours blanc !

ALCIBIADE, lui faisant signe de se taire.

Justine, de grace...

JUSTINE.

Et cette chaîne en or, et ce beau lorgnon... Est-ce que maintenant vous avez la vue basse, vous qui autrefois m'aperceviez toujours du bout de la rue? vous aviez pourtant de bons yeux dans ce temps-là.

ALCIBIADE.

Oui, c'était bon quand j'habitais le Marais, mais maintenant....

JUSTINE.

Et qu'est-ce que je viens donc de voir par la fenêtre ?

Air de la Robe et les Bottes.

Cette voiture élégante et légère,
Ce beau carrick, ce joli cheval bai.

ALCIBIADE.

Dans notre état, c'est de rigueur, ma chère ;
Tout est à moi, jusqu'au petit jockei.
Fut-il jamais condition plus douce?
Sur le pavé, que l'on me voit raser,
Mon char s'élance, et gaîment j'éclabousse
Le plébéien que je viens de friser.

JUSTINE.

Vous êtes donc riche et heureux? Ah! que je suis contente!... Mais vous m'aimez toujours, n'est-il pas vrai, monsieur Alcibiade? vous ne m'avez pas oubliée ?

ALCIBIADE, à part.

Cette pauvre fille! elle m'attendrit malgré moi!...
(Haut.) Oui, Justine, j'ignore ce qui m'arrivera (A part.); j'en épouserai peut-être une autre (Haut.); mais tu peux être sûre que je n'en aimerai jamais d'autre que toi.

SCÈNE VII.

JUSTINE.

A la bonne heure : au moins voilà qui est parler ! (*Voyant qu'il fait un geste pour partir.*) Eh bien ! est-ce que vous me quittez déjà ?

ALCIBIADE.

Mais sans doute, il le faut : je t'ai dit qu'on m'attendait.

JUSTINE.

Dieu ! que ces grandes dames-là sont heureuses d'être coiffées par vous ! Eh bien ! à moi que vous aimez, ce bonheur n'arrivera pas.

ALCIBIADE.

Justine, y penses-tu ?

JUSTINE.

J'en ai pourtant bien envie ! car je dois aller tantôt dans une belle assemblée, où il y aura bien du monde. Mon oncle a promis de me crêper à l'ancienne manière ; mais de votre main, ça serait bien mieux, et je suis sûre que je serais bien plus jolie.

ALCIBIADE.

Un autre jour, je ne demande pas mieux ; mais dans ce moment, je suis trop pressé.

JUSTINE.

Eh bien ! monsieur, rien qu'un petit crochet ; j'espère que vous ne pouvez pas me refuser cela.

ALCIBIADE, à part.

Au fait, puisque mademoiselle Desroches est sortie... (*Haut.*) Allons, dépêchons-nous ; je vais vous faire une petite coiffure à la neige, dans le genre de *Nardin.*

JUSTINE, allant prendre un fauteuil.

Ah! quel bonheur!

SCÈNE VIII.

Les précédens; POUDRET, sortant de la chambre de M. Desroches.

POUDRET, les apercevant.

Où suis-je? et qu'est-ce que je vois?

JUSTINE.

Dieu! c'est mon oncle!

POUDRET.

Alcibiade en ces lieux! Alcibiade qui, pour me narguer, vient coiffer ma propre nièce!

JUSTINE.

Je vous jure, mon oncle, qu'il ne me parlait pas d'amour.

POUDRET.

Taisez-vous, mademoiselle. Je lui aurais peut-être permis de vous en conter; mais oser vous friser! oser porter une main sacrilége sur une tête qui m'appartient par les liens du sang!

ALCIBIADE.

Allons, monsieur Poudret, calmez-vous.

POUDRET.

Ingrat! c'est moi qui t'ai mis le démêloir à la main!

quand je t'ai accueilli dans ma boutique, tu ne savais pas seulement faire une barbe !

ALCIBIADE.

Je suis votre élève, il est vrai ; depuis long-temps j'ai surpassé mon maître : mais vous, votre génie stationnaire n'a pas avancé d'un pas, et vous ne sortirez jamais de vos perruques.

POUDRET.

Oui, certes, j'y resterai, et je m'en fais gloire. La perruque est la base fondamentale de tout le système capillaire : la perruque exerce sur les arts une influence qu'on ne peut nier ; c'est sous la perruque qu'ont brillé les plus beaux génies dont s'honore la France ! Racine, le tendre Racine, que portait-il ? perruque ! Molière, l'immortel Molière, perruque ! Boileau, Buffon ? perruque ! perruque ! Voltaire, M. de Voltaire lui-même, perruque ! Il me semble encore le voir, cet excellent M. Arouet de Voltaire, le jour fameux où, tout jeune encore, je fus admis à l'honneur de l'accommoder : il tenait en main *la Henriade*, et moi, je tenais mon fer à papillottes ! Nous nous regardions ; il souriait : il aimait tant à encourager les arts ! C'est lui qui disait à un de nos confrères : « Faites des perruques ! faites des perruques ! »

ALCIBIADE.

Et vous croyez, monsieur, que de nos jours...

POUDRET.

Je vous devine : vous me direz peut-être qu'aujourd'hui il y a encore des têtes à perruque à l'Académie, c'est possible ; mais elles ne sont pas de cette force-là.

ALCIBIADE.

C'est-à-dire que, selon vous, le nouveau système de coiffure nuit au développement du talent.

POUDRET.

Oui, monsieur.

ALCIBIADE.

Eh bien! c'est ce qui vous trompe; moi qui vous parle, j'ai fait plus d'un succès. Voyez les héroïnes de mélodrame, c'est moi qui leur fournis des cheveux épars; hier encore, *Oreste* a passé par mes mains! c'est moi qui lui ai fait dresser les cheveux sur la tête! c'est moi qui ai coiffé *Andromaque!*

POUDRET.

Et moi aussi, il y a quarante ans que je l'ai coiffée en poudre. M. *Le Kain* a passé sous ma houppe, et il n'en était pas plus mauvais.

ALCIBIADE.

Laissez donc, il faisait comme vous : il jetait de la poudre aux yeux.

POUDRET.

De la poudre aux yeux!

JUSTINE.

Mon oncle, je vous en prie, apaisez-vous.

POUDRET.

Non; nous ne serons jamais d'accord : jamais tu ne l'épouseras. J'ai vingt mille francs de côté pour ta dot; mais jamais je ne les donnerai à un coiffeur de boudoir.

ALCIBIADE.

Et moi, je ne serai jamais le neveu d'un barbier de faubourg.

SCÈNE VIII.

POUDRET.

Un ignorant! qui n'a jamais touché la moelle de bœuf.

ALCIBIADE.

Un routinier! qui n'est jamais sorti de la poudre.

POUDRET.

Allez donc, monsieur le muscadin; je vois d'ici vos créanciers qui vont enlever votre comptoir d'acajou!

ALCIBIADE.

Allez donc, monsieur Poudret, j'entends le vent qui agite vos palettes, et qui va renverser votre enseigne.

POUDRET.

Renverser mon enseigne!... je ne sais qui me retient!

ALCIBIADE.

Et moi, croyez-vous que je vous craigne?

JUSTINE.

Ah, mon Dieu! ils vont se prendre aux cheveux!

ALCIBIADE.

Non, non; c'est moi qui vous cède la place : je sais trop la distance qu'il y a entre nous, pour aller me commettre avec un perruquier!

POUDRET, indigné.

Un perruquier!

Air de Rossini.

Ah! quel outrage
Fait à mon âge!
Oui, vraiment, j'en pleure de rage!
Ah! quel outrage
Fait à mon âge!

Ah! Poudret!
Pour toi quel soufflet!
Quoi ce blanc-bec, cet indigne confrère,
Jusqu'à ma barbe ose m'injurier!

ALCIBIADE.

Jusqu'à ta barbe! ignorant, pour la faire,
Je t'enverrai mon barbier.

POUDRET.

Son barbier!
Ah! quel outrage! etc., etc.

(Alcibiade sort par le fond.)

SCÈNE IX.

POUDRET, JUSTINE.

POUDRET.

Un perruquier! O grand Ignace! mon patron, vous l'entendez! il blasphême! Ma nièce, je vous défends de jamais lui parler; et si vous transgressez mes ordres... il suffit... Taisez-vous, voici mademoiselle!

SCÈNE X.

LES PRÉCÉDENS; MADEMOISELLE DESROCHES.

MADEMOISELLE DESROCHES, tenant à la main une guirlande de fleurs.

J'ai fini toutes mes emplettes, et j'espère que sur ma tête cette guirlande de roses mousseuses sera de fort bon goût.

SCÈNE X.

JUSTINE.

Eh, mon Dieu! mademoiselle, pourquoi donc tous ces apprêts?

MADEMOISELLE DESROCHES, avec expansion.

Tu ne sais donc pas, ma chère Justine? je l'ai revu, je l'ai rencontré.

JUSTINE.

Qui? le jeune homme dont vous me parliez ce matin?

MADEMOISELLE DESROCHES.

Tantôt à sept heures, sans que personne le sache, il viendra nous prendre toutes deux, pour nous conduire en voiture au spectacle.

JUSTINE.

Ah! que vous êtes heureuse!

POUDRET, qui pendant ce temps a serré la serviette et les affaires à barbe dans une petite armoire.

C'est ça, pendant que M. Desroches joue chez le voisin la partie de boston.

MADEMOISELLE DESROCHES.

Va vite t'occuper de ma toilette; mais le plus important, ce serait d'abord la coiffure : il faudrait avoir quelqu'un.

POUDRET, s'avançant.

Voici, mademoiselle.

MADEMOISELLE DESROCHES.

Comment, mon cher Poudret...

POUDRET, retroussant ses manches.

Je dis que je suis à la disposition de mademoiselle; et si elle veut bien se confier à moi, je vais lui faire un tapé et un pouf dont elle me dira des nouvelles.

Vous verrez si tantôt, au spectacle, vous ne fixez pas tous les regards.

MADEMOISELLE DESROCHES.

Je vous remercie, mon cher Poudret; dans la semaine, dans les jours ordinaires, je ne dis pas : mais dans une occasion comme celle-ci...

POUDRET.

Comment, mademoiselle, moi qui vous coiffe depuis vingt-cinq ans! moi qui vous ai crêpée dès l'âge le plus tendre!

AIR de Turenne.

Rappelez-vous combien, par ma science,
Vous étiez jolie autrefois.

(A Justine, montrant mademoiselle Desroches.)

Je crois la voir au temps de son enfance,
Le premier jour où, soumis à mes lois,
Son jeune front se courba sous mes doigts :
Quelle coiffure *à la Fontange!*
Trente épingles dans le chignon!
Elle souffrait comme un démon;
Elle était belle comme un ange.

MADEMOISELLE DESROCHES.

Vous avez raison, Poudret; c'était bon autrefois : mais je vous demande si une dame à la mode peut maintenant se faire coiffer par vous? regardez seulement votre boutique et votre enseigne.

POUDRET.

Qu'est-ce qu'elle a donc, mon enseigne? depuis trente ans elle est toujours la même : *Poudret, perruquier. Ici on fait la queue aux idées des personnes.* Ce qui veut dire *ad libitum*, à volonté! J'irais à l'Académie des inscriptions et belles-lettres, qu'on ne m'en ferait pas une plus claire, quand même elle serait en latin.

MADEMOISELLE DESROCHES.

Il suffit, Poudret; je refuse vos services : vous pouvez vous retirer.

POUDRET, tremblant de colère.

Me retirer! (A part.) Elle saura de quoi est capable un perruquier irrité!

Air de Nicaise.

Sortons,
Dissimulons,
Mais à son frère,
Avec mystère,
Courons dire à l'instant
Que madame attend
Un amant.
Vous le voulez, mademoiselle,
Je ne suis plus votre coiffeur;
Mais, au respect toujours fidèle,
Je suis votre humble serviteur.
Sortons, etc., etc.

(Il entre dans l'appartement de M. Desroches.)

SCÈNE XI.

MADEMOISELLE DESROCHES, JUSTINE.

MADEMOISELLE DESROCHES.

Il faudrait cependant bien que j'eusse quelqu'un.

JUSTINE.

C'est justement pour cela. Il y a ici dans la maison un coiffeur excellent, un des meilleurs de Paris; en un mot, mon ami Alcibiade.

MADEMOISELLE DESROCHES, avec joie.

Comment! tu l'aurais vu!

JUSTINE.

Ah! oui; il est maintenant au second, chez madame de Murval, qui l'a fait venir.

MADEMOISELLE DESROCHES.

Voyez-vous comme elle est coquette! envoyer chercher des coiffeurs jusque dans la rue Vivienne! Justine, il faut absolument que tu le fasses descendre, que tu me l'envoies. Je ne m'étonne plus maintenant si tout le monde la trouve jeune et jolie! Eh bien! ma chère enfant, va donc vite, il sera peut-être parti.

JUSTINE.

J'irais bien, mais c'est que mon oncle m'a défendu de lui parler; mais on peut le lui faire dire.

MADEMOISELLE DESROCHES.

A la bonne heure. (Appelant.) Petit-Jean! Petit-Jean!

SCÈNE XII.

LES PRÉCÉDENS; PETIT-JEAN.

PETIT-JEAN.

Voilà, mademoiselle.

JUSTINE, à Petit-Jean.

Montez au second, chez madame de Murval, et dites à M. Alcibiade, un monsieur qui est chez elle, de passer ici en descendant.

MADEMOISELLE DESROCHES.

A merveille, et dès qu'il sera entré (montrant la porte

SCÈNE XIII.

du fond), vous fermerez cette porte, et je n'y suis pour personne.

PETIT-JEAN, d'un air étonné.

Tiens !... eh bien ! par exemple...

MADEMOISELLE DESROCHES.

Ne m'as-tu pas entendue ?

PETIT-JEAN.

Si, mademoiselle, j'y vais ; et quand il sera arrivé, je fermerai la porte. (En s'en allant.) Eh bien ! en voilà une sévère !

SCÈNE XIII.

Mademoiselle DESROCHES, JUSTINE.

MADEMOISELLE DESROCHES.

Mais j'y pense maintenant, s'il allait prendre à mon frère la fantaisie de rentrer de meilleure heure, et qu'il me vît ainsi en grande toilette, cela lui donnerait des idées.

JUSTINE.

Bah ! il est chez M. Dupont, il n'en reviendra qu'à neuf heures, selon son habitude ; mais en tout cas, et pour plus de prudence, je vais mettre le verrou de son côté. (Allant à la porte à droite, et mettant le verrou.)

MADEMOISELLE DESROCHES.

C'est bien ; et pour ne pas perdre de temps, va vite apprêter mes affaires.

JUSTINE.

Oui, mademoiselle : depuis le soulier de satin, jusqu'à la collerette. (Elle entre par la porte à gauche.)

SCÈNE XIV.

Mademoiselle DESROCHES, seule.

Oui, certes, il est très important que rien ne manque à ma parure : la toilette est une chose essentielle pour une demoiselle qui veut se marier.

SCÈNE XV.

Mademoiselle DESROCHES, ALCIBIADE.

ALCIBIADE, dans le fond à part.

Qui diable me demande? et pour quel motif si pressant m'a-t-on prié de descendre?

MADEMOISELLE DESROCHES.

Hein! qu'est-ce que c'est? (Se retournant, et apercevant Alcibiade.) Quoi! c'est vous! quoi! monsieur Saint-Amand, vous voilà déjà! je ne suis pas encore prête : j'attendais mon coiffeur, que j'avais fait avertir, et qui devrait être ici : mais ces messieurs se font toujours attendre. (On entend fermer le verrou à la porte du fond.)

ALCIBIADE.

A qui le dites-vous?... Eh mais, qu'est-ce que cela signifie? il me semble qu'on nous enferme.

MADEMOISELLE DESROCHES.

C'est une erreur de mes gens, et je vais le leur dire.

DESROCHES, en dehors, frappant à la porte à droite.

Ma sœur! ma sœur! ouvrez-moi.

SCÈNE XVI.

MADEMOISELLE DESROCHES.

Ah, mon dieu ! c'est mon frère !

ALCIBIADE.

Le frère ! qu'est-ce que c'est que ça ?

DESROCHES, en dehors.

Ma sœur ! mademoiselle Desroches ! pourquoi êtes-vous enfermée ?

MADEMOISELLE DESROCHES.

Moi ? du tout, mon frère : mais c'est que... (A part.) Dieu ! que va-t-il penser ! (Haut.) Partez, monsieur, partez vite.

ALCIBIADE.

Et par où ? cette porte est fermée, et vos gens sont dans l'antichambre.

MADEMOISELLE DESROCHES, montrant la porte à gauche.

Eh bien ! par là, ma chambre à coucher, un escalier dérobé ; Justine est là qui vous conduira.

ALCIBIADE, s'arrêtant.

(A part.) Justine, c'est encore pis !

MADEMOISELLE DESROCHES, allant tirer le verrou.

Impossible de résister ! Qu'allons-nous devenir ?

SCÈNE XVI.

Les précédens ; DESROCHES, sortant de son appartement ; JUSTINE, sortant de celui de mademoiselle Desroches, et tenant un peignoir.

DESROCHES.

Que vois-je ? me direz-vous, ma sœur, quel est monsieur ?

JUSTINE.

Eh, mon Dieu! qu'avez-vous donc à vous fâcher? c'est tout bonnement le coiffeur de madame.

TOUS.

Que dit-elle?

JUSTINE.

Il venait la coiffer pour ce soir.

MADEMOISELLE DESROCHES.

A merveille, ma chère! (A part.) Dieu! quelle présence d'esprit! (Haut.) Oui, mon frère, oui, monsieur est mon coiffeur; vous voyez encore ma guirlande de fleurs que j'avais apprêtée.

JUSTINE, montrant ce qu'elle tient sur son bras.

Et moi, le peignoir que j'apportais.

ALCIBIADE.

Ces dames vous ont dit la vérité : je suis artiste en cheveux, architecte en coiffure, connu avantageusement pour la légèreté de la main, et la sûreté de la coupe.

MADEMOISELLE DESROCHES, bas à Alcibiade d'un air d'approbation.

A merveille. (A part.) Qu'il a d'esprit!

DESROCHES.

Et l'on croit que je serai la dupe d'un pareil stratagême. (Haut à Alcibiade.) Eh bien! monsieur, puisque vous êtes coiffeur, j'en suis charmé; c'est moi qui accompagnerai ce soir ma sœur au spectacle : et comme je veux en lui donnant le bras passer aussi pour un homme à la mode, vous allez avoir la bonté de me coiffer ici, à l'instant même, et dans le dernier genre.

SCÈNE XVII.

MADEMOISELLE DESROCHES, à part.

Grand Dieu! que va-t-il faire? Pauvre jeune homme!

ALCIBIADE.

Monsieur, si cela peut vous être agréable, vous n'avez qu'à parler.

DESROCHES, prenant une chaise.

Eh bien! monsieur, commençons.

ALCIBIADE.

Malheureusement, je n'ai ni pommade ni fer à papillotes, et je ne pourrai pas...

DESROCHES.

N'est-ce que cela? on va vous donner ce qu'il faut. Justement, voici Poudret.

SCÈNE XVII.

LES PRÉCÉDENS ; POUDRET.

POUDRET.

Eh bien! monsieur... Dieu! que vois-je? encore une pratique qu'il m'enlève! ma dernière, ma plus fidèle pratique! Et vous aussi, *tu quoque*, monsieur Desroches, vous m'abandonnez!

DESROCHES.

Non, mon cher Poudret; calmez-vous : c'est un essai que je veux faire. Allez vite chercher à monsieur un fer à papillotes et de la pommade.

POUDRET.

O comble d'outrage! moi, lui servir de second!

moi, lui donner des armes pour me couper l'herbe sous le pied ! pour saper jusque dans ses fondemens cette coiffure qui depuis trente ans... (Voyant Alcibiade qui touche la coiffure.) Dieu ! il ose attaquer l'aile gauche ! N'y touchez pas ! n'y touchez pas ! Les Vandales ! ils feraient tout tomber sous leurs ciseaux destructeurs ! c'est la *bande noire* de la coiffure !

DESROCHES.

Je vous dis, Poudret, de rester tranquille.

POUDRET.

Eh ! le puis-je ? quand je vois porter une main usurpatrice sur ma propriété ; car votre tête m'appartient, elle est à moi : il n'y a pas là un seul cheveu que, depuis trente ans, je n'aie frisé, pommadé et poudré, tant en général qu'en particulier ; et je les verrais passer en d'autres mains ! dans les mains d'un ignorant : car ce n'est pas là un perruquier.

DESROCHES, se levant.

Précisément, je m'en doutais ; et c'est pour cela que je vous prie de vous taire, et d'aller exécuter mes ordres. Vite, le fer à papillotes, et la pommade, ou je vous donne congé.

POUDRET.

O dernier outrage réservé à ma vieillesse ! (A Justine.) Et vous, mademoiselle, marchez devant moi ; je ne veux pas que vous restiez ici, pour raison à moi connue. (A Desroches.) Vous le voulez, monsieur, je reviens dans l'instant. Moi, le doyen de la houppe ! le vétéran de la savonnette !... Dieu ! quelle humiliation pour le corps des perruquiers ! Courbons la tête puisqu'il le faut. (A Justine.) Et vous, mademoiselle, marchez devant moi.

(Il sort avec Justine.)

SCÈNE XVIII.

Mademoiselle DESROCHES, ALCIBIADE, monsieur DESROCHES.

DESROCHES.

Eh bien ! monsieur, vous allez être satisfait ; on va vous apporter ce que vous demandez ; et il me semble qu'en attendant, vous pourriez toujours commencer par me mettre des papillotes.

ALCIBIADE.

Très volontiers ; si ce n'est que cela. (Il fouille dans sa poche, en tire une feuille de papier, qu'il coupe en plusieurs morceaux ; il les donne à tenir à M. Desroches, et commence à en mettre une.) Je vous demanderai de tenir la tête un peu plus droite.

DESROCHES, qui pendant ce temps a jeté les yeux sur le morceau de papier qu'il tient.

Que vois-je ? l'écriture de ma sœur !

MADEMOISELLE DESROCHES.

Ah, mon Dieu ! c'est ma lettre de ce matin !

DESROCHES, lisant.

« Je crains pour mon cœur l'explosion d'un sentiment qui, long-temps concentré... » Une pareille lettre entre vos mains ! Qu'est-ce que cela veut dire ?

38 LE COIFFEUR ET LE PERRUQUIER.

MADEMOISELLE DESROCHES.

Qu'il n'y a plus moyen de feindre ; qu'il faut enfin vous avouer la vérité. Oui, mon frère, monsieur n'est pas ce que nous vous avons dit : c'est un amant déguisé.

DESROCHES, en riant.

La belle malice ! comme si je ne le savais pas.

MADEMOISELLE DESROCHES.

Quoi ! mon frère, vous consentiriez ?

DESROCHES.

Eh, morbleu ! que ne le disiez-vous tout de suite ! Dès que monsieur vous aime, et que vous lui plaisez, vous êtes bien la maîtresse de l'épouser ; soyez unis, et n'en parlons plus.

SCÈNE XIX.

Les précédens ; POUDRET, entrant et laissant tomber son fer a papillotes.

POUDRET.

Vous les unissez ! l'ai-je bien entendu ?

MADEMOISELLE DESROCHES.

Eh ! oui, sans doute, monsieur m'épouse.

POUDRET.

O désolation de l'abomination ! tout est renversé, tout est confondu ! la rue Vivienne est au Marais ! et la boutique est dans le salon ! Lui, épouser la sœur de mon ancienne pratique ! lui, un indigne confrère !

DESROCHES.

Poudret, vous êtes dans l'erreur, monsieur n'est pas votre confrère.

SCÈNE XX.

POUDRET.

Il n'est point mon confrère? c'est-à-dire que vous l'élevez au-dessus de moi; que vous proclamez la supériorité de la *Titus* sur la perruque.

MADEMOISELLE DESROCHES.

Ah çà, à qui en a-t-il donc?

POUDRET.

A qui j'en ai? Croyez-vous que la poudre m'aveugle au point de n'y pas voir? L'ingrat! c'est au moment où, attendri par les larmes de ma nièce, j'allais consentir à leur union! lorsque j'allais lui donner pour dot ces vingt mille francs, fruit de mes économies, et que j'ai acquis à la sueur de tant de fronts!

DESROCHES.

Ah çà, Poudret, tâchons de nous entendre.

POUDRET.

Non, monsieur, c'est fini; puisque vous me chassez, puisque vous m'exilez, puisque me voilà devenu le *Paria* de la coiffure, je quitte la maison; je ne suis plus votre locataire : j'irai me réfugier dans quelque faubourg écarté, où je pourrai, loin des hommes, exercer mon état de perruquier misanthrope.

SCÈNE XX.

LES PRÉCÉDENS; JUSTINE.

POUDRET, à Justine qui entre, et la prenant par la main.

Viens, Justine, viens avec moi; abandonnons un ingrat qui oublie à la fois son maître et sa maîtresse.

JUSTINE.

Qu'est-ce que cela veut dire?

POUDRET.

Que ton fidèle amant, que M. Alcibiade épouse mademoiselle Desroches.

JUSTINE, allant à mademoiselle Desroches.

Quoi! mademoiselle, vous m'enlevez mon amoureux? (A Alcibiade.) Quoi! monsieur...

ALCIBIADE.

Justine, ne m'accablez pas!

MADEMOISELLE DESROCHES et DESROCHES.

Qu'est-ce que cela signifie?

ALCIBIADE.

Qu'il faut enfin parler et se faire connaître; aussi bien l'incognito commence à me peser; et mon nom n'est pas de ceux dont on doive rougir. Oui, mademoiselle, oui, monsieur, je suis ce brillant Alcibiade que trop d'ambition, que trop de succès ont égaré peut-être. Je suis coupable, il est vrai, non pas d'avoir voulu m'élever; c'est une audace qui sied au talent; et Poudret lui-même ne me désavouera pas; mais ce que j'ai à me reprocher, c'est d'avoir pu oublier un instant celle dont j'étais aimé! c'est d'avoir été fier et ingrat envers mon ancien et respectable professeur! Oui, messieurs, pour réparer mes fautes, je proclame ici, et je le répèterai dans tous les salons de coiffure de la capitale, ce sont les premiers principes que j'ai reçus de M. Poudret, principes que j'ai perfectionnés peut-être, qui ont été la cause de ma

SCÈNE XX.

fortune; et si jamais le caprice ou la mode m'élève des statues, c'est lui qui en aura été le piédestal!

POUDRET.

Le jour de la justice arrive donc enfin!

ALCIBIADE.

Je n'ose espérer qu'un tel aveu suffise pour expier mes torts; mais cependant, si Justine daignait me pardonner, si son oncle était touché du repentir de son élève, je lui dirais : Soyons amis, Poudret! (Ici Poudret commence à pleurer.) La gloire a blanchi tes cheveux, il est temps de songer au repos, abandonne la place Royale, transporte dans la rue Vivienne et ton plat à barbe et tes dieux domestiques; viens, par ta vieille expérience, modérer ma jeune audace. Perruquier émérite, barbier honoraire, sois mon associé; régnons ensemble : toi, par le conseil, moi, par l'exécution, *consilio manuque!* et si je suis l'Achille, sois le Nestor de la coiffure.

JUSTINE.

Mon oncle, je le vois, vous êtes touché!

POUDRET, pleurant.

Son repentir me suffit; il reconnaît son maître, il rend hommage à celui qui lui a mis les armes à la main : je pardonne.

MADEMOISELLE DESROCHES.

Ah, mon frère! quel désappointement! et quelle leçon!

DESROCHES.

Vous en profiterez, ma sœur, et vous épouserez M. Durand.

ALCIBIADE.

Et c'est moi qui le coifferai, ou plutôt nous le coifferons ; car vous venez rue Vivienne.

POUDRET.

Non, Alcibiade ; tu me connais bien peu ; je sais résister à tes offres séduisantes : fidèle à mes principes, je reste au Marais ; je veux mourir et coiffer aux lieux où je suis né.

« Et que l'on dise enfin, en me voyant paraître :
« Il a fait des coiffeurs, et n'a pas voulu l'être. »

VAUDEVILLE.

Air nouveau de M. Heudier.

DESROCHES.

Les feux ardens de la jeunesse,
Par l'âge sont tous amortis,
On critique, dans la vieillesse,
Ce que l'on admirait jadis. (*bis.*)
Ceux dont le temps blanchit la nuque,
Blâment les plaisirs qu'ils n'ont plus :
Ils crieraient bien moins aux abus,
Si tous ceux qui portent *perruque*,
Étaient encore à la *Titus*.

JUSTINE.

La vieillesse doit être sage,
Et pourtant je vois plus d'un vieux
Qui, sans parler de mariage,
Voudrait être mon amoureux ! (*bis.*)
Au vieux galant qui me reluque,
J' dis : « Vous un amant ! quel abus
« Pour un mari... c'est tout au plus...
« L'hymen peut bien porter *perruque*,
« L'amour doit être à la *Titus*. »

SCÈNE XX.

ALCIBIADE.

Des Vieillards, moi, je vis l'*École*,
Car je coiffais monsieur Talma;
Cette pièce, dont on raffole,
Par sa morale me frappa;
Cette morale, la voilà :
Vieux, rajeunissez votre nuque,
Car l'auteur prouve aux plus têtus
Qu'un mari rempli de vertus
Porte une vilaine *perruque*,
Quand il n'est plus à la *Titus*.

POUDRET.

Jadis, dans Rome fortunée,
Un roi, du malheur le soutien,
Disait : « J'ai perdu ma journée, »
Quand il n'avait pas fait de bien ;
C'était Titus, je m'en souvien.
De nos jours, ma gloire caduque
Cherche à rappeler ses vertus,
Je dis, pleurant mes jours perdus :
« Quand je n'ai pas fait de *perruque*,
« Ma journée est à la *Titus*. »

ALCIBIADE.

Ne formons plus qu'une boutique ;
Oui, faisons marcher de niveau
Le classique et le romantique,
L'ancien système et le nouveau.

POUDRET.

L'ancien système et le nouveau.

ALCIBIADE.

Fronts élégans,

POUDRET.

     Têtes caduques,
Chez nous, unis et confondus,

ALCIBIADE.

Venez, vous serez bien reçus.
(Prenant la main de Poudret.)
Monsieur se charge des *perruques*.

POUDRET, prenant la main d'Alcibiade.
Monsieur se charge des *Titus*.

CHOEUR GÉNÉRAL.

Poudret se charge des *perruques*,
Alcibiade des *Titus*.

FIN DU COIFFEUR ET LE PERRUQUIER.

LA HAINE D'UNE FEMME,

OU

LE JEUNE HOMME A MARIER,

COMÉDIE-VAUDEVILLE EN UN ACTE,

Représentée, pour la première fois, sur le théâtre du Gymnase, le 14 décembre 1824.

PERSONNAGES.

M. PHILIPPON.
LÉON, son pupille.
URSULE, jeune veuve.
JULIETTE, \
MALVINA, / demoiselles à marier.

La scène se passe à Villeneuve-Saint-Georges, près Paris.

Le théâtre représente un salon élégant : porte au fond et deux portes latérales ; une table à droite du théâtre et un guéridon à gauche.

LÉON,

AH! JE SUIS TROP HEUREUX!

(La haine d'une femme. Sc. XVIII.)

LA HAINE D'UNE FEMME,

ou

LE JEUNE HOMME A MARIER.

SCÈNE PREMIÈRE.

URSULE, SEULE, PRÈS D'UNE TABLE, TENANT UNE LETTRE A LA MAIN.

Conçoit-on une aventure pareille? Ce vieux baron de Saint-Clair, dont je viens d'apprendre la passion! et comment? par son testament. *(Elle lit.)*

« Je n'ai d'autre parent qu'un arrière-neveu, que
« je n'ai jamais vu, et dont je ne me soucie guère ;
« c'est donc à vous que je veux laisser toute ma for-
« tune ; à vous, madame, que j'ai toujours aimée,
« quoique je n'aie jamais osé vous le dire : mais j'es-
« père qu'aujourd'hui vous me pardonnerez cette pe-
« tite hardiesse, en pensant que ce sera la dernière. »

Je ne reviens pas de ma surprise, car je connaissais fort peu le baron : j'ai passé deux étés avec lui chez une de mes tantes ; c'était un vieillard fort ennuyeux, un conteur éternel que personne n'écoutait, excepté moi, qui l'avais pris en patience; et c'est l'attention que je lui ai prêtée, qui me rapporte quinze ou vingt mille livres de rente.

Air : Qu'il est flatteur d'épouser celle.

Ah ! si dans notre capitale,
Les ennuyeux qu'on peut trouver,
Nous payaient, en raison égale
De l'ennui qu'ils font éprouver;
Que d'avocats, que de poètes,
A payer seraient condamnés !
Et surtout, combien de gazettes
Enrichiraient leurs abonnés !

Mais puis-je accepter un pareil présent? Puis-je enlever cette succession à des malheureux, qui peut-être en ont besoin? Moi qui, veuve à vingt ans, jouis déjà d'une fortune considérable... Non, non, il n'y a point à hésiter, je dois y renoncer; et je vais l'écrire sur-le-champ à mon notaire.

(Se mettant à une table, et écrivant.)

« Monsieur, j'ignore quels sont les héritiers du ba-
« ron de Saint-Clair; je vous prie de tâcher de les dé-
« couvrir, et de leur annoncer qu'étant nommée léga-
« taire universelle, je renonce en leur faveur... »

Non, ce n'est pas bien ; ce serait faire parler de moi, et solliciter des éloges pour une action toute naturelle.

(Elle déchire le papier et se remet à écrire.)

« Annoncez-leur l'héritage auquel ils ont droit,
« mais ne parlez pas de moi, et ne me nommez en
« aucune façon. »

Cela vaut mieux, et même, par prudence, je me tairai sur cette aventure, car je suis dans ce château avec cinq ou six dames, des amies intimes, qui ne m'épargneraient pas : ces dames ne croient pas aux déclarations d'amour posthumes.

SCÈNE II.

<small>Air du Ménage de garçon.</small>

Comme on rirait de par la ville,
D'un amant comme celui-ci,
Qui fait l'amour par codicille!
Et me croyant bien avec lui,
On pourrait ajouter aussi :
Que vraiment digne de louange,
Il a, par un motif fort bon,
Fait ce testament en échange
De quelqu'autre donation.

(Elle sonne, un domestique paraît.)

James, il faut faire porter cette lettre à Paris; c'est l'affaire d'une demi-heure : c'est pour M. Derfort, mon notaire. (Le domestique sort.) Eh, mon Dieu! qui vient déjà au salon? C'est ce bon M. Philippon? un savant! Celui-là n'est pas dangereux.

SCÈNE II.

URSULE, M. PHILIPPON.

PHILIPPON.

Comment, madame, vous êtes déjà éveillée? Je croyais qu'il n'y avait que nous autres anciens pour nous lever de bonne heure. Depuis cinq heures du matin, je me promène dans le parc de M. de Clairval, avec mon *Homère* et mon *Thucydide* ; quand on a soixante-deux ans, il n'y a pas de temps à perdre.

URSULE.

Quoi! à votre âge, vous étudiez encore?

PHILIPPON.

Toujours; voici ma fidèle compagnie.

<small>Air : Il me faudra quitter l'empire.</small>

Mon *Thucydide*, ainsi que mon Homère,
Dès mon printemps, m'ont vu suivre leur loi ;
Et dans le monde, où l'on ne pense guère
A s'occuper d'un vieillard tel que moi,
Je resterais souvent seul, je le crois.
Tous deux alors, quand le chagrin m'assiège,
Viennent m'offrir leur appui, leur secours :
Ce sont enfin, chose rare en nos jours,
De vieux amis, des amis de collége :
Ceux-là, madame, on les trouve toujours.

Il est vrai que je ne savais pas rencontrer ici, ce matin, une société aussi agréable.

URSULE.

J'ai été enchantée quand j'ai su que vous étiez en ce château.

PHILIPPON.

C'est M. de Clairval qui m'a invité à venir passer les vacances dans sa belle terre de Villeneuve-Saint-Georges... Clairval était, ainsi que votre mari, un de mes anciens élèves; car j'en retrouve partout, et ils ont conservé pour moi une telle amitié... Savez-vous, madame, que tous les ans, ceux qui sont à Paris se réunissent pour me donner un grand dîner, et au dessert nous parlons grec.

URSULE.

Ça doit être bien gai.

PHILIPPON.

Ils l'ont un peu oublié, mais ça les y remet. J'ai donc accepté, parce que je croyais trouver ici la campagne; point du tout : j'y ai trouvé tout Paris : cinq ou six familles réunies, des dames élégantes, de jolies demoiselles; et tous les soirs, des bals, des concerts, de la musique de M. *Rossini*. Je ne suis pas là dans mon élément, et il me tarde que les vacances finissent.

URSULE.

Quoi ! vous êtes professeur, et vous n'aimez pas les vacances? Vous n'avez donc pas besoin de prendre quelque repos?

PHILIPPON.

Jamais ; je me repose dans ma classe, c'est là que j'existe, que je suis heureux ! J'ai besoin de faire mon cours de grec, de voir mes élèves, d'être au milieu d'eux. C'est tellement une habitude, qu'à Paris, dans les vacances, je me trouve tous les matins, sans savoir comment, à la porte du collége de France. Hélas ! la grille est fermée, la cour est déserte; et je reviens tristement chez moi attendre la fin de mon exil, le premier novembre.

URSULE.

Je comprends : c'est un *interim* dans votre existence ; mais à cela près, rien ne manque à votre bonheur.

PHILIPPON.

Si, vraiment, et à vous, madame, je peux le confier ; car de toutes les dames que je vois dans le monde, vous êtes la seule avec qui je me trouve à mon aise.

(Il va placer ses deux livres sur la table à gauche.)

URSULE, à part.

Encore une conquête ! Je suis vouée à la vieillesse:

tout ce qui passe soixante ans tombe dans mon domaine.

PHILIPPON.

Il y a bien long-temps, j'avais un ami intime, un ami de collége; c'était bien le plus honnête homme, et le plus brave militaire... Pauvre Georges! il fut blessé à mort dans un combat; et si je vous montrais la lettre qu'il m'écrivit à ses derniers momens : nous n'avons rien de plus beau dans *Tite-Live*, ni dans *Tacite*. « Mon cher Antoine, me disait-il, tu as été mon « meilleur ami ; je te donne ce que j'ai de plus pré-« cieux : je te laisse mon fils ; je te lègue le soin de « l'élever, de l'établir. » Et vous sentez bien qu'on ne refuse pas une pareille succession. J'ai accepté l'héritage de mon pauvre Georges; et son fils Léon ne m'a plus quitté.

URSULE.

Quoi ! c'est ainsi que M. Léon est devenu votre pupille !

PHILIPPON.

Oui, madame, et je l'ai élevé comme un prince. Tous les ans il avait les premiers prix au concours général; maintenant, il fait son droit; et je croyais qu'avec son esprit, ses dix-huit ans et sa jolie figure, il me serait facile de l'établir : eh bien ! je ne peux en venir à bout, et c'est ce qui me désespère. Tous les pères de famille sont à présent si exigeans.

Air : Ces postillons.

Il faut près d'eux, en fait de mariage,
Cent mille écus, pour être de leur choix ;
Si maintenant les époux en ménage
Étaient du moins plus heureux qu'autrefois !...

Mais cette hausse et soudaine et bizarre
Ne permet pas qu'on soit jamais au pair,
Car tous les jours le bonheur est plus rare,
Et coûte bien plus cher.

Il est vrai que je ne suis pas répandu dans le grand monde; mais vous, madame, qui recevez la meilleure société de Paris, tâchez de me trouver cela, et de marier mon pupille. Vrai, ce sera une bonne action.

URSULE.

Je vous remercie de votre confiance; mais vous me chargez là d'une commission...

PHILIPPON.

Je sais que vous ne partagez point mon enthousiasme pour Léon: vous avez contre lui quelques préventions.

URSULE.

Moi! qui peut vous faire croire?..

PHILIPPON.

Je l'ai vu dans vingt occasions. S'il commet quelques étourderies, quelques inconséquences, vous ne lui en passez aucune; vous êtes sans pitié sur ses défauts: souvent même vous le tournez en ridicule, et cela me fait de la peine, parce que je n'ai pas assez d'esprit pour le défendre contre vous. Enfin le pauvre garçon me disait encore, il y a quelque temps, d'un air désolé, qu'il ne savait d'où provenait la haine que vous aviez contre lui.

URSULE.

Moi, de la haine!

PHILIPPON.

Je sais bien que ce n'est pas vrai; mais il a une imagination qui exagère tout. Prouvez-lui qu'il se trompe, en lui faisant faire un bon mariage.

URSULE.

C'est assez difficile; d'abord, il n'a rien.

PHILIPPON.

Il a bien un parent éloigné, immensément riche, mais qui se soucie fort peu de lui, et qui n'a jamais voulu le voir; ainsi, de ce côté, il n'a rien à attendre : mais on peut parler des bonnes qualités de mon pupille, de son excellent cœur, de sa sagesse...

URSULE.

Pour cela vous me permettrez de ne pas m'avancer.

PHILIPPON.

Eh quoi! madame...

URSULE.

J'espère que cette fois vous ne m'accuserez pas de préventions, et que son aventure avec madame de Melval...

PHILIPPON.

Comment, madame, vous y pensez encore?

URSULE.

Il me semble que c'est assez public, une aventure au bal de l'Opéra.

PHILIPPON.

D'abord, ça n'est peut-être pas vrai; et puis d'ailleurs nous avons Alcibiade, qui certainement était un gaillard, ce que nous appelons un franc étourdi; et ça ne l'a pas empêché d'être un homme de mérite.

SCÈNE II.

Et vous, madame, qui d'ordinaire êtes bonne et indulgente, je me rappellerai toujours la manière dont vous avez traité Léon à ce sujet; il y avait au moins vingt personnes dans votre salon : et tout ce que la raillerie a de plus cruel, vous l'avez employé contre ce pauvre jeune homme, qui, rouge, et les yeux baissés, osait à peine vous répondre; et qu'un instant après, j'ai trouvé dans votre jardin, pleurant tout seul à chaudes larmes.

URSULE.

Quoi, vraiment! Ce pauvre Léon! Ah! s'il en est ainsi, j'en suis bien fâchée; car mon intention était de plaisanter.

PHILIPPON.

En attendant, il n'a plus osé se présenter chez vous; mais il vient aujourd'hui.

URSULE.

Que dites-vous? Est-ce qu'il vient au château?

PHILIPPON.

Oui; je lui ai envoyé ce matin un exprès: Clairval a des projets sur lui. Un agent de change! cela peut lui être utile; et puis il a une fille à marier.

URSULE.

Eh quoi! vous penseriez...

PHILIPPON.

Moi, je pense à tout. Nous avons ici M. Dermont, le receveur des domaines, qui a deux filles charmantes! mademoiselle Juliette, et mademoiselle Malvina. Il ne faut rien négliger.

Air : Le choix que fait tout le village.

Jamais pour moi je n'aimai la richesse ;
Mais pour Léon, ah ! c'est bien différent ;
Pour lui l'ambition me presse,
Pour lui je crois, je deviens intrigant.
Les démarches, les soins, la gêne ;
Tout se compense et tout est ennobli ;
Car je me dis : pour moi sera la peine,
Et le profit sera pour lui.

Mais, tenez, c'est lui-même que j'entends.

SCÈNE III.

Les précédens ; LÉON.

PHILIPPON.

Le voilà donc, ce cher enfant ! y a-t-il long-temps que je ne l'ai vu !

LÉON.

Bonjour, mon ami ; que c'est aimable à vous de m'avoir fait inviter ! car dans ce moment, Paris est ennuyeux à la mort. (Apercevant Ursule.) Mille pardons, madame, de ne pas vous avoir d'abord présenté mes hommages.

URSULE.

Je suis enchantée, monsieur Léon, de vous rencontrer chez Clairval ; il est plus heureux que moi : car je n'ai pas eu l'avantage de vous avoir à ma dernière soirée.

LÉON.

Pardon, madame, je n'avais pas reçu de billet.

SCÈNE III.

URSULE.

Je ne pensais pas que cela fût nécessaire.

PHILIPPON.

Sans doute; ne sommes-nous pas des amis de la maison? et depuis long-temps!... votre mari avait autrefois tant de bontés pour nous. Quand Léon était au collège, et qu'il sortait, les dimanches et fêtes, c'était ou chez moi, ou chez vous.

Air du vaudeville de la Somnambule.

Ne connaissant que mon histoire ancienne,
Je le formais, dans mes doctes discours,
Aux vieilles mœurs et de Rome et d'Athène,
Et vous, madame, à celles de nos jours.
C'est fort utile : aussi notre jeune homme,
En profitant de nos doubles avis,
Apprend chez moi comme on plaisait à Rome,
Chez vous comme on plaît à Paris.

(A Léon.)

Ah çà, je vais prévenir Clairval de ton arrivée.

LÉON.

J'y vais avec vous.

PHILIPPON.

Eh! non, peut-être a-t-il du monde, reste ici au salon avec madame, tiens-lui compagnie si elle veut bien le permettre; et tâche d'être aimable. Je reviens à l'instant.

(Il sort par le fond.)

SCÈNE IV.

URSULE, LÉON.

LÉON, à part, d'un air troublé.

Ah, mon Dieu! si j'avais su qu'il dût me laisser seul avec elle... (Haut.) Mon tuteur est bien bon, madame, mais je suis sûr que je vais vous déranger.

URSULE, qui s'est assise auprès de la table à gauche, et qui a pris son ouvrage.

Du tout; je suis à travailler : mais vous pouvez prendre un livre.

LÉON, sans remuer de place.

Oui, madame.

URSULE.

Car j'aurais peur que ma conversation ne vous amusât pas beaucoup.

LÉON, sans l'écouter.

Oui, madame.

URSULE.

La réponse est honnête, Léon! eh bien! monsieur Léon, où êtes-vous? ne m'entendez-vous pas?

LÉON.

Non, madame; je vous regardais : je ne me doutais pas ce matin de tout mon bonheur.

URSULE.

N'avez-vous pas reçu une lettre, une invitation de votre tuteur?

LÉON.

Eh, mon Dieu! non; mais au milieu de la route,

SCÈNE IV.

j'ai rencontré André, qui m'a dit que M. Clairval m'attendait ici. Jugez de ma joie, moi qui y venais.

URSULE.

Comment! monsieur, vous auriez osé, sans invitation, vous présenter ici?

LÉON.

Oh! non, madame; j'y serais peut-être venu, mais je ne serais pas entré : j'aurais fait comme hier.

URSULE.

Il paraît que monsieur nous fait l'honneur de venir souvent dans ce pays? On dit que madame de Melval a une terre dans les environs.

LÉON.

Elle l'a vendue, madame.

URSULE.

Ah! elle l'a vendue!

LÉON.

Et autant se promener de ce côté, que de celui du bois de Boulogne. Depuis Alfort, où j'ai rencontré André, la route est si belle! une avenue magnifique! Je suis sûr que j'ai fait le trajet en un quart d'heure.

URSULE.

Y pensez-vous? près de deux lieues!

LÉON.

J'ai un si bon cheval : il va comme le vent; et puis je ne monte pas mal; il est vrai que je me suis laissé tomber.

URSULE, se levant vivement et avec effroi.

Que dites-vous?

LÉON.

Rien qu'une fois, par distraction; c'est ma faute, madame, je pensais à autre chose.

Air: J'ai vu le Parnasse des dames.

> Quand on voyage de la sorte,
> Et l'impatience et l'espoir
> Font qu'en idée on se transporte
> Auprès des gens que l'on va voir.
> Oui, ce bonheur que l'on ignore,
> Je l'ai tout à l'heure éprouvé;
> Mon coursier galopait encore
> Que déjà j'étais arrivé.

URSULE.

A-t-on idée d'une pareille imprudence? exposer ainsi ses jours! car songez donc que vous pouviez vous tuer.

LÉON.

Vous avez raison; j'en aurais été bien fâché, surtout maintenant, car je suis bien heureux.

URSULE.

Et pourquoi?

LÉON.

Parce que vous venez de me gronder comme autrefois. Autrefois, madame, vous daigniez m'aider de vos conseils, de votre amitié. Ce temps-là est bien loin! et je ferais maintenant toutes les folies du monde, sans que vous prissiez la peine de m'adresser un reproche.

URSULE, allant se rasseoir.

Mais c'est assez naturel. Quand vous n'étiez encore qu'un écolier, mon mari et moi, qui vous portions beaucoup d'intérêt, pouvions nous permettre de vous donner quelques avis ; mais maintenant, vous n'en avez plus besoin.

LÉON.

Au contraire, madame plus que jamais ; et si vous ne venez pas à mon secours, je suis un homme perdu !

URSULE, vivement.

Vous avez besoin de moi? eh bien ! monsieur, pourquoi ne pas le dire tout de suite? Ai-je donc l'air si effrayant ? (Lui faisant signe de s'asseoir à côté d'elle.) Prenez cette chaise; allons, venez ici, et contez-moi cela.

LÉON.

Eh bien! madame, j'étais hier dans une brillante soirée, tous les jeunes gens de ma connaissance entouraient la table d'écarté ; par amour-propre, j'ai voulu faire comme eux; pour la première fois de ma vie, j'ai joué sur parole, et j'ai perdu une somme énorme!

URSULE.

Malheureux! et combien ?

LÉON.

Trois cents francs.

URSULE, riant.

Tant que cela?

LÉON.

Ce n'est rien pour vous qui avez trente ou quarante mille livres de rente ; mais moi... Et le plus terrible, c'est qu'il faut le dire à M. Philippon, à mon tuteur. Il a si bonne opinion de moi, qu'il va se mettre dans une colère...

URSULE.

Eh bien! que puis-je faire?

LÉON.

Chargez-vous de le lui apprendre, et de plaider ma cause. Dites-lui que c'est l'usage, que tous les jeunes gens en font autant, je suis certain qu'il vous croira, qu'il me pardonnera.

URSULE.

Si j'étais sûre que désormais...

LÉON.

Oh! je vous jure... me voilà corrigé.

Air de Céline.

> Si par une erreur passagère
> Un instant je fus emporté,
> La raison me fut toujours chère.

URSULE, souriant.

> Que dites-vous?

LÉON, se levant.

> La vérité.
> Sur la raison je me réglai sans cesse;
> Mais j'ai du malheur, car hélas!

(Regardant Ursule.)

> De tout temps j'aimai la sagesse:
> C'est elle qui ne m'aime pas.

PHILIPPON, qu'on entend en dehors.

C'est bon; je vais lui parler.

LÉON.

C'est mon tuteur; je vous laisse avec lui. Vous me promettez, n'est-il pas vrai?... Ah! jamais je n'ai été plus heureux!

(Il sort par la porte à droite.)

SCÈNE V.

URSULE, PHILIPPON.

PHILIPPON.

Je suis enchanté, madame, de vous retrouver encore ici. Où est donc Léon?

URSULE.

Léon? je ne sais, il y a long-temps qu'il est passé dans le jardin.

PHILIPPON.

Tant mieux, car devant lui je n'aurais osé m'expliquer. Je vous disais bien ce matin que vous aviez contre lui de l'antipathie, et j'en ai maintenant la preuve. Clairval, avec qui je viens de causer, avait pour lui des projets d'établissement : il voulait lui donner une de ses cousines, et c'est vous, madame, qui l'en avez dissuadé.

URSULE, avec embarras.

Moi, je ne dis pas non. Mais ce mariage était peu convenable ; et d'ailleurs, pour l'empêcher, il y avait des motifs inutiles à vous apprendre.

PHILIPPON, avec mystère.

Nous les connaissons comme vous.

URSULE.

Que voulez-vous dire?

PHILIPPON.

Voyez combien vous étiez injuste! vous croyiez que Léon aimait madame de Melval : il n'y pense seulement pas.

URSULE.

Vraiment? Eh, mon Dieu! je l'ai dit, parce qu'on le disait, sans y attacher d'importance.

PHILIPPON.

Il aime ailleurs. Nous avons ici M. Dermont, le receveur, un ami du père de Léon; il a deux filles charmantes, que mon pupille a connues très-jeunes : c'est l'une d'elles qu'il aime.

URSULE.

Vous en êtes bien sûr?

PHILIPPON.

Oui, vraiment. Il s'est trouvé l'autre semaine avec M. Dermont, à une partie de chasse, et lui a parlé, avec beaucoup de trouble et de timidité, du bonheur d'être de sa famille. Il connaissait, disait-il, quelqu'un qui serait bien heureux d'être son gendre, enfin, ce qu'on dit en pareil cas; et il allait faire la demande formelle; mais M. Dermont, en homme prudent et en beau-père expérimenté, a rompu la conversation pour se donner le temps de préparer sa réponse et de prendre un parti. Il a consulté Clairval, qui m'a fait appeler. Nous en avons délibéré tous les trois, et si maintenant vous voulez nous seconder...

URSULE.

Moi, monsieur, je ne vois pas à quoi je peux vous être utile.

PHILIPPON.

D'abord à connaître celle des deux sœurs dont il est amoureux! car nous ne savons pas encore laquelle; ensuite, pour décider la jeune personne, il faudrait... mais taisons-nous, car voici ces demoiselles.

SCÈNE VI.

Les précédens; MALVINA, tenant un livre, et JULIETTE, un papier de musique.

(A l'entrée de Juliette et de Malvina, Ursule va s'asseoir auprès de la table à gauche, et Philippon va du côté de la table à droite.)

JULIETTE, montrant son papier de musique.

Air : *Povera signora* (du Concert a la cour).

Oui, je vois
Qu'à ma voix
Il va sans peine.
Quel morceau !
Rien n'est beau
Comme cela !
Ah ! ah ! ah ! ah ! ah !

MALVINA, soupirant.

Ah ! quel bonheur ! sur la rive lointaine,
De confier son secret au vieux chêne !

JULIETTE, chantant.

Ah ! ah ! ah ! ah ! ah !
(Allant à Philippon.) Oui, ma sœur,
Par malheur,
Est romantique.

(A Malvina.)

Jours et nuits
Tu gémis,
Et moi, je ris.
Ah ! ah ! ah ! ah ! ah !

PHILIPPON, à part.

L'une sourit, l'autre est mélancolique ;
Faisons ici briller ma rhétorique.

ENSEMBLE.

PHILIPPON.

Notre projet, je crois, réussira.

JULIETTE, chantant.

Ah! ah! ah! ah! ah!

MALVINA, soupirant.

Ah! ah! ah! ah! ah!

PHILIPPON, aux deux demoiselles.

Vous avez ce matin des toilettes charmantes!

JULIETTE.

Ne m'en parlez pas! mon père veut toujours que nous soyons habillées de même, sous prétexte que nous sommes sœurs; c'est tyrannique : parce que je n'aime que le bleu; il me va très-bien.

MALVINA, soupirant.

Et moi, le rose.

AIR : Vos maris en Palestine.

Il faut pour que je me mette
Selon mon goût et mes vœux,
Que ma sœur me le permette;
C'est souvent bien ennuyeux.

JULIETTE.

Entre sœurs on doit être unies,
Alors, quand on nous fait la cour,
Nous convenons de notre jour;
Et nous ne sommes jolies
Que chacune à notre tour.

(Allant à madame de Sainville.)

Ah! vous voilà, madame; puisque vous travaillez, nous allons en faire autant.

(Elles s'asseoient à droite, auprès de la table, et prennent leur ouvrage.)

SCÈNE VI.

PHILIPPON, *prenant un livre sur la table, à droite.*

Je ne dérange pas ces dames?

JULIETTE.

Nullement.

PHILIPPON, *à part.*

Comment entamer la conversation? (A Ursule.) J'espère que vous allez m'aider un peu. (A Malvina.) Il me semble, mademoiselle Malvina, que vous n'êtes pas aujourd'hui d'une gaieté...

JULIETTE.

Ne faites pas attention, c'est par habitude : ma sœur pense qu'une jeune personne doit être mélancolique, c'est meilleur genre.

Air du Piége.

Dans les salons, c'est la mode à présent.
De la gaîté craignant l'empire,
Ma sœur est heureuse en pleurant;
Pour s'amuser elle soupire.
Pour moi j'ai d'autres sentimens,
Je pense qu'une demoiselle
Doit toujours rire, et laisser aux amans
Le soin de soupirer pour elle.

PHILIPPON.

Certainement, vous avez bien raison; mais votre sœur n'a pas tort; et hier encore, Léon, mon pupille, me faisait observer... (Bas à Ursule.) Je crois que nous y voilà. (Haut.) Léon, mon élève, me disait qu'il vous trouvait très-aimables.

JULIETTE.

Ah! vraiment?

SCÈNE VII.

Les précédens ; UN DOMESTIQUE.

LE DOMESTIQUE.

Monsieur, il y a là un homme en noir, un homme de loi, qui demande à parler sur-le-champ à M. Philippon, pour une affaire importante.

PHILIPPON.

Juste au moment où j'allais me lancer; réponds-lui que je ne peux pas.

LE DOMESTIQUE.

Ce monsieur dit que ça regarde M. Léon.

PHILIPPON.

Mon pupille! j'y vais, je te suis, mon ami. Mesdemoiselles, vous voulez bien me permettre?.... D'ailleurs, madame de Sainville a quelque chose à vous dire au sujet de Léon. (Bas, à madame de Sainville.) Vous le voyez, j'ai préparé cela adroitement, c'est à vous de continuer; je remets nos intérêts entre vos mains.

(Il sort.)

SCÈNE VIII.

URSULE, JULIETTE, MALVINA.

JULIETTE.

Eh, mon Dieu! que veut-il dire?

URSULE.

Rien; vous le connaissez, il est toujours occupé

de Léon ; et il me demandait tout à l'heure ce que vous en pensiez.

JULIETTE.

Léon ? il est gentil, n'est-ce pas, Malvina ?

MALVINA.

Oh oui !

JULIETTE.

Nous avons presque été élevés ensemble ; et c'est un aimable jeune homme, très-doux et très-complaisant.

MALVINA.

Et qui nous fait toujours danser quand nous n'avons pas de cavalier.

JULIETTE.

Et puis il a de l'esprit, des connaissances, n'est-ce pas, madame ?

URSULE, affectant l'insouciance.

Vous trouvez ? c'est singulier ! Je ne sais pas, moi, je ne l'aimerais pas beaucoup ; mais on ne peut pas disputer des goûts.

JULIETTE.

Permettez, je ne dis pas du tout que ce soit un phénix.

MALVINA.

Ni moi non plus.

URSULE.

A la bonne heure ; car vous, mesdemoiselles, qui d'ordinaire avez tant de jugement...

JULIETTE.

D'abord, son éducation a été très-négligée ; il ne sait pas une note de musique.

MALVINA.

Et n'a jamais dansé par principes.

JULIETTE.

Souvent même il vous marche sur les pieds.

URSULE, riant.

Je dois convenir en effet que sa danse n'est pas très-romantique; (Sérieusement.) et puis, ce n'est pas pour en dire du mal, car ce n'est pas sa faute, mais enfin, il n'a aucune fortune.

MALVINA.

C'est vrai; je ne pensais pas à cela; et puisqu'il est question de lui, j'ai envie de vous faire une confidence, et de vous demander un conseil.

URSULE.

Eh, mon Dieu! qu'est-ce donc?

MALVINA.

Apprenez, comme je suis l'aînée, que mon père m'a dit tout à l'heure de bien examiner si j'aimais M. Léon, parce que si je n'en veux pas pour mari, on le donnera à ma sœur.

JULIETTE.

Eh bien! voilà qui est aimable. Je vous préviens, ma chère, que vous pouvez le garder : je n'en veux pas.

MALVINA.

Eh bien! mademoiselle, ni moi non plus. D'ailleurs, je crois que M. Auguste, un jeune notaire, me fait la cour, et qu'il a des intentions.

JULIETTE.

Raison de plus; si ma sœur fait un beau mariage, si elle épouse M. Auguste, qui a de la fortune, à coup

SCÈNE VIII.

sûr, je n'épouserai pas M. Léon, qui n'a rien : ça serait déchoir.

<small>Air de l'Écu de six francs.</small>

Ma sœur aurait un équipage
Et brillerait par ses atours ;
Loin de souffrir un tel partage,
Au célibat vouant mes jours,
J'aimerais mieux que pour toujours,
Chacune de nous restât fille.

MALVINA, effrayée.

Quoi, rester filles toutes deux !

JULIETTE.

Oui, vraiment !... si c'est ennuyeux,
Du moins on s'ennuie en famille.

Je m'en rapporte à madame.

MALVINA.

Et moi aussi.

URSULE.

Dès qu'il s'agit d'un sujet aussi important, je n'ai point de conseils à vous donner.

JULIETTE.

C'est égal, je suis sûre que vous êtes de mon avis, car je me rappelle la manière dont vous me parliez de M. Léon.

MALVINA.

Eh, mon Dieu ! ma sœur, je l'aperçois dans la grande allée ; il vient de ce côté : je ne veux pas qu'il me voie.

URSULE.

Ni moi non plus. Faites comme vous l'entendrez ; je n'y suis pour rien.

(Malvina sort par le fond, et Ursule par la porte à gauche.)

SCÈNE IX.

JULIETTE, seule, LÉON.

A merveille! ces dames m'abandonnent, et me voilà seule chargée de la rupture; mais c'est égal, je veux agir franchement, et tout avouer à Léon. Il est trop juste pour ne pas comprendre mes motifs.

LÉON, entrant par la porte à droite.

Ah! vous voilà, mademoiselle Juliette; où sont donc toutes ces dames?

JULIETTE.

Je pense qu'elles sont à leur toilette; mais écoutez-moi, Léon, j'ai à vous parler d'une affaire importante : j'ai appris qu'on voulait nous marier.

LÉON.

Que dites-vous? nous marier!

JULIETTE.

Eh! oui; c'est l'intention de mon père, de toute la famille : on veut que vous épousiez moi ou ma sœur. Est-ce que vous ne saviez pas?

LÉON.

Du tout; en voici la première nouvelle.

JULIETTE.

Est-ce étonnant qu'il ne soit pas prévenu! Eh bien! écoutez-moi. Nous avons été élevés ensemble; nous nous aimons d'amitié : je pense alors qu'il faut nous expliquer sans façons et sans détours.

SCÈNE IX.

LÉON.

Vous avez raison.

JULIETTE.

Je vous avouerai avec franchise que ce mariage-là me contrarierait beaucoup.

LÉON.

Eh bien! et moi aussi.

JULIETTE étonnée.

Comment! monsieur...

LÉON.

Puisque nous avons promis de tout dire.

JULIETTE.

C'est égal, ce n'est pas bien à vous; moi qui comptais que vous alliez être fâché.

Air de Turenne.

Ne fût-ce que par politesse.

LÉON.

J'ai dû céder aux lois que vous dictiez;
Mais que vous font mes vœux et ma tendresse,
Vous qui tous les jours ne voyez
Que trop d'hommages à vos pieds?

JULIETTE.

Quoiqu'on en ait d'assez amples récoltes,
Lorsque l'on dit : « *Ne m'aimez plus jamais,* »
On prétend bien qu'on obéira... mais
On compte un peu sur les révoltes.

LÉON.

Eh bien! j'obéis en murmurant.

JULIETTE.

A la bonne heure, apprenez donc un grand secret; ma sœur aime M. Auguste, un jeune notaire, qui n'est pas très beau; mais sa charge est payée, aussi je crois que le jeune homme ne voudra pas.

LÉON.

Au contraire, Auguste en est amoureux. Comme il sait que je suis bien avec votre père, il m'avait prié de lui parler de son amour pour mademoiselle Malvina; je lui en ai bien dit quelques mots la semaine dernière, mais nous étions à la chasse : je trouverai une meilleure occasion. Achevez votre confidence. N'auriez-vous pas aussi quelques projets?

JULIETTE, sérieusement.

Du tout, monsieur; une jeune personne à marier ne choisit pas : elle attend. J'aimerai celui que mes parens me donneront; bien entendu qu'il aura une belle fortune, ou un état dans le monde : parce qu'enfin vous, Léon, vous êtes bien aimable, mais vous n'avez rien.

LÉON.

C'est ma foi vrai! voici la première fois que j'y pense. C'est d'abord un obstacle, mais il y en a bien d'autres : apprenez que je suis amoureux, et depuis bien long-temps.

JULIETTE.

Comment! il se pourrait?

LÉON, lui faisant signe de se taire.

Chut! vous êtes la première personne à qui j'en aie parlé.

JULIETTE.

La première, bien vrai? Allons, c'est une consolation, et il est toujours agréable d'être la première dans un secret. Eh bien! monsieur?

SCÈNE IX.

LÉON.

Je l'aime depuis que j'existe, depuis que je me connais; j'étais encore au lycée.

JULIETTE.

Voyez un peu comme on est avancé dans les pensions de jeunes gens!

LÉON.

Air : Ainsi que vous, je veux, mademoiselle.

Une existence inconnue et nouvelle
S'ouvrait alors et brillait à mes yeux;
J'étais tremblant, interdit auprès d'elle,
  Et quoique, hélas! bien malheureux,
Ce malheur-là, c'était le bonheur même :
  Mourir pour elle m'eût charmé!
  Si l'on est ainsi quand on aime,
  Qu'est-ce donc quand on est aimé?

Notez bien qu'étant au collége, je ne pouvais la voir que les dimanches; aussi pour sortir il fallait de bonnes places, et j'étais toujours le premier.

JULIETTE.

C'est donc cela que vous avez fait de si bonnes études.

LÉON.

Mais sans doute; et mon pauvre professeur qui était enchanté! il croyait que c'était pour lui; il est vrai que le mari m'aimait beaucoup.

JULIETTE.

Comment! monsieur, il y avait un mari?

LÉON.

Certainement, mais il n'y en a plus : elle est veuve.

JULIETTE.

Ah, mon Dieu! est-ce que ce serait...

LÉON.

Eh! oui, vraiment : madame de Sainville.

JULIETTE.

Quoi! c'est elle que vous aimez? Ah! le pauvre jeune homme!

LÉON.

En quoi donc suis-je à plaindre?

JULIETTE.

C'est qu'elle ne peut pas vous souffrir.

LÉON.

Que dites-vous?

JULIETTE.

L'exacte vérité. L'autre jour, dans le salon, elle vous a traité d'une manière dont nous avons été tous indignés; et tout à l'heure encore, lorsqu'il était question de notre mariage, c'est elle qui nous en a détournées.

LÉON, à part.

Ah! que je suis malheureux!

SCÈNE X.

LES PRÉCÉDENS ; PHILIPPON.

PHILIPPON, hors de lui.

Où est-il? où est-il? mon ami! mon cher Léon! Je te cherche partout... si tu savais... embrasse-moi d'abord.

SCÈNE X.

LÉON.

Qu'y a-t-il donc?

PHILIPPON.

D'excellentes nouvelles! d'excellentes, mon ami!

JULIETTE.

Ce pauvre homme! il me fait de la peine! (A Philippon.) Vous avez tort de vous réjouir : le mariage n'a pas lieu. Nous ne pouvons pas épouser Léon, il en convient lui-même, ainsi que madame de Sainville.

LÉON.

Oui, mon ami, il n'y faut plus penser.

PHILIPPON.

Il se pourrait? Madame de Sainville qui devait parler en notre faveur! Quand je disais que cette femme-là nous en voulait. (A Juliette.) Vous, votre sœur... Ah! vous n'aimez pas mon pupille! il ne vous convient pas... Eh bien! tant mieux, tant mieux, mademoiselle.

JULIETTE.

Et lui aussi! Eh bien! ils sont honnêtes!

PHILIPPON.

Grace au ciel, il peut maintenant se passer de tout le monde. (A Léon.) Viens, te dis-je.

LÉON.

Et pourquoi faire? Où me conduisez-vous?

PHILIPPON.

Tu le sauras. Il y a ici, au château, un homme d'affaires, un notaire, qui arrive de Paris... Dieu! quel honnête homme! (A Juliette.) Ah! vous le refusez! ah! vous refusez mon pupille... Je suis bien votre serviteur, et lui aussi.

(Il sort en emmenant Léon.)

SCÈNE XI.

JULIETTE, seule.

A qui en a-t-il donc, ce M. Philippon? Un homme d'affaires! un honnête homme!... Ah çà, il perd la tête; je ne l'ai jamais vu aussi vif. Mais il est bien étonnant qu'on se permette de demander une jeune personne en mariage, et qu'on n'y tienne pas plus que cela?

SCÈNE XII.

JULIETTE, URSULE.

URSULE.

Eh bien! qu'est-il arrivé?

JULIETTE.

C'est déjà fini : le mariage est rompu ; quand je me mêle de quelque chose...

URSULE.

Il a dû être désolé?

JULIETTE.

Pas trop, parce qu'il y a des nouvelles que nous ne savions pas. D'abord, M. Auguste est son ami intime, et l'avait chargé de demander en mariage ma sœur Malvina.

URSULE, vivement.

Il se pourrait?

SCÈNE XII.

JULIETTE.

J'étais bien sûre que cela vous étonnerait. Oui, madame, elle sera mariée la première; son système de mélancolie lui a réussi. C'est fini, dès demain je ne ris plus.

URSULE.

Et Léon!

JULIETTE.

Oh! c'est bien autre chose, et vous ne vous douteriez jamais : il est amoureux.

URSULE, avec émotion, mais froidement

Ah! il vous a avoué.

JULIETTE.

Oui, madame, et le plus amusant, c'est qu'il est amoureux de vous.

URSULE.

De moi? quelle folie! vous voulez rire sans doute. Je ne crois pas aux passions subites, surtout à son âge.

JULIETTE.

Ah bien! oui; ça date de loin : c'est quand il était au collége, avant sa rhétorique.

URSULE.

Quel enfantillage! j'espère que vous vous êtes moquée de lui?

JULIETTE.

Je n'y ai pas manqué; et pour l'achever, je lui ai raconté tout ce que vous aviez dit de lui : qu'il était gauche, sans usage; qu'il n'avait pas d'esprit...

URSULE.

Comment! vous vous seriez permis...

JULIETTE.

Oui, madame; c'était un service à lui rendre : et je ne lui ai pas laissé ignorer l'antipathie et la haine que vous aviez pour lui.

URSULE.

Je vous demande qui vous avait priée de lui faire un tel aveu ?

JULIETTE.

C'est que vingt fois je vous ai entendue parler ainsi, et que tout à l'heure encore...

URSULE.

J'ai pu, entre nous, dans votre intérêt, par amitié, dire de lui des choses qu'il était inutile d'aller lui répéter... Que va-t-il penser maintenant? car, c'est comme un fait exprès, vous, son tuteur, tout le monde semble s'entendre pour lui apprendre que je le déteste.

JULIETTE.

Puisque c'est vrai.

URSULE, avec impatience.

Certainement... c'est vrai, et dans ce moment, plus que je ne puis dire. Mais où est la nécessité de se faire des ennemis, d'exciter des haines ? Apprenez, mademoiselle, que dans le monde, dans la société, on peut souvent être en guerre, mais on ne la déclare jamais.

JULIETTE.

Si vous allez me parler politique...

URSULE.

Non, mademoiselle; il ne s'agit pas de cela : mais vous êtes cause que ce jeune homme va me prendre en aversion.

SCÈNE XIII.

JULIETTE.

C'est ce qu'il peut faire de mieux; et si j'étais à sa place... Ah, mon Dieu! il doit être quatre heures.

Air: Amis, voici la riante semaine.

Et ma toilette ici qui me réclame;
Il faut une heure au moins pour l'achever;
Celui de qui je dois être la femme,
Est quelque part... il n'est plus qu'à trouver.
J'ignore, hélas! tant je suis peu coquette,
Quand à mes yeux s'offrira ce mari...
Mais chaque jour je soigne ma toilette,
En me disant : « C'est peut-être aujourd'hui. »

(Elle sort par le fond.)

SCÈNE XIII.

URSULE, SEULE.

C'est une chose inconcevable! et l'on ne s'imagine pas à quel point les jeunes personnes sont inconséquentes! Vous verrez ce dont elle sera cause. Pour dissuader M. Léon, je vais être obligée de lui dire moi-même que je ne le hais pas; et avouer à un jeune homme qu'on ne le hait pas, je vous demande ce que cela signifie? Autant lui dire : Monsieur, je vous..... Et pour me justifier d'une fausseté, je vais peut-être commettre un mensonge; car vraiment je n'en suis pas sûre... Et s'il abusait d'un pareil aveu? s'il en réclamait le prix? L'a-t-il mérité? N'a-t-il pas lui-même bien des torts? M'aimer depuis si long-temps, sans en rien dire, et aller le confier à cette petite fille! Me compromettre ainsi! c'est impardonnable!... Mais lui laisser croire que je le hais! que j'ai voulu lui nuire! ah! je n'en ai pas le courage! et quoi qu'il m'en coûte... Le voici; allons, faisons-lui cet aveu.

SCÈNE XIV.

URSULE, LÉON, ENTRANT PAR LE FOND.

LÉON.

Je viens, madame, vous faire mes adieux.

URSULE.

Quoi! vous partez?

LÉON.

Mon tuteur m'emmène à l'instant même à Paris pour une affaire importante. Je voulais m'éloigner sans vous revoir; mais je vous ai entendu accuser d'une trahison à laquelle je ne puis ajouter foi, surtout après la manière dont vous m'avez accueilli ce matin; et je viens vous demander à vous-même de démentir de pareilles calomnies.

URSULE.

Quelles sont-elles?

LÉON.

Je n'ignore point combien je vous suis indifférent; depuis long-temps je n'ai plus de droits à votre amitié; mais en quoi aurais-je mérité votre haine?

URSULE, à part.

Nous y voilà.

LÉON.

Est-il vrai que vous avez fait rompre un mariage qu'à mon insu on projetait pour moi?

SCÈNE XIV.

URSULE.

Oui, monsieur.

LÉON.

Quoi! vous ne le niez pas?

URSULE.

Léon, je vous ai dit la vérité; mais vous ne pouvez connaître les motifs qui me faisaient agir.

LÉON.

Parlez.

URSULE.

Plus tard je vous les dirai, je vous le promets, ce soir, demain; en attendant, ne partez pas, restez encore, je vous en prie.

LÉON.

Je ne le puis, madame.

URSULE.

Quelle affaire si importante vous rappelle à Paris?

LÉON.

Deux mots expliqueront le changement survenu dans ma situation : depuis quelques momens je ne suis pas plus heureux, mais je suis plus riche.

URSULE.

Que dites-vous?

LÉON.

Jusqu'ici, grace aux bontés de mon tuteur, je ne m'étais pas aperçu de mon manque de fortune; d'aujourd'hui seulement j'ai vu à quels dédains, à quelles humiliations il m'exposait! J'ai vu qu'il n'y avait pour moi ni amour, ni amitié à espérer, et je voulais fuir à jamais un monde qui me repoussait, lorsque M. Philippon est venu me retenir, me consoler. « Tu n'as

« besoin de personne, m'a-t-il dit : tu as maintenant
« cent mille écus qui t'appartiennent : avec cela,
« maintenant, toutes les femmes vont t'adorer ! »

URSULE, à part.

Grands dieux ! qu'allais-je faire ?

LÉON.

Il paraît qu'un parent éloigné m'a laissé cette fortune, qui me revient comme à son seul héritier ; c'est du moins ce que nous a annoncé un homme d'affaires, qui arrivait de Paris ; et nous y retournons à l'instant.

URSULE, très-émue.

C'est bien... il suffit... je ne vous retiens plus.

LÉON.

Et cependant, madame, vous aviez daigné me promettre...

URSULE.

Non, monsieur; depuis, j'ai réfléchi... ce serait une explication inutile, à laquelle vous auriez raison de ne pas croire, et je n'aurais que la honte d'avoir voulu vous persuader.

LÉON.

Mais, tout à l'heure, madame, vous vouliez me dire...

URSULE.

Je ne le puis plus..... Partez, monsieur..... oubliez-moi ; et puissiez-vous trouver dans la richesse qui vous arrive tout le bonheur que vous méritez !

LÉON.

Quoi ! madame, ce sont là vos derniers adieux ?

URSULE.

Oui, monsieur.

LÉON, s'éloignant.

Ah! tout est fini pour moi!

(Il sort par la porte à droite.)

SCÈNE XV.

URSULE, SEULE.

Que je suis malheureuse! A-t-on jamais vu une fortune arriver plus mal à propos?... Ils ont tellement répété que je le détestais, que c'est maintenant une chose convenue, établie... Et j'irais lui dire que je l'aime, au moment où il devient riche; surtout avec les idées que lui a données ce M. Philippon, qui maintenant ne peut pas me souffrir!... Un honnête homme, je ne dis pas non, mais un vieux professeur qui ne sait que le grec, et qui n'entend rien aux femmes.

AIR : Ce que j'éprouve en vous voyant.

>Oui, pourra-t-il croire jamais
>Qu'on aime encor ceux qu'on déteste?
>Je le vois trop... ce coup funeste
>Va renverser tous mes projets.
>Comment croirait-il que je l'aime?
>Comment le prouver désormais?
>Ah! quel bonheur si je pouvais
>Aujourd'hui le perdre moi-même...
>Afin de le sauver après!

Oui, cette fortune est un obstacle invincible, et tant qu'elle existera..... Quelle idée, si je pouvais le ruiner!... j'espère qu'après cela il ne doutera plus de ma tendresse. Est-ce lui?... non : c'est Juliette.

SCÈNE XVI.

URSULE, JULIETTE

JULIETTE.

Madame! madame! voici bien d'autres nouvelles! Il n'est question que de cela au château : Léon vient de faire un héritage.

URSULE.

Eh, mon Dieu! croyez-vous que je ne le sache pas?

JULIETTE.

C'est qu'il hérite de trois ou quatre cent mille francs!

URSULE, avec impatience.

Eh bien! après?

JULIETTE.

Après, après; c'est que cela change bien les choses! On ne pouvait lui reprocher que son manque de fortune, car, excepté cela, Léon est très-gentil ; c'est un charmant cavalier ; et vous avez beau dire, je n'ai jamais partagé vos préventions contre lui.

URSULE.

Eh bien! par exemple! ne voulez-vous pas l'épouser?

JULIETTE.

Pourquoi pas, puisqu'il en était question? Mais c'est qu'il y a déjà des obstacles : on dit que M. de Clairval, le maître du château, va lui donner sa fille.

URSULE.

Il se pourrait?

SCÈNE XVI.

JULIETTE.

Et ce n'est pas bien à lui, ce n'est pas délicat, parce qu'enfin mes parens avaient des vues antérieures; et puis il y a encore ma sœur Malvina qui me donne des inquiétudes... Certainement, elle aurait bien épousé M. Auguste, mais elle ne l'aime pas beaucoup; et maintenant, à cause des nouvelles idées... vous comprenez : elle pourrait revenir.

URSULE.

Allons, elles veulent toutes l'épouser à présent!

JULIETTE.

Mais si vous êtes assez bonne pour me seconder, je crois qu'on peut faire manquer tous ces mariages-là.

URSULE, vivement.

Vraiment? Eh, mon Dieu! ma chère amie, je serai charmée de vous rendre service; mais par quels moyens? Je suis si peu au fait de tout ce qui arrive!

JULIETTE.

Oh! je vais vous donner des détails; vous sentez bien que je me suis informée. D'abord, c'est un vieux baron, M. de Saint-Clair.

URSULE.

Que dites-vous? le baron de Saint-Clair? celui qui vient de mourir?

JULIETTE.

Oui, madame; c'est lui qui donne toute sa fortune à Léon, c'est-à-dire il la lui donne, c'est malgré lui, et sans le vouloir : parce qu'il en avait disposé par testament en faveur d'une autre personne; mais cette personne, qu'on ne nomme pas, et qui même ne veut pas être nommée, renonce généreusement à la succession : alors elle revient à Léon, qui, quoique arrière-cousin, se trouve, dit-on, le seul héritier, et alors...

URSULE.

Ah! que je suis heureuse.

JULIETTE.

Eh bien! qu'avez-vous donc?

URSULE.

Rassurez-vous, je ferai manquer le mariage.

JULIETTE.

Il se pourrait? Dieu! que vous êtes bonne!

URSULE.

Non, pas tant que vous croyez. Mais comment savez-vous tout cela?

JULIETTE.

Par M. Derfort, un notaire.

URSULE.

Mon homme d'affaires.

JULIETTE.

Il arrive de Paris pour annoncer cette bonne nouvelle; et Léon va se trouver maître de toute la fortune, dès que la renonciation sera signée.

URSULE.

Grace au ciel, elle ne l'est pas encore.

(Se mettant à table à droite, et écrivant.)

JULIETTE.

Que faites-vous donc?

SCÈNE XVII.

URSULE.

C'est l'affaire d'un instant. (Écrivant.) Tenez, ma chère amie, ayez la bonté de porter ceci à M. Derfort, le notaire; je pense que cela suffira.

JULIETTE.

Quoi! madame, vous croyez que ce papier empêchera le mariage de mademoiselle de Clairval?

URSULE.

Oui, certes.

JULIETTE.

Oh! que je suis contente! Tenez, voici M. Philippon, je vous laisse avec lui, et je reviens à l'instant.

(Elle sort par le fond.)

SCÈNE XVII.

URSULE, PHILIPPON, ENTRANT PAR LA PORTE A DROITE.

URSULE, à part.

Oh, mon Dieu! qu'a donc M. Philippon, et d'où vient cet air sombre et rêveur?

PHILIPPON, voulant se retirer.

Votre serviteur, madame.

URSULE.

Eh quoi! vous me fuyez?

PHILIPPON.

Oui, madame; car moi je suis franc et loyal, et quand j'ai à me plaindre des gens, quand je n'ai plus d'amitié pour eux, je le dis à eux-mêmes, et ne cherche point en secret à les desservir; je ne sais pas si je me fais comprendre.

URSULE.

Parfaitement; mais je ne pense pas que, quant à présent du moins, vous ayez contre moi de nouveaux sujets de plainte.

PHILIPPON.

Si, madame, et je ne vous le pardonnerai jamais. Malgré la fortune qui lui sourit, malgré l'héritage qu'il vient de faire, Léon est le plus malheureux des hommes : je voulais le marier à mademoiselle de Clairval, tout le monde y consentait; lui seul refuse : cela lui est impossible.

URSULE.

Pour quelle raison?

PHILIPPON.

Vous me le demandez! pour vous, madame! pour vous seule, qui êtes cause de tous ses chagrins.

Air : A soixante ans.

Malgré vos torts dont il convient lui-même,
Son cœur ne rêve et ne pense qu'à vous;
C'est toujours vous, c'est vous seule qu'il aime.
(Ursule fait un mouvement de joie.)
Et je ne puis maîtriser mon courroux,
Lorsque je vois qu'un fol amour l'enflamme,
Lorsque je vois les maux qu'il doit souffrir;
Et de fureur ce qui me fait frémir...

URSULE.

Qu'est-ce donc?

PHILIPPON, indigné.

C'est qu'en m'écoutant, madame,
Vous avez l'air d'y prendre encor plaisir;
Oui, je le vois, en m'écoutant, madame,
Vous avez l'air d'y prendre encor plaisir.

SCÈNE XVII.

URSULE.

Moi, monsieur? en tout cas, vous ne pouvez pas dire qu'il y ait séduction de ma part.

PHILIPPON.

Non, certes; mais patience, il finira par se guérir de son aveuglement. Moi, d'abord, je ne vous prends pas en traître, je vous préviens que je lui dirai de vous tout le mal possible; et je ferai si bien qu'avant peu, je l'espère, Léon en aimera une autre; il est riche, il l'épousera.

URSULE.

Il l'épousera.... c'est si je veux !

PHILIPPON.

Comment! si vous voulez?

URSULE.

Oui, cela dépend de moi; et quant à cette fortune dont vous parlez, il ne la possédera peut-être pas long-temps.

PHILIPPON.

Et qui pourrait la lui enlever?

URSULE.

Moi, monsieur.

PHILIPPON.

Vous voulez plaisanter?

URSULE.

Du tout, je parle sérieusement.

PHILIPPON.

S'il était vrai... si vous osiez... je ne sais, dans ma fureur...

URSULE.

Calmez-vous, vous le verrez; et loin d'être furieux, vous serez ravi, enchanté! et lui aussi; c'est moi qui vous en préviens.

PHILIPPON.

Eh bien! par exemple...

URSULE.

Tenez, le voici.

SCÈNE XVIII.

Les précédens; LÉON, venant par la droite.

LÉON, à Philippon.

Je vous cherchais, mon ami; partons.

PHILIPPON, le regardant.

Qu'as-tu donc, et d'où vient ce trouble?

LÉON.

Nous nous étions flattés trop tôt... Mais le ciel m'est témoin que la perte de mes espérances n'est pas le coup le plus difficile à supporter!

PHILIPPON.

Que dis-tu? Comment! cet héritage...

LÉON.

Il ne faut plus y penser, je n'y ai pas de droit; lisez plutôt cette lettre que M. Derfort vient de me confier. (Pendant que Philippon lit.) Vous voyez que tout appartient à madame.

SCÈNE XVIII.

PHILIPPON.

Qu'ai-je vu! Ce matin, cependant, elle avait eu la générosité d'y renoncer.

LÉON.

Il est vrai, mais madame a changé d'avis quand elle a su que c'était moi.

PHILIPPON.

Alors, c'est fini. Cela n'est plus de la haine : c'est une guerre à mort! Quoi! madame, vous n'êtes point satisfaite? il vous faut encore la ruine totale de ce malheureux jeune homme! (A Léon.) J'espère qu'à présent, du moins, tu ne vas plus l'aimer?

LÉON.

J'y tâcherai, c'est tout ce que je peux vous promettre. Partons, rien ne peut plus me retenir.

(Ils vont pour sortir.)

URSULE, doucement.

Léon!

(Léon revient vivement sur ses pas.)

PHILIPPON.

Eh bien! où vas-tu donc?

LÉON.

Vous voyez bien qu'elle m'appelle.

PHILIPPON, le retenant.

Ce n'est pas vrai.

URSULE, à Léon.

Quoi! malgré tout le mal que je vous ai fait, vous ne pouvez encore me haïr? Je n'eusse osé l'exiger; mais je vous en remercie. Je suis fière d'inspirer un tel amour!

PHILIPPON.

Eh bien! alors, pourquoi lui enlever cet héritage?

URSULE.

Pourquoi? pour le lui donner.

LÉON.

Que dites-vous?

URSULE.

Je ne voulais épouser qu'un homme sans fortune : vous voyez bien, monsieur, qu'il a fallu d'abord vous ruiner, et ce n'est pas sans peine.

LÉON, à ses genoux.

Ah! je suis trop heureux!

PHILIPPON, s'inclinant.

Madame, ce n'est pas à lui, c'est à moi de tomber à vos genoux!

Air de la Robe et les Bottes.

Avec respect, c'est moi qui me prosterne,
Vous l'épousez, quel bonheur pour nous deux!
Dans l'histoire ancienne ou moderne
Je n'ai pas vu de traits plus généreux.

URSULE.

Vous n'avez plus dessein, j'en suis certaine,
De me haïr...

PHILIPPON.

Qui moi?... je crois que si,
Et pour un rien j'aurais pour vous la haine
Que vous aviez tout à l'heure pour lui.

SCÈNE XIX.

Les précédens ; JULIETTE, MALVINA.

JULIETTE.
Qu'est-ce que je vois ?

PHILIPPON.
Léon, mon pupille, qui fait un bien plus beau mariage que je n'eusse osé l'espérer : il épouse madame.

JULIETTE.
Eh bien ! par exemple ! et ce dont nous étions convenus ?

URSULE.
J'ai tenu ma parole : je vous ai promis qu'il n'épouserait pas votre sœur.

MALVINA.
Fi ! mademoiselle, c'est très-vilain ! je vois maintenant pourquoi vous me disiez tant de bien de M. Auguste.

JULIETTE.
Moi, je vois pourquoi madame nous disait tant de mal de M. Léon.

PHILIPPON.
Et moi, je n'ai rien vu ; est-ce étonnant ? je ne me suis pas un seul instant douté de tout cela !

URSULE.
Je le crois bien ; aussi, écoutez votre horoscope, et tâchez de vous y résigner : Vous serez toute votre vie un savant professeur, un parfait honnête homme, mais vous ne comprendrez jamais rien ni à l'amour, ni à *la haine d'une femme.*

VAUDEVILLE.

Air nouveau (de M. Adam).

LÉON, à Ursule.

Soyez mon guide et mon amie,
Par vous-même je viens de voir
Que bien souvent dans cette vie
Le silence était un devoir.
Employé qu'on met en vacance,
Pauvre époux dont on prend le bien,
Jeune amant que l'on récompense,
 Ne dites rien,
Soyez prudens, ne dites rien.

MALVINA.

Si vous voulez que l'on vous aime,
Mari, soyez docile et doux,
Parlez de votre amour extrême;
Mais, sur le reste, taisez-vous.
En hymen, souvent le silence
Vaut le plus aimable entretien;
Et quand il s'agit de dépense,
 Ne dites rien,
Payez, messieurs, ne dites rien.

JULIETTE.

Dans le monde, où, par l'apparence,
Souvent, hélas! on est séduit,
J'ai vu des banquiers d'importance
Qu'on prenait pour des gens d'esprit.
Oui, messieurs, cet heureux mensonge
S'accrédite, grace au maintien,
Mais pour que l'erreur se prolonge,
 Ne dites rien,
Observez-vous, ne dites rien.

PHILIPPON.

Auteurs, qui voulez au Parnasse
Briller au nombre des élus,
Pour avoir la première place
Pour voir vos rivaux confondus;

SCÈNE XIX.

Pour que des plumes indiscrètes
Ne puissent trouver le moyen
De critiquer ce que vous faites,
　Ne faites rien,
Auteurs prudens, ne faites rien.

URSULE, au public.

Si cette esquisse a su vous plaire,
Parlez-en,... soyez indiscrets;
Mais quand ce soir, je viens de faire
L'humble aveu de tous mes secrets,...
S'ils ont mérité votre blâme,
S'ils vous ont déplu,... songez bien
Que c'est le secret d'une femme,
　N'en dites rien,
A vos amis n'en dites rien.

FIN DE LA HAINE D'UNE FEMME.

L'ÉCARTÉ,

ou

UN COIN DU SALON,

TABLEAU-VAUDEVILLE EN UN ACTE;

Représenté, pour la première fois, sur le théâtre du Gymnase dramatique, le 14 novembre 1822.

EN SOCIÉTÉ AVEC MM. MÉLESVILLE ET DE SAINT-GEORGES.

PERSONNAGES.

Madame DE ROSELLE, jeune veuve.
Madame DE SAINT-CLAIR, sa tante.
DUPARC, ancien négociant.
DUROZEAU, ami de la maison.
LÉON, neveu de Duparc.
FORTUNÉ, clerc de notaire.
Mademoiselle MIMI, fille du notaire.
LAFLEUR, domestique.
Cavaliers et Dames de la société de madame de Roselle.

La scène se passe à Paris, dans le quartier de la Chaussée-d'Antin.

Le théâtre représente un salon richement décoré; grande porte au fond, deux portes latérales, une cheminée à gauche, et dans le fond, près de la cheminée, un secrétaire élégant; sur le devant, du même côté, un guéridon garni de flambeaux. Un grand lustre éclaire le salon.

FORTUNÉ,

" QUOI! SI JE L'AVAIS RAMASSÉ, VOUS NE VOUS SERIEZ PAS FÂCHÉE?

(L'Écarté, Sc. X.)

L'ÉCARTÉ,

ou

UN COIN DU SALON.

SCÈNE PREMIÈRE.

DUPARC, LAFLEUR.

DUPARC.

Comment, madame de Roselle n'y est pas ?

LAFLEUR.

Non, monsieur.

DUPARC.

Et sa tante, madame de Saint-Clair ?

LAFLEUR.

Ces dames ont demandé la voiture après dîner et sont sorties.

DUPARC.

Alors, je me suis trompé de jour.... moi qui venais pour un bal.

LAFLEUR.

Oh ! c'est bien pour aujourd'hui.

DUPARC.

Il est près de dix heures, et personne n'est arrivé ; les salons ne sont pas même éclairés.

LAFLEUR.

Est-ce que monsieur ne serait pas de Paris ?

DUPARC.

Non, mon garçon : j'arrive du Poitou.

LAFLEUR.

C'est ce que je me suis dit tout de suite... Voyez-vous, monsieur, c'est ici la Chaussée-d'Antin, et dans ce pays, les soirées ne commencent qu'à minuit.

DUPARC.

On devrait alors changer la date des billets d'invitation. (Regardant le sien.) Que diable! *lundi soir*; il fallait mettre : *mardi de grand matin.*

Air de Préville et Taconnet.

S'il faut ici dire ce que je pense,
   A Paris tout se fait trop tard;
C'est à minuit que la danse commence,
Et le dîner à six heures un quart!
   Moi, ma méthode est bien meilleure,
   D'aujourd'hui seul je suis certain,
Et je me dis sans croire au lendemain :
De nos plaisirs avançons toujours l'heure,
Ne retardons que celle du chagrin.

LAFLEUR.

Tenez, monsieur, vous avez du bonheur, voilà ces dames qui rentrent déjà; il faut qu'il leur soit arrivé quelque chose.

SCÈNE II.

DUPARC, MADAME DE ROSELLE, MADAME DE SAINT-CLAIR.

MADAME DE SAINT-CLAIR.

Monsieur Duparc! comment? vous êtes ici? vous nous attendiez?

MADAME DE ROSELLE.

Ah, mon Dieu! monsieur, si nous l'avions su...

DUPARC.

J'aurais été désolé de vous déranger. Sans doute quelque affaire importante...

MADAME DE ROSELLE.

Nous venions des *Français*... une tragédie nouvelle.

DUPARC.

Votre domestique m'avait fait craindre que quelque accident...

MADAME DE ROSELLE, d'un air triste.

Oui, vraiment, la pièce n'a pas fini... quel dommage! je la trouvais très bien.

MADAME DE SAINT-CLAIR.

Je le crois; tu n'as pas écouté: tu as causé tout le temps avec M. Léon.

DUPARC.

Ah! mon neveu était dans la loge de ces dames?

MADAME DE ROSELLE.

Non : mais il est venu nous faire une petite visite.

MADAME DE SAINT-CLAIR.

Une visite de quatre actes.

DUPARC.

Je me suis présenté plus d'une fois, madame, sans avoir le plaisir de vous rencontrer, et je n'ai pu vous remercier encore des bonnes intentions où vous êtes pour mon neveu. Je conviens que son extrême jeunesse est un grand obstacle, mais cela termine un procès; cela arrange deux familles.

MADAME DE SAINT-CLAIR.

Je le sais, monsieur; mais c'est égal, ce mariage n'est pas encore fait.

Air de la Robe et des Bottes.

Profitant des jours de veuvage,
Ma nièce, sans donner son cœur,
Veut vivre seule, et jouir du bel âge.

DUPARC, à madame de Roselle.

Quel égoïsme! et quelle est votre erreur!
Combien d'attraits je vous vois en partage!
Mais ces trésors si précieux, je croi
Qu'on est encor plus heureux, à votre âge,
En les donnant, qu'en les gardant pour soi.

MADAME DE SAINT-CLAIR.

Et puis, songez donc, monsieur, se marier avec un jeune homme de dix-neuf ans!... Vous ne savez pas, elle a été si malheureuse avec son premier mari!

MADAME DE ROSELLE.

Ah! ma tante, M. de Roselle, quelle différence!

MADAME DE SAINT-CLAIR.

C'était un homme dont tout le monde faisait l'éloge; mais il était joueur... ah!

SCÈNE II.

DUPARC, à part.

Joueur!... ah, mon Dieu! cela se trouve bien. (Haut.) J'espère que vous ne ferez pas ce reproche à mon neveu?

MADAME DE ROSELLE.

Sans doute, M. Léon qui a fini son droit, et qui est presque avocat.

MADAME DE SAINT-CLAIR.

Ce n'est pas une raison; depuis quelque temps, ma nièce, le barreau devient très joueur (A Duparc.) Je ne dis pas cela pour votre neveu;... mais il faudra voir... Pour ma part, d'abord, j'aime beaucoup M. Léon; c'est toujours à moi qu'il donne la main : presque tous les soirs il fait ma partie de *whist*, ou même me lit la gazette.

MADAME DE ROSELLE.

Pauvre jeune homme! voilà une preuve d'amour! Eh, mon Dieu! et notre toilette! on va arriver, et nous ne serons pas prêtes... Est-ce que M. Durozeau n'est pas là?

MADAME DE SAINT-CLAIR.

Non; je ne le vois pas. Comment allons-nous faire?

DUPARC.

Quel est ce M. Durozeau? un de vos parens?

MADAME DE ROSELLE.

Non, vraiment.

DUPARC.

C'est sans doute un ami?

MADAME DE ROSELLE.

Mais non; je ne pourrais pas trop vous dire : c'est une existence qui échappe à l'analyse.

Air : Le fleuve de la vie.

Sans esprit il est fort habile ;
Son domicile est chez autrui ;
De la sorte, il a dans la ville
Quinze ou seize maisons à lui :
Dans l'une il a' table servie,
Dans l'autre ses gens, son loyer ;
Et traverse ainsi sans payer
Le fleuve de la vie.

Du reste, monsieur, c'est un homme fort utile : c'est lui qui fait nos emplettes, qui loue nos loges au spectacle, qui fait les billets d'invitation, dresse la liste des convives, sur laquelle il se trouve tout naturellement porté; substitut obligé de la maîtresse de la maison, il fait les honneurs, dispose les tables de jeu, où jamais il ne risque un écu, arrange les parties : le boston des grand's-mamans, l'écarté des jeunes gens, et le piquet de l'âge mûr ; fait circuler les rafraîchissemens; trouve des danseurs aux petites-filles; pense à tout le monde, ne s'oublie jamais, et se retire toujours à la fin du souper.

DUROZEAU, dans l'intérieur de l'appartement.

Eh! André! Lafleur ! allons donc.

MADAME DE ROSELLE.

Eh! tenez, je l'entends, il donne des ordres; je l'ai vu ce soir aux *Français*, et il est en retard; car ordinairement, il arrive toujours le premier.

DUPARC, souriant.

A moins qu'il n'y ait, comme aujourd'hui, des provinciaux.

SCÈNE III.

Les précédens, DUROZEAU.

DUROZEAU.

Air de la légère.

Du spectacle (*bis.*)
J'arrive, non sans obstacle.
Pour paraître,
Il faut être
Dans vingt endroits
A la fois.
De peur d'avoir un air fier,
Il a fallu que je fusse
Saluer ce *duc* et *pair*
Chez qui je dînais hier;
Puis qu'ensuite je courusse
Galamment offrir la main
A cette comtesse russe
Chez qui je dîne demain.
Du spectacle, etc.

Mais enfin, me voilà. Je vois que vous n'êtes pas encore prêtes; je recevrai pour vous. (A madame de Saint-Clair.) A propos, madame, j'ai passé au *Père de famille*, pour cet assortiment de soies que vous attendez; on vous l'apportera demain, avec la tapisserie: les fleurs sont bien nuancées: je crois que vous en serez contente.

MADAME DE ROSELLE.

Et moi, monsieur Durozeau, vous avez oublié ma petite commission?

DUROZEAU, tirant un écrin de sa poche.

Je m'en serais bien gardé, belle dame; voici le collier d'émeraudes que vous avez choisi : Franchet vous enverra la facture.

MADAME DE ROSELLE.

Il est fort joli !

MADAME DE SAINT-CLAIR.

Il me semble, ma chère Mathilde, que tu dépenses bien de l'argent?

MADAME DE ROSELLE, ouvrant son secrétaire, et serrant l'écrin.

Du tout, ma tante; je me suis donné cet hiver un troisième cachemire, et il me reste encore cent louis d'économie; voyez plutôt les beaux billets.

(Elle montre ses billets de banque.)

DUROZEAU.

Je sais bien pourquoi : c'est que vous ne jouez jamais. Hier, chez madame de Plainville, on a perdu un argent fou! il y avait une ardeur... tenez, notre jeune avocat, M. Léon, y était... savez-vous qu'il va très bien !

MADAME DE ROSELLE, riant d'une manière forcée.

Comment! M. Léon.

DUROZEAU.

Oui; il a perdu une vingtaine de louis avec un sang-froid.

DUPARC, vivement.

Je crois bien, ce n'était pas son argent : c'était le mien.

MADAME DE SAINT-CLAIR.

A vous, monsieur?

DUPARC.

Oui, je voulais savoir ce que c'était que l'écarté : ce jeu-là devient si fort à la mode, qu'on commence à en parler dans le Poitou. Alors, j'avais prié mon neveu de risquer pour moi quelques louis.

DUROZEAU.

Je me rappelle en effet avoir vu monsieur parmi les parieurs. Eh bien! n'est-ce pas, c'était amusant?... Il y avait là surtout M. Florvac, le petit agent de change, qui tenait tous les paris... Voilà les gens qu'il faut pour échauffer une partie!

Air du vaudeville de l'Écu de six francs.

Oui, ces messieurs ont la main large,
Ce sont les *Crésus* de nos jours:
Et souvent pour payer leur charge,
L'écarté fut d'un grand secours.
Ce jeu du *Pactole* est la source,
Le hasard qu'il offre est si grand,
Que l'agent de change souvent
Peut se croire encore à la Bourse.

MADAME DE SAINT-CLAIR.

Allons donc, ma nièce, et ta toilette!

MADAME DE ROSELLE, à Durozeau.

Mon cher Durozeau, veuillez tout disposer, donner des ordres, et surtout tenir compagnie à monsieur.

Air de la Gazza ladra.

Je vous laisse, et serai bientôt prête;
Aux parures moi je tiens fort peu.
Sans adieu, sans adieu;
Dans l'instant je reviens en ce lieu.

DUPARC.

Hâtez-vous, ou je vous crois coquette.

MADAME DE ROSELLE.

Est-ce un tort si digne de courroux?
En pensant, messieurs, à la toilette,
N'est-ce pas encor penser à vous?

ENSEMBLE.

MADAME DE ROSELLE.

Je vous laisse, et serai bientôt prête;
Aux parures moi je tiens fort peu.
Sans adieu, sans adieu;
Dans l'instant je reviens en ce lieu.

MADAME DE SAINT-CLAIR.

Je suis loin de blâmer la toilette;
Aux parures moi je tiens un peu.

DUROZEAU et DUPARC.

Qu'avez-vous besoin de toilette?
Vos attraits en tiennent toujours lieu.

SCÈNE IV.

DUPARC, DUROZEAU, QUI VA ET VIENT PENDANT CETTE SCÈNE.

DUROZEAU.

Voyons, voyons, il faudra là-dedans un whist, un piquet; et puis, je ne sais pas si j'aurai assez de monde. (A Duparc.) Monsieur joue-t-il le boston?

DUPARC.

Tout ce que vous voudrez.

DUROZEAU, lui frappant sur l'épaule.

C'est bon, c'est bon, nous vous donnerons une jolie dame, qui ne joue pas très bien, mais qui est fort aimable, avec le substitut et puis une maman... Mais que je vous débarrasse de votre canne et de votre chapeau.

(Il les prend.)

SCÈNE V.
DUPARC.

Je ne souffrirai pas...

DUROZEAU.

Laissez donc, je vais placer cela en lieu sûr. (En sortant.) André! les jetons, les flambeaux.

(Il sort.)

SCÈNE V.

DUPARC, SEUL.

Ma foi, ma nièce est une petite femme charmante! famille honorable; fortune indépendante... Mon neveu est-il heureux, à son âge, de faire un pareil mariage! toute ma crainte, c'est que Léon ne manque un si beau parti... Il est trop vrai qu'il joue de manière à m'inquiéter moi-même; je suis bien sûr, par exemple, qu'il n'est jamais entré dans une académie. Mais au fait, à quoi bon? grace aux progrès de la civilisation, on peut se ruiner en bonne société.

Air : A soixante ans.

Jadis aussi la jeunesse imprudente
Courait au jeu, mais elle en rougissait;
Et de ces lieux que le vice fréquente,
Le seul aspect en entrant l'effrayait,
De ses dangers enfin tout lui parlait;
Mais rien ici n'avertit la victime,
Et du salon le langage et les mœurs;
Tout l'entretient dans ses douces erreurs.
Comment, hélas! se douter de l'abîme,
Lorsque l'abîme est caché sous des fleurs.

Et s'il arrivait que Léon se mît dans l'embarras... je l'aime beaucoup assurément; mais je n'ai que mes douze mille livres de rente bien juste. Je ne suis pas de ces oncles de comédie, qui arrivent toujours tout cousus d'or, et qui sont la providence obligée de leurs étourdis de neveux. Je crois que j'ai pris le meilleur parti pour me trouver à même de lui prêter secours dans un cas pressant, sans porter atteinte à mes capitaux. Depuis huit jours que je suis à Paris, j'ai suivi Léon dans toutes les sociétés qu'il fréquente; je me suis fait une règle de jouer ou de parier contre lui, et toujours exactement la même somme que celle qu'il a risquée; jusqu'à présent, cela s'est balancé, ou à peu près, excepté hier et avant hier, où j'ai eu le désagrément de lui gagner une cinquantaine de louis; j'espère que s'il le sait jamais, il sera sensible à ce que je fais pour lui, car enfin la partie n'est pas égale : si je gagne, je le lui rendrai, et si je perds... ma foi, je lui ferai de la morale pour mon argent. Eh! le voici, ce cher enfant!

SCÈNE VI.

DUPARC, LÉON.

DUPARC.

Vous le voyez, monsieur, je suis arrivé avant vous, et cependant je ne suis pas amoureux.

LÉON.

Vous avez vu ces dames?

DUPARC.

J'en ai été enchanté! et si ce mariage-là n'a pas lieu, ce sera ta faute : tu es aimé.

SCÈNE VI.

LÉON, avec joie.

Vous croyez?

DUPARC.

De la tante, d'abord, j'en suis certain; et pour la nièce, il y a de grandes probabilités : ainsi, je t'en conjure, observe-toi bien, ne fais pas de folies; tâche surtout de ne jouer que le moins possible, car, vois-tu, je ne peux pas me le dissimuler, tu es un peu joueur.

LÉON.

Moi, mon oncle? mais pas plus que vous, car je vous vois toujours de toutes mes parties.

DUPARC.

Air du vaudeville de la Somnambule.

Moi, monsieur, quelle différence!
Je ne suis point à marier;
Mais vous, c'est une extravagance!
Le jeu doit-il tout vous faire oublier?
Quand vous avez tous les biens en partage,
Quand la beauté, quand les amours sont là,
Laissez du moins ce plaisir à notre âge,
Qui, par malheur, n'a plus que celui-la.

Écoute, mon ami, je te parle en bon oncle; on a déja fait des rapports à ces dames.

LÉON, à part.

Ah! mon dieu! (Haut.) Je vous remercie, j'y ferai attention. Ce soir, d'abord, vous pouvez être tranquille; pour être plus sûr de moi, je n'ai pas pris d'argent.

DUPARC.

Forcément, peut-être?

LÉON, en riant.

... oui... à peu près.

DUPARC, à part.

Je crois bien : je lui ai tout gagné, et depuis hier, c'est moi qui suis son caissier. (Haut.) Ainsi donc, tu ne joueras pas ?

LÉON.

Non, mon oncle, je vous le promets.

DUPARC.

Eh bien ! tant mieux. (A part.) Cela va me donner congé, et je veux en profiter pour m'amuser ; je vais faire un boston.

SCÈNE VII.

Les précédens; FORTUNÉ.

FORTUNÉ, arrivant par le fond, et parlant à la cantonnade.

Jules, garde-moi ma place, il y a tant de monde ! je vais chercher les danseurs. Ah ! te voilà, Léon ! que diable fais-tu donc ici ? il y a une heure que je te cherche autour de toutes les tables.

LÉON, à demi-voix.

Chut ! c'est mon oncle.

FORTUNÉ, de même.

C'est juste, les grands parens... Ah ! tu as des oncles, toi ! tu es bien heureux ; ça me manque bien souvent.

DUPARC, à Léon.

Quel est ce petit bonhomme si éveillé ?

LÉON.

Un de mes amis, que je vous présente : le jeune Fortuné Dalville; le plus aimable de tous les clercs

SCÈNE VII.

de Paris ; il travaille chez M. Dubreuil, le notaire de madame de Roselle (en souriant), ou du moins, il est censé travailler.

FORTUNÉ.

Ah ! monsieur l'avocat, vous m'attaquez !

LÉON.

Tu ne m'as pas chargé de te défendre.

FORTUNÉ.

Heureusement ! je n'ai pas envie de perdre mon procès, surtout ce soir.

LÉON.

J'entends : ton notaire est déja arrivé avec sa fille, mademoiselle Mimi.

FORTUNÉ.

Je suis venu avec eux... tu ne l'as pas encore vue ? elle est mise comme un ange !... Je lui donnais la main pour entrer dans le salon, et quand je l'ai conduite à un fauteuil, elle m'a adressé un sourire... ah ! mon ami !

DUPARC, gaîment.

Il paraît que c'est un commencement de passion.

FORTUNÉ.

Un commencement ! il y a trois mois que ça dure, monsieur : depuis que je suis entré chez le notaire.

AIR : J'ai vu le Parnasse des dames.

Que ne peut le désir de plaire !
Déja, monsieur, tout couramment
Je vous rédige un inventaire ;
Je fais même le testament.
J'ai presque terminé mon stage ;
Hélas ! et moi qui sais si bien
Faire un contrat de mariage,
Je ne peux pas faire le mien.

DUPARC.

Vous êtes donc sûr que de son côté mademoiselle Mimi...

FORTUNÉ.

Elle ne m'en a jamais rien dit, mais c'est égal, on a des preuves : tous les matins, quand je monte à l'office chercher le déjeuner des clercs, elle se trouve toujours là pour me dire un mot obligeant, ou me donner une commission ; vous sentez que ces attentions partent de là...

DUPARC.

Cela saute aux yeux.

FORTUNÉ.

Aussi, je l'aime... et ça me donne une ardeur pour le travail... Je me sens capable de tout !

LÉON.

Même de ne plus parier à l'écarté.

FORTUNÉ.

Diable ! je m'en garderai bien, aujourd'hui que mon notaire est là : tenue sévère.

DUPARC.

Comment, monsieur, à votre âge vous jouez ?

FORTUNÉ.

Ah ! c'est-à-dire autrefois, et avec un malheur... Enfin, encore hier, monsieur, chez notre agent de change, j'ai perdu mes cent écus. (Bas à Léon.) Dis donc, ce gros imbécille d'avoué qui a passé onze fois !

DUPARC.

Cent écus !

FORTUNÉ.

Oh, mon dieu ! ça m'arrive continuellement.

SCÈNE VIII.

DUPARC.

Mais vos parens doivent vous faire une pension?

FORTUNÉ.

Deux cents francs par mois. Mais c'est fini, je ne joue plus; d'abord, mon notaire me mettrait à la porte, je perdrais mon état...

LÉON.

Et mademoiselle Mimi.

FORTUNÉ.

Au lieu qu'en me conduisant bien, je deviens premier clerc, monsieur Dubreuil ne peut plus se passer de moi; il m'accorde sa fille, me cède son étude; et une fois notaire... oh! alors, en avant l'écarté : parce qu'un notaire peut jouer, ça c'est reçu.

SCÈNE VIII.

Les précédens; madame DE SAINT-CLAIR, madame DE ROSELLE, mademoiselle MIMI, DUROZEAU, et quelques autres dames.

Air de la vieille (barbier de Séville.)

CHOEUR.

Bannissons le chagrin,
Le plaisir nous appelle,
Et qu'on lui soit fidèle
Jusqu'à demain.

FORTUNÉ, montrant Mimi à Duparc.
C'est cette demoiselle
Au doux maintien;
Regardez-la, c'est elle;
Comme elle est bien !

CHOEUR.
Bannissons le chagrin, etc.

MADAME DE ROSELLE.

A la bonne heure, monsieur Léon, je ne vous ai pas aperçu dans le grand salon, et je craignais que vous ne fussiez pas arrivé.

(A Durozeau, qui entre avec deux domestiques portant une table et deux flambeaux.)

Eh! mais, mon cher Durozeau, que faites-vous donc?

DUROZEAU.

Je fais placer un écarté; les deux autres sont embarrassés, impossible d'en approcher; et c'est sur la clameur publique que j'établis ici une succursale.

MADEMOISELLE MIMI.

A merveille! voilà l'écarté qui va encore nous enlever nos danseurs.

MADAME DE ROSELLE.

J'espère au moins que ces messieurs nous seront fidèles.

LÉON.

Madame veut-elle me faire le plaisir de danser cette contredanse?

DUPARC, à part.

Très bien!

MADAME DE ROSELLE.

Je ne puis; je suis invitée par monsieur Fortuné.

LÉON, bas à Fortuné.

Comment, c'est toi qui l'as priée?

FORTUNÉ, de même.

Oui, mon ami : toujours la première contredanse avec la maîtresse de la maison, c'est de rigueur, parce qu'après cela... (regardant mademoiselle Mimi) parce qu'après cela on est libre.

SCÈNE VIII.

MADAME DE ROSELLE, à Léon.

Mais c'est égal, je compte sur vous; j'ai là, dans le salon, deux ou trois demoiselles à marier, qui ne dansent jamais.

Air du Ménage de garçon.

>Tous les danseurs les appréhendent;
>Voilà, je crois, cinq ans entiers
>Qu'à chaque bal elles attendent
>Des maris et des cavaliers.
>Depuis, elles sont en souffrance;
>Car vous savez que, par malheur,
>Ce n'est pas tout d'aimer la danse,
>Il nous faut encore un danseur.

DUROZEAU, plaçant les cartes, et comptant les jetons, pendant que les trois dames causent entre elles.

Ah! ah! messieurs, ce sera ici la partie des forts, et Dieu sait comme nous allons nous escrimer. (A Léon et à Fortuné.) Jeunes gens, cela vous regarde.

FORTUNÉ, regardant la table d'un air d'envie.

Un écarté!

DUROZEAU, à deux jeunes gens qui entrent.

Allons, messieurs, l'autel est dressé.

Les deux jeunes gens s'asseoient; et un instant après, cinq ou six autres entrent furtivement et entourent la table.)

MADAME DE ROSELLE, les apercevant.

Tenez, à peine la table est placée, et vous voyez déja...

FORTUNÉ.

Hein! c'est bien tentant!... mais il ne faut pas y penser; et pour plus de précautions... (Prenant Léon à part, pendant que les trois dames et M. Duparc se sont remis à causer ensemble.) Dis donc, Léon, il faut que tu me rendes un service.

LÉON, riant.

Est-ce que tu n'as pas d'argent?

FORTUNÉ.

Au contraire : j'ai sur moi deux mille francs que j'ai été toucher pour le maître clerc, et que je n'ai pas eu le temps de porter à l'étude; je ne veux pas faire de bêtises : toi qui es sage comme la magistrature même, garde-les-moi. (Il lui passe les billets.)

LÉON.

Deux mille francs! C'est à peu près ce que tu me dois.

FORTUNÉ.

Oui; mais nous réglerons plus tard. Comme cela, me voilà à mon aise! je me sens deux fois plus léger; je suis pour aujourd'hui dans les jeunes gens aimables : je me livre aux dames, je danse.

(La ritournelle de la contredanse se fait entendre; aussitôt deux jeunes gens qui étaient autour de la table quittent les joueurs, et vont offrir leur main à deux demoiselles qui sont assises près de la cheminée; Fortuné invite madame de Roselle.)

DUPARC, regardant son neveu.

Il n'a pas d'argent, je peux bien le laisser ici un instant.

FORTUNÉ, en s'en allant, pousse du coude un des jeunes gens qui sont à l'écarté et lui dit à voix basse :

Fais donc danser mademoiselle Mimi, toi qui es de l'étude.

(Le jeune homme va inviter mademoiselle Mimi qui accepte; Durozeau, Fortuné, mademoiselle Mimi et Duparc sortent; tout cela se fait sur la ritournelle de la contredanse.)

SCÈNE IX.

LES JOUEURS, *à la table dans le coin à droite;*
MADAME DE SAINT-CLAIR, *à gauche dans une bergère, au coin de la cheminée;* LÉON, *debout, le dos au feu et causant avec elle.*

MADAME DE SAINT-CLAIR.

Quoi! vous ne les suivez pas?

LÉON.

Non, madame, je n'en ai pas envie, et dans ce moment, moins que jamais; je trouve si rarement l'occasion de causer avec vous.

MADAME DE SAINT-CLAIR.

Allons, c'est un aimable jeune homme!

UN JOUEUR.

Léon, vingt francs à prendre.

LÉON, s'avançant vivement du côté de la table.

Comment? de quel côté?

UN JOUEUR.

De celui-ci.

LÉON, s'arrêtant.

Non, non, je ne peux pas : je parle à madame d'une affaire importante.

MADAME DE SAINT-CLAIR.

Quoi! vous refusez de jouer pour causer avec une grand'maman?... Voilà qui est très bien.

AIR : J'ai vu partout dans mes voyages.

Hélas! dans le siècle où nous sommes,
C'est le seul tort des jeunes gens :
De soins ils sont trop économes,
Ils négligent les grand's mamans.
Pour vous, le ciel en sa sagesse,
J'en suis sûre, vous bénira ;
Puisque vous aimez la vieillesse,
La jeunesse vous le rendra.

DUROZEAU, entre en se frottant les mains.

Ça va bien! ça va bien! de tous les côtés cela s'échauffe. (S'approchant de l'écarté.) Eh bien! messieurs, nous n'allons pas ici, nous nous négligeons ; allons donc, messieurs les parieurs... qu'est-ce donc que cette jeunesse-là ?

UN JOUEUR.

Il ne manque plus que dix francs. (Durozeau s'éloigne tout à coup, et s'approche de madame de Saint-Clair.) Dix francs à prendre de ce côté, monsieur Durozeau.

DUROZEAU, feignant de ne pas entendre, et causant avec madame de Saint-Clair.

Voulez-vous prendre quelque chose, madame, une glace, une limonade?

PLUSIEURS VOIX.

Monsieur Durozeau! monsieur Durozeau! dix francs à faire.

DUROZEAU.

Hein? qu'est-ce que c'est?... je ne peux pas, messieurs, je ne peux pas : je suis déja de vingt francs de l'autre côté.

MADAME DE SAINT-CLAIR.

Comment! Durozeau, vous pariez vingt francs?

DUROZEAU.

Ah! madame, il faut bien entretenir le feu sacré.

SCÈNE X.

Les précédens; FORTUNÉ, mademoiselle MIMI.

FORTUNÉ, accourant.

Monsieur Durozeau! monsieur Durozeau! vous avez gagné; voilà vingt sous qu'on m'a chargé de vous remettre.

LE JOUEUR.

Comment! vous disiez que vous y étiez de vingt francs?

(Tous les joueurs rient.)

DUROZEAU, tirant une bourse.

C'est fort malheureux pour moi : j'avais cru prendre une pièce d'or.

TOUS LES JOUEURS.

Allons, allons, monsieur Durozeau, mettez donc les dix francs qui manquent.

DUROZEAU, donnant une pièce de cinq francs.

Il n'y a pas moyen de l'échapper.

LE JOUEUR.

Encore cinq francs.

TOUS LES JOUEURS.

Allons donc, monsieur Durozeau, encore cinq francs.

DUROZEAU.

Un moment donc! (A part.) Diable de salon! si j'y remets les pieds... (Haut.) Ah çà, jouons cela avec attention, je vous en prie.

LÉON, bas à Fortuné.

La contredanse est déja finie!... est-ce que tu ne danses plus?

FORTUNÉ.

Je ne peux pas, puisque mademoiselle Mimi est fatiguée. (Bas.) Dis donc c'est, M. Delisle qui passe encore, celui qui t'a gagné hier.

LÉON, regardant les joueurs.

Oui... il est fort heureux pour lui que je ne veuille pas me mettre de la partie.

MADEMOISELLE MIMI, à Fortuné.

Monsieur Fortuné, puisque nous ne dansons plus, voulez-vous faire un écarté? (Montrant le guéridon qui est à gauche, sur le devant du théâtre.) Voilà justement une table.

FORTUNÉ.

Avec plaisir, mademoiselle, mais c'est que je n'ai pas d'argent sur moi.

MADEMOISELLE MIMI.

Je mettrai pour vous. Nous jouons cinq sous, entendez-vous, monsieur?

(Ils se mettent au guéridon qui est à gauche, tandis que la grande table de jeu est à droite. Madame de Saint-Clair et Léon sont toujours assis auprès de la cheminée.)

MADAME DE SAINT-CLAIR.

Allons, et ces enfans aussi; tout le monde s'en mêle!

DUROZEAU, de l'autre côté.

Diable! diable! cela va mal... piquez donc sur quatre. Eh bien! messieurs, moi j'écarterais.

TOUT LE MONDE, se récriant.

Laissez donc.

SCÈNE X.

LE JOUEUR.

Pour lui donner le roi, n'est-ce pas? il en a quatre.

UN AUTRE JOUEUR.

Il faut jouer.

DUROZEAU.

Un moment, un moment, messieurs; on n'expose pas ainsi l'argent des actionnaires.

MADEMOISELLE MIMI, de l'autre côté.

Je demande, monsieur.

FORTUNÉ, à part.

Ah! mademoiselle Mimi, j'ai bien beau jeu, mais c'est égal. (Haut.) Combien?

MADEMOISELLE MIMI.

Cinq, mais je les veux très belles.

FORTUNÉ.

Voilà.

MADEMOISELLE MIMI.

Ah! les vilaines cartes!

FORTUNÉ.

Mon dieu! que je suis fâché!

MADEMOISELLE MIMI.

Monsieur en donne-t-il encore?

FORTUNÉ.

Est-ce que je peux rien vous refuser? Vous ne feriez pas de même, et vous ne m'en donneriez pas, j'en suis bien sûr.

MADEMOISELLE MIMI, jouant.

Et pourquoi, monsieur?

FORTUNÉ, jouant aussi.

C'est que lorsque je vous demande quelque chose,

vous avez soin de ne pas m'entendre : ce bouquet que vous portiez tout à l'heure, et que j'aurais été si heureux de recevoir de votre main!

MADEMOISELLE MIMI.

Est-ce que cela était possible, monsieur? (Jouant.) Je coupe... Je l'ai laissé tomber, c'est tout ce que je pouvais; pourquoi êtes-vous maladroit?

FORTUNÉ.

Quoi! si je l'avais ramassé, vous ne vous seriez pas fâchée? (Mademoiselle Mimi, par un signe, indique qu'elle n'aurait pas été fâchée; alors Fortuné tire le bouquet de son sein, et le lui montre à moitié.) Le voilà, mademoiselle Mimi.

MADEMOISELLE MIMI, vivement.

Ah! monsieur, rendez-le-moi.

MADAME DE SAINT-CLAIR.

Eh bien! qu'y a-t-il donc?

FORTUNÉ.

Rien, madame : c'est mademoiselle Mimi qui se fâche, parce qu'une fois par hasard j'ai du bonheur.

MADEMOISELLE MIMI, jouant vivement.

Atout, atout, atout... Qui est-ce qui a fait le point?

FORTUNÉ.

Ah, mon dieu! je n'en sais rien.

MADEMOISELLE MIMI.

Voilà comme vous êtes toujours.

FORTUNÉ.

Eh bien! mademoiselle, recommençons.

(Ils coupent et tirent les cartes.)

SCÈNE X.

DUROZEAU, de l'autre côté.

Et la vole !... Nous marquons deux points... l'autre côté est enfoncé. (Mettant l'argent dans sa poche.) Ma foi, je l'ai échappé belle !

LÉON, avec un mouvement d'impatience, et s'approchant de la table.

Toujours ce côté-là qui gagne.

LES JOUEURS.

C'est à moi de rentrer.

MADAME DE SAINT-CLAIR, se levant.

Pardon, messieurs, je ne serais pas fâchée de jouer un coup.

DUROZEAU.

Messieurs, messieurs, une dame qui veut rentrer.

LES JOUEURS.

Comment donc, madame, trop heureux. (A part, en tournant le dos.) Ah ! que c'est ennuyeux, une dame !

MADAME DE SAINT-CLAIR.

Voyons, messieurs, qui est-ce qui parie de mon côté ?

LÉON, vivement.

Moi, madame. (A un des joueurs. Voulez-vous mettre pour moi ?

(En ce moment, Duparc entre, et va se placer auprès de la cheminée.)

MADAME DE SAINT-CLAIR.

A la bonne heure ! moi, d'abord, je gagne toujours, et je ne sais pas pourquoi je ne trouve jamais de parieurs.

LÉON.

Vingt francs pour madame.

SCÈNE XI.

Les précédens; DUPARC.

DUPARC.

Vingt francs! j'ai bien fait d'arriver. (Passant du côté opposé à Léon.) Ils sont tenus.

MADAME DE SAINT-CLAIR.

Eh, mon dieu! mon cher Léon, c'est beaucoup trop. (A part.) Ce pauvre jeune homme se croit obligé... (Haut.) Moi, messieurs, je ne joue que dix sous.

DUPARC, regardant Fortuné et Mimi.

Par exemple, ce que j'admire, ce sont ces deux enfans; voilà une heure qu'ils en sont au même point.

Air de Céline.

Ils doivent jouer à merveille;
Je veux admirer leur talent.

MADEMOISELLE MIMI, bas à Fortuné.

Plaignez-vous, je vous le conseille;
Vous n'êtes pas encor content?

FORTUNÉ, bas.

Dites-moi que votre tendresse...

DUPARC, s'approchant.

Eh! mais, qu'entends-je?... quel discours!

MADEMOISELLE MIMI, troublée et donnant des cartes.

Rien; monsieur demande sans cesse.

FORTUNÉ.

C'est que vous refusez toujours.

LÉON, conseillant madame de Saint-Clair.

Moi, madame, je demanderais.

SCÈNE XI.

UN AUTRE JOUEUR.

Et moi, je jouerais.

MADAME DE SAINT-CLAIR.

Messieurs, je ne veux pas qu'on me conseille. (A son adversaire.) Je demande cartes, cinq.

LÉON.

Comment, madame, vous écartez deux rois?

MADAME DE SAINT-CLAIR.

Oui, monsieur, c'est mon système : il peut rentrer des atouts.

LÉON ET L'AUTRE JOUEUR.

Et s'il n'en rentre pas?

MADAME DE SAINT-CLAIR.

Ah! d'abord, messieurs, si on m'étourdit... Qu'on me laisse jouer à mon idée... Je ne vous force pas de parier pour moi.

LÉON, à part.

Elle ne sait pas un mot du jeu. (A madame de Saint-Clair.) Je jouerais là, madame, et vous avez gagné ; vous faites tomber le valet, et vos deux trèfles sont rois.

MADAME DE SAINT-CLAIR.

Du tout ; je fais d'abord mes trèfles... Là... j'ai perdu... voyez-vous ce que c'est que de conseiller.

LÉON, à part.

Morbleu! un jeu superbe!... la partie dans la main... (Haut.) Je fais quarante francs de ce côté.

MADAME DE SAINT-CLAIR.

Comment! quarante francs?

LÉON.

Pour vous venger, madame, c'est uniquement

pour cela. (S'emparant vivement de la chaise que madame de Saint-Clair vient de quitter.) Messieurs, voulez-vous bien permettre?

DUPARC, mettant de l'autre côté deux pièces d'or.

Il me fait jouer un jeu d'enfer!

MADAME DE SAINT-CLAIR.

Décidément, ce côté-là est proscrit. (Elle passe du côté de Fortuné et de mademoiselle Mimi, qui se sont levés.) Eh bien! qui est-ce qui gagne chez vous?

MADEMOISELLE MIMI, hésitant.

C'est moi, madame.

MADAME DE SAINT-CLAIR, à Fortuné qui vient de reporter le guéridon.

Il paraît, monsieur Fortuné, que vous avez fait une jolie partie?

FORTUNÉ.

Oui, madame, j'ai gagné, et beaucoup.

MADAME DE SAINT-CLAIR.

Comment!... Ces enfans-là sont-ils heureux! depuis une heure ils jouent ensemble, et ils ont gagné tous les deux, tandis que de ce côté-ci tout le monde perd... Mes petits amis, je ferai désormais votre partie.

DUROZEAU, bas à Duparc.

Voici votre argent, et je vous préviens que cela s'échauffe. Ils ne jouent que vingt francs, mais les pièces d'or vont pour des billets de cinq cents francs... Vous n'en êtes plus, n'est-ce pas?

DUPARC.

Si vraiment. (A part.) Ah! le malheureux! (Glissant un billet de banque à Durozeau.) Tenez, mettez pour moi. (A part.) Si on peut jouer ainsi!... c'est scandaleux! (Il se jette sur un fauteuil placé à côté de celui de madame de Saint-Clair.)

SCÈNE XI.

MADAME DE SAINT-CLAIR.

Ah! vous voilà, monsieur; j'en suis enchantée, car il est impossible d'obtenir un mot de ces messieurs.

DUPARC.

Ne m'en parlez pas, madame, j'en suis en colère.

MADAME DE SAINT-CLAIR.

C'est qu'on ne danse plus... il n'y a plus de gaîté.

DUPARC, regardant le jeu.

C'est affreux! (Aux joueurs.) Marquez donc : ils allaient oublier la retourne... (A part.) Diable! cinq cents francs! (A madame de Saint-Clair.) Et ce qu'il y a de pire, madame, c'est que nos mœurs en sont tout-à-fait changées : on ne s'occupe plus des dames; on n'est plus à la conversation.

DUROZEAU, bas à Duparc.

Je crois que vous allez perdre.

DUPARC, se levant précipitamment.

Qu'est-ce que vous dites donc là?

(Il s'approche de la table et regarde.)

MADAME DE SAINT-CLAIR, croyant toujours que Duparc est côté d'elle.

Car nous ne sommes pas si exigeantes : pourvu qu'on reste auprès des dames, voilà tout ce que nous... (S'apercevant que Duparc n'est plus à la conversation.) Eh bien! où est-il donc?... Il paraît qu'il s'agit d'un coup très important.

L'ÉCARTÉ.

MORCEAU D'ENSEMBLE.

Quatuor De la jeune femme colère.

MADAME DE SAINT-CLAIR.

Qui le croirait ? l'aventure est étrange !
Eh mais, vraiment, il joue aussi de l'or.

LÉON.

Il faudra bien que la fortune change.

(Demandant des cartes. — Aux autres joueurs.)

Encor... encor... Il faut que je demande encor.

L'AUTRE JOUEUR.

Voilà, voilà.

DUPARC.

Marquez le roi.

LÉON.

Ces messieurs l'ont sans cesse.

DUPARC et son côté.

Ah ! les voilà dans la détresse !

LÉON.

Oui, je le voi,
C'est fait de moi !

TOUS.

Ah ! rien n'égale notre perte.

LÉON.

Encor... encor... le voulez-vous ?

L'AUTRE COTÉ.

Oui, certe.

SCÈNE XII.

Les précédens; madame DE ROSELLE, et toutes les dames du bal.

MADAME DE ROSELLE.
La salle du bal est déserte.

(Apercevant Léon à la table.)
Quoi ! c'est lui !
Il joue, aussi ;
Il joue hélas !
Et ne m'aperçoit pas.

(L'examinant.)
Eh ! mais, grands dieux ! quel est son trouble !
En le voyant ma peur redouble...
Si j'osais... (S'approchant.) Monsieur Léon !

LÉON, avec humeur.
Eh ! laissez-nous... (Reconnaissant madame de Roselle.)
Ah ! madame, pardon !

ENSEMBLE.

MADAME DE ROSELLE.
Léon n'est pas reconnaissable !
Cachons la douleur qui m'accable.

LÉON.
Mais c'est vraiment insupportable,
Le destin aujourd'hui m'accable.

LÉON, va pour retourner la carte.

TOUS CEUX de son côté s'écrient :
Le roi ! le roi !

LÉON, retournant une autre carte.
Je ne l'ai pas.

TOUS.
Eh ! quoi, le roi !

LÉON.

Je ne l'ai pas.

AUTRE JOUEUR jouant tout son jeu de suite.

Atout, atout,

LÉON.

Hélas! hélas! Je n'en ai pas.

TOUS.

Il n'en a pas, il n'en a pas.

ENSEMBLE.

TOUT LE COTÉ DE LÉON.

C'est vraiment insupportable,
Oui, le destin nous accable.

L'AUTRE COTÉ.

Pour nous quel coup favorable!
Oui, le bonheur nous accable.

LÉON.

C'en est fait, je suis confondu;
Mais nous n'avons pas tout perdu.
Encore, encore; oui, tout n'est pas perdu.

L'AUTRE COTÉ.

Nous gagnons, je l'avais prévu.

MADAME DE ROSELLE.

Sauvons-les, ou tout est perdu!

(A la fin de ce morceau, madame de Roselle s'approche de la table, souffle les bougies, et brouille les cartes en disant :

Le souper, le souper. Messieurs, la main aux dames. Allons, monsieur, donnez-moi la main.

Elle s'adresse particulièrement à l'adversaire de Léon, qui se lève et lui présente la main pour la conduire. Les autres cavaliers vont inviter les dames qui étaient du côté opposé à la table.)

MADAME DE SAINT-CLAIR.

Je ne croyais pas que ce fût si tôt.

MADAME DE ROSELLE.

Je l'ai fait avancer (regardant Léon) pour des personnes qui en avaient besoin.

(Toutes les dames sortent, conduites par des cavaliers; Léon reste à la table de jeu, Duparc auprès de la cheminée, et Fortuné à gauche sur le devant.)

SCÈNE XIII.

DUPARC, LÉON, FORTUNÉ.

LÉON, quittant la table.

Quelle fatalité! au moment où la fortune allait changer.

FORTUNÉ, venant à lui.

Dis donc, Léon, mes affaires sont en bon train; j'irai te conter cela. Ah! à propos, comme je m'en vais avec mon notaire après souper, et qu'il pourrait me redemander... donne-moi mon argent.

LÉON, préoccupé.

Oui... oui... tout à l'heure... Est-ce que tout le monde est allé souper?

DUPARC, s'approchant.

Sans doute; nous ne trouverons plus de place.

FORTUNÉ.

Oh! nous en trouverons toujours (montrant une petite porte à droite, vers le fond) : il y a là des gens qui ne soupent jamais.

LÉON.

Comment?

FORTUNÉ.

Oui, tu le sais bien, dans le petit boudoir; ce sont

les fidèles, les *dilettanti* de l'écarté... Ah! si tu les voyais (Léon s'esquive, et entre dans le cabinet désigné par Fortuné)... il n'y a que des billets de banque sur le tapis; c'est un coup d'œil magnifique!... je n'ai pas osé m'en approcher. (S'apercevant que Léon est sorti.) Eh bien! où est-il?

DUPARC.

Ah, mon dieu! et moi qui croyais souper... il faut que j'aille parier contre lui... C'est terrible d'être joueur... à la suite! on est obligé de mourir de faim, comme si on jouait pour son plaisir.

(Il entre dans le cabinet où il a vu entrer Léon.)

(En ce moment, Durozeau sort de la salle à manger ; il tient à chacune de ses mains un plat de volaille ou de pâtisserie , qu'il va porter dans le salon des joueurs.)

FORTUNÉ, seul.

Tiens! et l'autre aussi... Sont-ils joueurs dans cette famille-là! Si j'osais... (il fait un mouvement, comme s'il voulait les suivre.) non, non, pas d'imprudence... Mademoiselle Mimi doit être à table.

Air du pot de fleurs.

Debout, près d'elle, il faut que je me mette.
Pour la servir, prodigue de mes pas,
   Je veux enrichir son assiette
   De meringues et de nougats.
Oui, je serai le plus heureux des pages,
Son serviteur, son domestique enfin ;
Je ne veux rien pour cela, mais demain
   Je lui demanderai mes gages.

SCÈNE XIV.

FORTUNÉ, madame DE ROSELLE.

FORTUNÉ.

Eh! mais, madame, que voulez-vous?

MADAME DE ROSELLE, très inquiète, et regardant autour d'elle.

Rien... savoir si l'on est bien placé... Est-ce que vous n'allez pas souper?

FORTUNÉ.

Vous êtes trop bonne, madame; j'irai plus tard : dans ce moment il doit y avoir beaucoup de monde à table.

MADAME DE ROSELLE, regardant toujours avec inquiétude.

Non, non : tout le monde n'y est pas.

SCÈNE XV.

Les précédens, DUROZEAU, *tenant deux assiettes.*

DUROZEAU.

Par exemple, ceux-là n'ont pas envie de souper... Comme ils m'ont reçu!

MADAME DE ROSELLE.

Comment, Durozeau, ces messieurs sont encore là?

DUROZEAU.

Je crois bien.

Air : Courons de la blonde à la brune.

Tandis que l'écarté donne,
Les danseurs ne dansent plus ;
On ne rit plus, et personne
Ne boit plus, ne mange plus.
Les effets en sont terribles !
Et chacun crie : A l'abus !
Consultez les cœurs sensibles,
 Ils diront : « Ce jeu-ci
  « Est l'ennemi
  « Des amans,
  « Des mamans,
  « Du caquet,
  « Du piquet,
  « Des jarrets,
  « Des ballets,
  « Des goussets,
  « Enfin des
 « Marchands de comestibles. »

Il faut convenir aussi que jamais je n'ai vu de séance plus brillante... Ils perdent tous un argent du diable ! M. Léon en est à son quatrième billet de cinq cents francs.

FORTUNÉ, frappé.

Quatre billets !

DUROZEAU, écoutant vers le fond.

Hein !... qu'est-ce que c'est ? de la daube ? en voilà, j'en fais passer.

(Il sort tenant toujours ses deux assiettes.)

SCÈNE XVI.

Madame DE ROSELLE, FORTUNÉ.

MADAME DE ROSELLE, à part.

Ah! si j'avais pu prévoir...

FORTUNÉ, avec effroi.

Ah! mon dieu!

MADAME DE ROSELLE.

Qu'avez-vous donc, Fortuné?

FORTUNÉ.

Pardon, madame... mais je crains...

MADAME DE ROSELLE.

Eh! mais, vous êtes tout tremblant!

FORTUNÉ.

Ce n'est pas pour moi, quoique j'en perdrai peut-être mon état, et bien plus encore!... Ce pauvre Léon! je lui ai remis en entrant chez vous deux billets de mille francs, qui appartiennent à mon notaire, et je tremble...

MADAME DE ROSELLE.

Quoi! Fortuné, vous pouvez avoir une pareille idée de M. Léon!... Voyez comme vous êtes injuste! (Allant vers le secrétaire, et en retirant les billets de banque.) Votre ami m'avait prié de garder vos billets; les voilà.

FORTUNÉ.

Il serait possible!

MADAME DE ROSELLE, à part, d'une voix altérée.

Ma tante avait raison; ses soupçons n'étaient que trop fondés!

FORTUNÉ.

Ma foi, je n'y entends rien!... Il avait donc beaucoup d'argent sur lui!... (Il regarde les billets.) C'est joli des billets de banque... (A part.) C'est drôle! ceux-là me paraissent plus neufs que les miens.

MADAME DE ROSELLE.

Venez, Fortuné; je ne me sens pas bien.

SCÈNE XVII.

LES MÊMES; DUPARC, *sortant du cabinet.*

DUPARC, à lui-même.

Le malheureux! (Apercevant madame de Roselle, qui sort avec Fortuné.) Ah! madame, qu'est-ce donc? vous paraissez souffrante.

MADAME DE ROSELLE, s'appuyant sur le bras de Fortuné.

Rien, rien, monsieur; je vous prie de m'excuser. (A part.) C'est fini, ce dernier trait m'éclaire; je ne le verrai plus.

(Elle sort avec Fortuné.)

DUPARC, les suivant des yeux.

Oh! oh! on me bat froid : mauvais signe pour mon neveu... Mais le voici... dans quelle agitation!

SCÈNE XVIII.

DUPARC, *au fond*, LÉON, *sortant du cabinet.*

LÉON, sans voir son oncle, et très agité.

Que faire?... deux mille francs!... il me les faut à l'instant... le notaire de Fortuné peut les lui rede-

SCÈNE XVIII.

mander aujourd'hui même... et soupçonner... grands dieux!

DUPARC, au fond et à part.

Eh! quoi, c'est l'argent de ce pauvre petit!

LÉON, de même.

Rien chez moi... m'adresser à des amis, c'est perdre mon temps... (Tirant sa montre.) Deux heures du matin.... Il me reste quelques pièces d'or... je n'ai plus que ce moyen.

(Il va pour sortir, son oncle l'arrête par la main.)

DUPARC, sévèrement.

Où vas-tu?

LÉON, troublé.

Mon oncle... vous étiez là?

DUPARC.

Où vas-tu ?

LÉON.

Mais...

DUPARC.

Tu vas jouer?

LÉON.

Non... mon oncle... vous pensez...

DUPARC.

Tu n'as pas d'autres ressources : tu as perdu l'argent de ton ami; tu vas emprunter, jouer de nouveau, manquer à ta parole, et demain peut-être... le dénouement ordinaire.

Air : Ce magistrat irréprochable.

Peut-être mon cœur trop sévère
M'abuse-t-il; mais dans un pareil cas,
Et dans une telle carrière,
C'est déjà trop de faire un premier pas.

Je sais qu'on peut dans ce séjour funeste
Arriver vertueux encor;
Mais en entrant, sur le seuil l'honneur reste
Et bien souvent n'est plus là quand on sort.

LÉON.

Il est trop vrai!... mais quel parti prendre?

DUPARC.

Ne plus tenter la fortune, et remercier le ciel de ce que je t'ai arrêté à temps. Voilà tes deux mille francs; paie, et corrige-toi si tu peux.

LÉON.

Comment! ces billets...

DUPARC.

C'est moi qui te les ai gagnés; voilà huit jours que je parie contre toi... Sais-tu ce qui m'en est revenu? c'est que maintenant je passe pour un joueur; ainsi, je t'en prie, tâche de ne plus te risquer pour ta réputation, et surtout pour la mienne.

LÉON, se jetant dans ses bras.

Ah, mon oncle!

DUPARC.

Chut! voici tout le monde.

SCÈNE XIX.

LES PRÉCÉDENS; MADAME DE ROSELLE, MADAME DE SAINT-CLAIR, DUROZEAU, MADEMOISELLE MIMI, FORTUNÉ, DANSEURS ET DANSEUSES.

MADEMOISELLE MIMI.

Monsieur Fortuné, cherchez-moi mon schall.

SCÈNE XIX.

DUROZEAU, chargé de pelisses.

Je n'ai trouvé que la pelisse de votre maman, et je la lui porte.

LÉON, à madame de Roselle.

Que j'ai d'excuses à vous demander pour cette contredanse que l'on m'a empêché de danser avec vous !

MADAME DE ROSELLE, froidement.

Je vous excuse, monsieur, j'en connais les motifs.

LÉON.

Me permettrez-vous au moins de venir demain me justifier ?

MADAME DE ROSELLE, de même.

C'est inutile, monsieur : demain je pars pour la campagne.

LÉON, à Duparc.

Ah ! mon oncle !

DUPARC, bas à Léon.

Ma foi, mon ami, celle-là, je ne peux pas te la rendre.

LÉON, à part.

Tout est fini pour moi !... elle ne m'aime plus !... (A Fortuné qui, en ce moment, se trouve entre Léon et madame de Roselle.) Tiens, mon ami, voilà tes deux mille francs.

FORTUNÉ.

Comment, mes deux mille francs !... ah ! je vais être trop riche ! Ce que c'est que de ne pas jouer à l'écarté... voilà le premier jour que je gagne autant.

LÉON.

Que veux-tu dire ?

FORTUNÉ.

Que voilà la seconde fois que tu me paies : madame de Roselle me les avait déjà remis de ta part.

LÉON, vivement.

Madame de Roselle!... il serait possible!

DUPARC, étonné et joyeux.

Quoi! madame...

MADAME DE SAINT-CLAIR, d'un ton de reproche.

Comment! ma nièce...

MADAME DE ROSELLE, bas à Fortuné.

Étourdi!... qu'avez-vous fait?... vous me perdez!... (Haut à Duparc et à madame de Saint-Clair.) Ah! monsieur... ah! ma tante... qu'allez-vous penser?... j'avoue que j'ai craint pour lui l'apparence même d'un soupçon; et comme j'avais renoncé à lui... comme je ne l'aimais plus...

MADAME DE SAINT-CLAIR.

C'est pour cela que tu as payé ses dettes.

MADAME DE ROSELLE.

Ses dettes... vous voyez bien qu'il n'en avait pas; qu'il n'a besoin de personne : que c'est moi, au contraire, qui l'ai soupçonné injustement.

MADAME DE SAINT-CLAIR.

Et tu ne l'aimes plus?... Allons, allons, après une aventure comme celle-ci, qui, grâce aux témoins (montrant la compagnie) sera demain connue de tout Paris, je crois que tu auras bien de la peine à n'en pas faire ton mari.

FORTUNÉ.

A merveille! c'est moi qui ferai le contrat, n'est-il pas vrai?

LÉON, à madame de Saint-Clair.

Non... madame... un tel bonheur n'est pas fait pour moi; du moins, je n'en suis pas encore digne.

(A madame de Roselle.) Tous vos soupçons étaient justes : je suis coupable, et j'étais perdu sans la générosité de mon oncle; mais je n'oublierai jamais cette leçon, et pour vous le prouver, je ne vous demande qu'une grace : laissez-moi le temps de me corriger et de vous mériter.

MADAME DE ROSELLE, regardant madame de Saint-Clair.

Eh bien! soit; nous verrons.

MADAME DE SAINT-CLAIR.

Et moi, je lui pardonnerais sur-le-champ, parce qu'après tout, ce n'est pas sa faute : avec un oncle aussi joueur que celui-là...

DUPARC, à Léon.

Quand je te le disais! ma réputation est faite.

DUROZEAU, entrant avec précipitation.

Eh bien! qu'est-ce que vous faites donc là?... Monsieur Fortuné, mademoiselle Mimi, on danse la boulangère.

(Tous les danseurs et les danseuses s'empressent de sortir.)

MADEMOISELLE MIMI.

C'est impossible : maman ne veut pas.

DUROZEAU, d'un air solennel.

C'est égal, l'autorité maternelle doit se taire là où la boulangère se fait entendre.

VAUDEVILLE.

Air de la Boulangère.

DUROZEAU.

Je la danse, lorsque je veux
Prendre de l'exercice;
Cet air, qui de nos bons aïeux
Fit jadis le délice,

Est encor de mode à présent
> Pour que le bal finisse
>> Gaîment,
> Pour que le bal finisse.

MADAME DE SAINT-CLAIR.

Par un hasard, rare en ce temps,
> L'innocente Clarisse
Possède, malgré ses quinze ans,
> Certain air trop novice.
Au bal menez-la promptement
> Pour que cela finisse
>> Gaîment,
> Pour que cela finisse.

LÉON.

Voulez-vous, messieurs des *Français*,
> Que l'on vous applaudisse?
Donnez moins de drames anglais,
> Qui font notre supplice;
Et du Molière plus souvent,
> Pour que cela finisse
>> Gaîment,
> Pour que cela finisse.

FORTUNÉ.

Ils veulent, ces fiers combattans,
> Que l'un des deux périsse;
Ayez soin, en témoins prudens,
> De préparer la lice
Tout à côté d'un restaurant,
> Pour que cela finisse
>> Gaîment,
> Pour que cela finisse.

DUPARC.

Vous qui craignez, riches milords,
> Le spleen et la jaunisse,
Vos maux viennent de vos trésors,
> Vite, prenez d'office,

SCÈNE XIX.

Une maîtresse, un intendant,
   Pour que cela finisse
     Gaîment,
   Pour que cela finisse.

MADAME DE ROSELLE, au public.
L'écarté, vous pouvez le voir,
  N'est pas tout bénéfice ;
  Peut-être y perdrez-vous ce soir :
  Mais, joueurs sans malice,
Ne regrettez pas votre argent
   Pour que cela finisse
     Gaîment,
   Pour que cela finisse.

FIN DE L'ÉCARTÉ.

LES GRISETTES,

VAUDEVILLE EN UN ACTE,

Représenté, pour la première fois, sur le théâtre du Gymnase dramatique, le 8 août 1822.

EN SOCIÉTÉ AVEC M. DUPIN.

PERSONNAGES.

M. VAN-BERG, banquier hollandais.
MADAME VAN-BERG, sa femme.
JULIEN, commis de M. Van-Berg.
ANASTASE, clerc d'avoué, ami de Julien.
JOSÉPHINE,
PAMÉLA,
GEORGINA, } couturières.
MIMI,
GOGO,
ADRIENNE, } autres couturières, ou demoiselles du
TOINETTE, } magasin.

Le théâtre représente un atelier de couturières. A gauche, une porte à deux battans, qui donne dans l'intérieur des appartemens. A droite, au premier plan, la porte d'un cabinet. Sur le second plan, une croisée. Au fond, porte à deux battans.

JOSÉPHINE,

AH! MONSIEUR JULIEN, JE SUIS BIEN MALHEUREUSE!...

(Les Grisettes Sc. XI.)

LES GRISETTES.

SCÈNE PREMIÈRE.

Au lever du rideau, JOSÉPHINE, ADRIENNE, TOINETTE, GOGO *et* GEORGINA, *sont autour d'une table, occupées à travailler.* MIMI *est à droite, près d'une table plus petite, et repasse une robe.* PAMÉLA *est assise seule à gauche, l'air triste et préoccupé; elle relit de temps en temps une lettre qu'elle serre dans la poche de son tablier.*

TOUTES, à Joséphine.

CHOEUR.

Air de Thibaut.

Du silence,
Recommence
Ta romance;
Écoutons!
Rien n'égale (*bis*)
La morale
En chansons.

JOSÉPHINE.

Brigitte, jeune ouvrière,
A Bastien pensant encor,
Dans sa chambre solitaire
Travaillait, quand un milord
Vint lui dire :
« Je soupire,
« Et j'admire
« Ta vertu :

« Sans attendre
« Viens te rendre
« Au plus tendre.
« Me veux-tu ?
« — Non, milord, suis enchaînée,
« J'ai juré constante ardeur...
« — J'ai pourtant mainte guinée,
« Ton amant n'a que son cœur.
　« Ma cassette,
　« Joliette
　« Bien rachète
　« Ma laideur...
　« L'amour cesse
　« La richesse
　« Fait sans cesse
　« Le bonheur.
« — Milord, n'en suis point jalouse,
« L'amour sait vivre de peu,
« Dès demain Bastien m'épouse,
« Nous dansons au Cadran-Bleu.
　« Là, Brigitte
　« Vous invite,
　« Gardez vite
　« Votre bien :
　« Je suis bonne,
　« Peu friponne,
　« Quand je donne,
　« C'est pour rien.

CHOEUR.

Oui, Brigitte
Vous invite,
Etc., etc.

MIMI, *toujours repassant.*

Tiens, c'est drôle !... de sorte qu'elle a refusé d'épouser le riche monsieur ?

SCÈNE I.

GEORGINA.

Oui. Elle n'est pas mal cette histoire-là, mais elle est trop invraisemblable.

MIMI.

Sans doute; l'autre a fait une bêtise.

PAMÉLA.

Dieu! mesdemoiselles, je ne sais pas comment vous pouvez penser ainsi; dès qu'elle en aimait un autre : il me semble qu'en pareil cas c'est pour la vie.

GEORGINA.

Oui, parce que vous lisez tous les jours de mauvais romans de constance et de sympathie, qui vous donnent des idées fausses de la société, et cela, au lieu de travailler.

PAMÉLA.

Oui, vous dites cela pour que madame me renvoie; mais allez, cela m'est bien égal, pour ce que j'ai maintenant à rester ici.

GEORGINA.

Qu'est-ce qu'elle a donc?

MIMI, *quittant la table où elle repasse, et allant parler aux autres à voix basse.*

Vous ne savez pas, mesdemoiselles : Paméla m'a dit qu'elle voulait se périr !

TOUTES.

Bah! et pourquoi donc?

MIMI.

Air : *De sommeiller encor, ma chère.*

C'est que par le destin injuste
Ses plus tendres vœux sont déçus;
Enfin, c'est que monsieur Auguste
L'adorait... et ne l'aime plus ;

Pour que la mort à ses maux la dérobe,
Elle se doit tuer par sentiment,
Dès qu'elle aura fini la robe
Qu'elle commence en ce moment.

GEORGINA.

Comment! Paméla, est-ce que ce serait vrai?

PAMÉLA.

Oui, mesdemoiselles; mais comme je ne veux pas que madame soit dans l'embarras à cause de moi, j'attendrai qu'elle ait pris quelqu'un pour me remplacer, et alors...

GEORGINA.

Il faut, ma chère, que vous ayez bien peu de judiciaire. Certainement Auguste est aimable, je ne dis pas non, mais quand je me tuerai pour lui... ce sont de ces inconséquences qui compromettent une jeune personne! se désespérer, à la bonne heure, parce que cela n'engage à rien.

GOGO.

C'est vrai; et puis qui sait? elle peut l'oublier.

GEORGINA.

Ah! oui, il y a encore cela.

PAMÉLA.

Vous croyez que c'est possible?..

GEORGINA.

Dam! en pensant à autre chose. Si vous étiez venues avec moi avant hier à Tivoli... (A voix basse.) Vous ne savez pas, mesdemoiselles, qu'il m'est arrivé une aventure romantique et incidente.

TOUTES.

Une aventure!

SCÈNE I.

GEORGINA.

Oui; mais vous n'en direz rien.

TOUTES.

Cela va sans dire; va donc vite.

JOSÉPHINE, qui pendant toute cette scène n'a pas cessé de travailler.

Ah! mesdemoiselles, qui est-ce qui m'a pris mon coton?

GOGO.

Il est devant toi.

JOSÉPHINE.

Ce n'est pas le mien; celui-ci n'est qu'en trois.

TOUTES, à Georgina.

Eh bien! Georgina, parle donc.

GEORGINA.

Imaginez-vous que voilà trois ou quatre dimanches de suite que nous rencontrons un jeune négociant anglais, très riche et très aimable, qui m'a prise pour une comtesse.

PAMÉLA.

Tiens! et comment cela?

GEORGINA.

Ah! d'abord, parce que je le lui avais dit; et puis ensuite, par la mise, qui était assez à effet.

AIR : Un homme pour faire un tableau.

Les dames s'écriaient souvent :
Grands dieux! que sa robe est bien faite!
Et les hommes en m'admirant,
Disaient : Quelle taille parfaite!
Chacune aurait été, je croi,
Fière de ce double suffrage :
Car la taille était bien à moi,
Et la robe était mon ouvrage.

Mais ce qui a achevé de l'éblouir, c'est le fini de la conversation : vous savez que j'ai été quelque temps demoiselle de compagnie ; et il suffit de quelques phrases ambiguës pour faire préjuger de l'instruction préliminaire qu'on peut avoir acquise : vous sentez bien que le dimanche je ne parle pas comme dans la semaine ; cela ferait deviner notre état. Enfin donc, de fil en aiguille, il a été question de mariage, d'établissement, et il attend ce soir la réponse de ses parens, parce que c'est aujourd'hui mardi, fête extraordinaire à Tivoli.

TOUTES.

Dieux ! est-elle heureuse !

GOGO.

Parce qu'elle va comme cela à Tivoli, dans des bals bien composés ; moi qui ne vais qu'à la chaumière, cela ne m'arriverait jamais.

MIMI.

Oui, c'est ennuyeux : on s'y amuse, et voilà tout.

JOSÉPHINE, se levant.

Enfin mon ouvrage est terminé.

GEORGINA.

Ah, mon dieu ! le mien qui n'est pas commencé, et la robe est promise pour ce soir ; je ne pourrai pas sortir, et ça peut faire manquer mon mariage.

JOSÉPHINE.

Donnez, je vais vous aider.

GEORGINA.

Est-elle bonne cette petite Joséphine ! Mais comment faites-vous, ma chère, pour avoir toujours fini votre ouvrage avant nous?

JOSÉPHINE.

Dam, je travaille et ne cause avec personne.

MIMI.

Excepté avec Julien, quand il vient.

JOSÉPHINE.

C'est mon futur; il est commis chez M. Van-Berg, banquier hollandais, qui a une maison de commerce à Paris, et une à Amsterdam... Julien gagne dix-huit cents francs; et moi, de mon côté, par mon travail et mes économies, je me suis fait une petite fortune.

GEORGINA.

Combien donc?

JOSÉPHINE.

Cinq mille francs.

MIMI.

Cinq mille francs!... Quand tu nous feras accroire cela...

JOSÉPHINE.

Oui, mesdemoiselles : deux mille francs que j'ai mis de côté, et le reste...

PAMÉLA.

Eh bien! le reste?

JOSÉPHINE.

M'a été envoyé, il y a quelques années, je ne sais par qui : mais je présume que cela vient de ma famille.

MIMI.

De sa famille! elle n'en a pas : elle est orpheline.

JOSÉPHINE.

Oui, mais j'ai ma cousine Gabrielle, qui m'aimait tant, et dont je n'ai pas eu de nouvelles depuis huit ans : voyez-vous, ma cousine Gabrielle n'était qu'une simple couturière comme nous.

Air du Pot de fleurs.

> Mais elle avait tant d'attraits en partage,
> Qu'à chaque instant, devant le magasin
> Se succédait maint brillant équipage;
>   Mais un jour, voilà que soudain...

MIMI.

> J'y suis... c'est toujours de la sorte...
> L'ambition de son cœur s'empara :
> Comment aller à pied, lorsque l'on a
>   Tant de voitures à sa porte ?

GOGO.

Oui, oui, l'on sait ce que c'est : un enlèvement.

JOSÉPHINE.

Non, mademoiselle, ma cousine n'était pas fille à se laisser enlever; apprenez qu'elle avait des principes.

MIMI.

Eh bien ! on l'aura enlevée avec ses principes.

JOSÉPHINE.

C'est très vilain ce que vous dites-là.

PAMÉLA.

Joséphine a raison; vous êtes très mauvaise langue.

(Toutes se lèvent.)

GEORGINA.

Eh bien ! mesdemoiselles, n'allez-vous pas vous quereller? Taisez-vous donc, voici quelqu'un.

JOSÉPHINE.

Dieu ! c'est Julien !

SCÈNE II.

Les mêmes; JULIEN, *tenant à la main plusieurs billets.*

JULIEN.

A Tivoli! à Tivoli! j'ai des billets pour ce soir; qui est-ce qui en veut? je les emmène.

TOUTES, sautant de joie.

Ah! que c'est heureux!

MIMI.

Dieux! que j'ai bien fait de repasser ma robe de perkale!

GOGO.

Et moi donc! qui n'avais que celle-là. (A Julien.) Ce sont des billets gratis?

JULIEN.

Eh! sans doute; on me les a donnés pour vous.

Air du Piége.

L'entrepreneur, un de mes bons amis,
Prétend donner la fête la plus riche;
Tous les plaisirs y seront réunis,
 Il l'a juré... voyez l'affiche...
 Voulant étonner, éblouir,
 Séduire l'œil, et toucher l'ame,
 Il compte sur vous, pour tenir
 Tout ce que promet le programme.

GOGO.

Quel dommage que ce ne soit pas aujourd'hui jeudi!

MIMI.

Et pourquoi cela?

GOGO.

Ah! c'est que j'ai presque une inclination.

GEORGINA.

Eh bien! par exemple, il serait assez prépondérant que vous vous permissiez à votre âge...

GOGO.

Pourquoi pas? mais c'est un amoureux qui ne sort que le jeudi et le dimanche : car il est en pension, et je ne pourrai pas le rencontrer aujourd'hui, (à Georgina) n'est-ce pas, mademoiselle?

GEORGINA.

Moi, d'abord, vous le savez, je ne veux pas y aller avec vous; j'ai des invitations plus personnelles, auxquelles je suis obligée de correspondre... Par exemple, mes bonnes amies, si nous nous rencontrons, je vous prie de ne pas me reconnaître, parce que cela pourrait me faire du tort.

MIMI.

Tiens, c'est tout naturel; entre nous, à charge de revanche. Nous y allons donc toutes?

GOGO.

Moi, pour m'amuser.

GEORGINA.

Moi, pour m'établir.

PAMÉLA, soupirant.

Et moi, pour me distraire.

TOUTES.

Tiens! Paméla qui y vient aussi!

SCÈNE II.

JULIEN.

Me voilà trop heureux : un seul cavalier pour six jolies demoiselles.

MIMI.

Nous allons avoir l'air d'une pension.

JOSÉPHINE, bas à Julien.

Sans doute; et vous ne serez jamais avec moi.

JULIEN.

Je vous demanderai à vous amener un ami, un jeune homme fort aimable.

PAMÉLA, soupirant.

Un jeune homme aimable!

JULIEN.

Monsieur Anastase, un clerc d'avoué.

PAMÉLA.

Monsieur Anastase!

JULIEN.

Vous le connaissez?

PAMÉLA.

Je l'ai vu quelquefois dans des parties avec M. Auguste.

MIMI.

Un clerc d'avoué... ah! tant mieux; nous voyons beaucoup de clercs d'avoués; ils sont tous si gais, si amusans! et puis c'est une bonne société.

GEORGINA.

Vous avez raison : la bonne société avant tout; parce que souvent à Tivoli c'est bien mêlé, et il est si désagréable de se trouver confondue!

JULIEN.

Ainsi, mesdemoiselles, à ce soir, à huit heures; soyez prêtes, nous viendrons vous prendre.

JOSÉPHINE.

Vous vous en allez déja?

JULIEN.

Il le faut bien : si mon banquier venait à rentrer.

MIMI.

Il est donc bien sévère?

JULIEN.

Oui, avec nous; ailleurs, c'est un galant, un amateur, mais à l'insçu de sa femme, car si elle se doutait que son époux va ainsi en catimini...

GEORGINA.

Ah! Julien, finissez... si vous allez faire des plaisanteries de mauvais ton... je n'aime pas cela.

MIMI.

Est-elle bégueule!

JULIEN.

Adieu, ma petite Joséphine, à ce soir. A propos, prenez garde à Derlange, ce négociant chez lequel vous avez déposé vos économies : on dit qu'il n'est plus très solide; j'y passerai si vous voulez.

JOSÉPHINE.

Pas aujourd'hui : vous avez trop de choses à faire; mais demain, mon ami, ne l'oubliez pas. C'est le fruit de mon travail, c'est tout ce que nous possédons; je n'aurais plus rien à vous donner.

JULIEN, lui serrant la main.

Si, vraiment; et tant que vous m'aimerez, nous ne manquerons de rien. Adieu, mesdemoiselles; adieu, Joséphine.

TOUTES.

Adieu, monsieur Julien.

SCÈNE III.

Les mêmes; *excepté* JULIEN.

GEORGINA, à Joséphine.

Ah! M. Julien doit demain retirer vos cinq mille francs; c'est à merveille! parce que quand je serai mariée avec ce jeune négociant anglais, nous pourrons nous établir ensemble.

TOUTES.

Et vous nous prendrez pour demoiselles de comptoir.

GEORGINA.

Je ne sais pas trop : vous êtes si négligentes, si paresseuses!

PAMÉLA.

Tiens!... cela lui va bien, elle qui ne travaille jamais.

MIMI, regardant à la fenêtre.

Mesdemoiselles! mesdemoiselles! une visite; un landau s'arrête à notre porte.

TOUTES, courant du côté de la fenêtre.

Un landau!

MIMI.

Un monsieur en descend, et fait signe au cocher d'attendre dans la rue à côté. Eh! mais, c'est ce monsieur qui nous a commandé, il y a huit jours, deux ou trois robes, qui sont à peine commencées; Georgina s'en était chargée.

GEORGINA.

Du tout : c'est vous et Paméla.

PAMÉLA.

Moi ? si on peut dire...

JOSÉPHINE.

Eh! vite, mesdemoiselles, à vos places.

SCÈNE IV.

Les mêmes, *qui se sont toutes assises et qui ont l'air de travailler;* M. VAN-BERG.

M. VAN-BERG.

Bonjour, mes petits anges ; toujours à travailler : c'est exemplaire.

TOUTES.

Bonjour, bonjour, monsieur.

MIMI.

Monsieur, voudrait-il s'asseoir ?

M. VAN-BERG.

Merci, ma belle enfant... Elles sont vraiment charmantes! Ce que je vous ai demandé est-il prêt ?

GEORGINA, travaillant.

Vous le voyez, monsieur, on s'en occupe; mais il y avait tant d'ouvrage!

MIMI.

La robe de cachemire et le manteau de velours sont presque terminés ; pour celles de tulle et de lévantine, qui sont moins importantes, on les enverra ce soir chez monsieur.

SCÈNE IV.

M. VAN-BERG.

Chez moi! gardez-vous-en bien... (se reprenant) c'est-à-dire, ce n'est pas la peine.

PAMÉLA.

Si monsieur veut laisser son adresse.

JOSÉPHINE, GEORGINA et MIMI.

Ah! oui, si monsieur veut laisser son adresse.

M. VAN-BERG.

Non, du tout; j'ai ma voiture en bas, j'attendrai que vous ayez fini : c'est une nièce, une filleule à moi, dont je fais le mariage; je me suis chargé de la corbeille; et comme je pars dans quelques jours pour la Hollande, vous sentez qu'il n'y a pas de temps à perdre.

Air : A soixante ans.

>Tâchez surtout qu'elle soit des plus belles,
>Car, voyez-vous, le futur n'est pas beau;
>Mais à présent, beaucoup de demoiselles
>Ont sur l'hymen un système nouveau :
>Oui, du collier, et des boucles d'oreille,
>Du cachemire, et du satin broché
>Leur tendre cœur, et séduit, et touché,
>Avec ivresse accepte la corbeille,
>Et le mari, par dessus le marché.

MADAME VAN-BERG, en dehors.

J'ai oublié le carton dans ma voiture, allez vite...

M. VAN-BERG, à part.

Ah, mon dieu! quelle est cette voix?

MADAME VAN-BERG, en dehors.

Lapierre! Lapierre! pas le premier, le second; ou plutôt, vous allez tout déranger; j'aime mieux redescendre.

M. VAN-BERG, à part.

Elle va entrer ici; c'est fait de moi!

MIMI.

Eh! mais, qu'avez-vous donc?

M. VAN-BERG.

Rien; je viens d'entendre la voix d'une dame... d'une dame que je connais beaucoup; mais nous sommes brouillés : nous sommes en procès, nous ne nous voyons pas; et si elle me rencontre ici, ce sera fort désagréable.

GEORGINA.

Eh bien! partez vite.

M. VAN-BERG.

Je la rencontrerais sur le grand escalier; n'y aurait-il pas une autre sortie?

GEORGINA.

Tenez, dans ce petit cabinet, une porte dérobée qui donne sur la rue.

M. VAN-BERG.

C'est bien, c'est bien. Adieu, mes petits anges; tantôt je reviendrai; tâchez que tout soit prêt, et surtout ne parlez pas de moi devant cette dame.

(Il entre dans le cabinet.)

GEORGINA.

Nous en voilà débarrassées, c'est bien heureux.

MIMI.

Ah, mon dieu! je crois que la porte de sortie est fermée à double tour.

GEORGINA.

Je te dis que non.

MIMI.

Je te dis que si : puisque c'est moi...

PAMÉLA.

Taisez-vous donc, on vient.

SCÈNE V.

Les mêmes; M. VAN-BERG, *dans le cabinet*, madame VAN-BERG, *suivie d'un domestique en livrée qui porte un carton.*

MADAME VAN-BERG.

Madame Vermond, mesdemoiselles?

GEORGINA.

C'est ici, madame, mais elle est occupée à dessiner : elle fait un travail sur un nouveau corsage.

MADAME VAN-BERG.

A Dieu ne plaise que je la dérange dans une occupation aussi importante... quelque nouveau chef-d'œuvre dont je priverais notre siècle. Je venais simplement la consulter sur quelques modèles de garnitures que j'ai là, et faire prendre mesure pour une robe.

JOSÉPHINE.

Si madame veut permettre, cela fait qu'elle n'attendra pas.

MADAME VAN-BERG.

Comme vous voudrez. J'étais fort mécontente de ma couturière, et je ne savais laquelle prendre, lorsque ce matin j'ai trouvé, je ne sais comment, votre adresse dans le cabinet de mon mari, sur sa cheminée.

MIMI.

C'est peut-être ce monsieur à qui, l'été dernier, nous avons fait une blouse.

MADAME VAN-BERG.

Non, je ne le crois pas.

(Elles sont toutes groupées autour de madame Van-Berg; Georgina prend la mesure de la taille, Joséphine des manches, Paméla et Mimi du bas de la robe.)

JOSÉPHINE.

Si madame voulait lever le bras.

MADAME VAN-BERG.

Ne me faites pas la taille trop longue : ça n'a pas de grâce; tâchez qu'il n'y ait pas de plis sur les côtés, et surtout, pas trop décolletée.

GEORGINA.

Madame peut être tranquille : notre maison est connue pour la décence de la coupe, et la solidité des coutures.

PAMÉLA.

Ferons-nous plusieurs robes à madame?

MADAME VAN-BERG.

Air de l'Homme vert.

J'approuverais fort cette idée,
Car il m'en faudrait deux ou trois;
Mais j'aurais peur d'être grondée,
Cela m'arrive quelquefois.
Mon époux, qui toute sa vie,
Mit du luxe dans ses budgets,
Aime beaucoup l'économie
Dans les dépenses que je fais.

SCÈNE V.

MIMI.

Il ne faut pas que cela gêne madame; si elle veut prendre à crédit, on trouvera toujours bien le moyen de faire payer monsieur.

MADAME VAN-BERG.

Merci, mes petites amies; je vois que vous êtes d'une obligeance...

MIMI.

On fait ce que l'on peut pour contenter les pratiques.

MADAME VAN-BERG.

Et me feriez-vous payer bien cher?

GEORGINA.

Madame sait bien qu'une maison qui tient un peu à sa réputation ne peut pas faire autrement.

MADAME VAN-BERG.

C'est assez juste; maintenant je ne sais quelle couleur choisir.

GEORGINA.

Nous avons là des échantillons; voici, je crois, une nuance assez insidieuse.

MADAME VAN-BERG.

Je ne sais pas si le rose...

GEORGINA.

Le rose doit habiller madame à ravir!

MADAME VAN-BERG.

Ou bien le noir.

GEORGINA.

Oh! le noir, il n'y a pas de doute; le noir convient à merveille à madame... Mais j'entends du bruit chez madame de Vermond, sans doute le travail est fini;

madame peut entrer. (Aux autres.) Sept heures; eh! vite, mesdemoiselles, rangez l'atelier.

(Toutes se lèvent et rangent leur ouvrage; elles placent dans le fond du théâtre la table qui occupait le milieu.)

CHOEUR.

Air : Anglaise de Leicester.

L'ouvrage est fini,
Et pour Tivoli,
Loin du magasin,
Partons soudain :
Lorsque le plaisir
A nous vient s'offrir,
Il faut savoir le saisir.

(Paméla, Mimi, sortent par le fond. Georgina entre avec madame Van-Berg et le domestique par la porte à gauche qui mène chez madame de Vermond.)

SCÈNE VI.

JOSÉPHINE, *qui a rangé la robe dans le carton, et qui a pris son schall et son chapeau.*

Ma robe est achevée, et je vais la porter; dépêchons-nous pour être plus vite revenue.

M. VAN-BERG, entr'ouvrant la porte du cabinet.

Ces petites sottes qui ne me préviennent pas que la porte est fermée à double tour. Je n'entends plus personne, je crois que je puis sortir. (Au moment où il va pour sortir, il aperçoit Julien qui entre par la porte du fond.) Dieux! Julien, mon commis!... que vient-il faire ici ?

(Il referme la porte du cabinet.)

SCÈNE VII.

JOSÉPHINE, JULIEN, ANASTASE.

JULIEN, à Anastase.

Entre, mon ami; on ne nous en voudra pas d'arriver avant l'heure. Eh bien! Joséphine, où allez-vous?

JOSÉPHINE.

Porter cette robe chez une pratique; je reviens après m'habiller, et nous partirons.

JULIEN.

Je vais vous donner le bras.

JOSÉPHINE.

Non : je causerais, et cela me retarderait.

JULIEN.

Laissez-nous au moins veiller sur vous, et vous suivre de loin.

JOSÉPHINE.

Me suivre, c'est encore pire : ça a l'air marchande de modes, et je tiens à ma réputation. Adieu, mon ami, adieu, monsieur Anastase; à tout à l'heure.

(Elle sort en courant.)

SCÈNE VIII.

JULIEN, ANASTASE, M. VAN-BERG, *caché.*

JULIEN, regardant sortir Joséphine.

Charmante fille! douce, aimable, sage; eh bien! mes grands parens sont furieux de ce que je veux l'épouser : cependant je ne leur demande rien.

ANASTASE.

Laisse-les dire : tu es trop heureux de faire un mariage d'inclination; je voudrais bien être à ta place, moi qui vais contracter un hymen de raison.

JULIEN.

Tu es fou.

ANASTASE.

C'est comme je te le dis : j'ai fait une conquête en courant les fêtes champêtres : une jeune dame qui n'a pas l'air très distingué, mais qui parle comme un livre, un livre mal écrit; du reste, elle a beaucoup de fortune : elle est comtesse.

Air du vaudeville de Voltaire chez Ninon.

A ce mot j'ai dû redoubler
De soins, d'égards, de politesse;
J'osais à peine lui parler,
Vu ce beau titre de comtesse...

JULIEN.

Cependant vous avez dansé.

ANASTASE.

Afin de faire connaissance.

JULIEN.

Ensuite vous avez valsé.

ANASTASE.

Oui, pour rapprocher la distance.

SCÈNE VIII.

JULIEN.

Y penses-tu? l'épouser, toi, clerc d'avoué!

ANASTASE.

Que veux-tu? les charges sont si chères à présent, qu'il faut être millionnaire pour acheter une étude; et si ma comtesse n'a pas les quarante mille livres de rente qu'elle m'a laissé soupçonner, je n'épouse pas. Je devais aujourd'hui la conduire à Tivoli, mais je lui écrirai pour me dégager, parce que j'aime mieux y aller avec vous.

JULIEN.

Sérieusement?

ANASTASE.

Il n'y a pas de comparaison : pour moi, les dames du monde ne valent pas les beautés de Tivoli ou du Colisée; j'aime leur légèreté, leur gaîté, leur insouciance; point de passé, pas d'avenir; tout au présent : ce n'est que chez elles qu'on trouve la philosophie et le vrai bonheur.

AIR : Vivent les fillettes!

Vivent les grisettes!
Comme elles toujours
J'ai des amourettes,
Et jamais d'amours.

Exempt de nuage,
Chaque jour, vraiment,
Comme leur ouvrage,
S'achève en chantant :
Vivent les grisettes, etc.

J'y tiens, et pour causes;
Moi, dans le printemps,
J'aime mieux les roses
Que les diamans.

Vivent les grisettes !
Comme elles toujours
J'ai des amourettes,
Et jamais d'amours.

JULIEN.

Eh! mais te voilà comme M. Van-Berg, mon patron.

ANASTASE.

Ton banquier est un amateur; cela me raccommode avec lui.

JULIEN.

Amateur suranné, qui fait rire à ses dépens. (Van-Berg entr'ouvre la porte du cabinet et écoute.) Dans sa jeunesse, il a fait, dit-on, des folies pour le beau sexe, et je crois qu'il en fait encore; mais comme il est homme de finance avant tout, il met du calcul dans ses désordres, et de l'ordre dans ses extravagances : ainsi il est avare avec sa femme, pour être généreux avec d'autres; il est bourru avec ses gens pour être aimable ailleurs; et je crois vraiment qu'il n'est bête et sot avec nous, que pour faire de l'esprit avec ces demoiselles.

ANASTASE.

C'est un grand spéculateur, qui craint le double emploi... Et sa femme ?

JULIEN.

Une femme charmante! qui n'est pas dupe de la conduite de son mari; et qui, si elle le surprenait ainsi, pourrait bien... Mais occupons-nous de notre soirée : nous conduirons ces demoiselles.

ANASTASE.

Nous les conduirons partout : à la salle du bal, au

SCÈNE VIII.

casse-cou, à la balançoire; et les vélocipèdes, l'oiseau égyptien, la flotte aérienne, tous les plaisirs de Tivoli; c'est moi qui paye. Dis donc, nous les conduirons aussi au magicien, pour leur faire dire leur bonne aventure : car il y a parmi ces demoiselles une petite Paméla, une beauté sentimentale, qui me plaît beaucoup; si nous savions sur elle et ses compagnes quelques petites anecdotes que nous irions raconter au sorcier, pour qu'il devinât d'avance, ça nous amuserait.

JULIEN.

C'est vrai, ce serait charmant! mais comment faire? je ne sais rien sur ces demoiselles, et elles ne me confieraient pas...

ANASTASE.

Attends, attends, quelques instans avant leur départ elles se réuniront dans cette salle; si elles y sont, elles y causeront, et si je pouvais entendre sans être vu... (Van-Berg referme vivement la porte du cabinet.) Tiens, (montrant la porte du cabinet à gauche) de cet appartement.

JULIEN.

Il conduit chez madame de Vermond.

ANASTASE, montrant le cabinet à droite.

Eh bien! ce cabinet.

JULIEN.

A la bonne heure! justement la clef est après; et je crois que ces demoiselles viennent de ce côté.

ANASTASE, écoutant.

Non, mon ami, non pas encore.

JULIEN.

C'est égal, il vaut mieux que tu y sois d'avance; entre toujours. (Cherchant à ouvrir.) La porte tenait joliment. (Il l'ouvre, et aperçoit M. Van-Berg.) O ciel! M. Van-Berg!

SCÈNE IX.

Les mêmes; M. VAN-BERG.

Air : Prenons d'abord l'air bien méchant.

M. VAN-BERG.
C'est moi, monsieur!
ANASTASE et JULIEN.
Il écoutait.
M. VAN-BERG.
Pour vous, ma bonté fut trop grande.
Que faisiez-vous dans ces lieux?
ANASTASE.
Il allait
Vous faire la même demande.
M. VAN-BERG.
Je sais, en juge impartial,
Qui des deux mérite le blâme.
ANASTASE.
Nous récusons ce tribunal,
Et, si cela vous est égal,
Pour juge prenons votre femme.
M. VAN-BERG.

Trêve de plaisanteries; vous n'êtes plus chez moi, et dès ce moment vous ne faites plus partie de ma maison. Je ne vous recommande rien, parce que j'espère que vous aurez la prudence d'être discret : si cette aventure venait à s'ébruiter, vous savez que j'ai les moyens de vous en faire repentir. Adieu. (Il sort.)

SCÈNE X.

JULIEN, ANASTASE.

ANASTASE.

Eh bien! que dit-il là?

JULIEN.

La vérité; il a les moyens de me perdre : l'année dernière, ma mère avait besoin d'argent, et il m'a avancé, sur lettre de change, deux années d'appointemens, que maintenant je ne puis lui rendre; et il vaut encore mieux être sans place que d'en avoir une à Sainte-Pélagie.

ANASTASE, se grattant l'oreille.

Diable!... tu as raison... eh bien! après tout, il n'y a pas de quoi se désespérer; je n'ai pas grand'chose, mais nous partagerons : je t'offre la moitié de mon appartement, la mansarde du maître clerc; ça n'est pas grand, mais on peut y tenir deux, je te le jure.

Air du Ménage de garçon.

Je loge au quatrième étage,
Et là... dans mes six pieds carrés,
Je trouve au moins un avantage
Que n'ont pas les salons dorés :
Oui, dans un si petit espace,
Quand le plaisir vient demeurer,
Comme il y tient toute la place,
Les chagrins n'y peuvent entrer.

Ainsi, prends ton parti.

JULIEN.

Ah! ce n'est pas pour moi, peu m'importe : mais cette pauvre Joséphine... la voilà, taisons-nous.

SCÈNE XI

Les mêmes; JOSÉPHINE.

JOSÉPHINE, serrant son mouchoir en entrant.

Bonjour, messieurs, vous voyez que je n'ai pas été long-temps.

JULIEN.

Eh! mais, Joséphine, qu'avez-vous donc? vous avez les yeux rouges.

JOSÉPHINE.

Moi? du tout... je ne crois pas.

JULIEN.

Et vous pleurez encore; ne craignez rien, parlez devant lui : c'est mon ami intime.

JOSÉPHINE, sanglottant.

Ah! monsieur Julien, je suis bien malheureuse! je n'ai plus rien... je suis ruinée!

JULIEN.

Que dites-vous?

JOSÉPHINE.

Cette dame à qui je viens de porter une robe m'a appris la faillite de M. Derlange, dans laquelle elle est elle-même compromise.

JULIEN.

C'est ma faute : je devais y courir sur-le-champ.

JOSÉPHINE.

C'eût été inutile, il était déjà trop tard!... je voulais

prendre mon parti, ne vous en rien dire, mais je n'en ai pas le courage.

ANASTASE.

C'était donc bien considérable?

JOSÉPHINE.

Si ce n'était que cela, je ne pleurerais pas : mais maintenant que je n'ai plus rien, je ne peux plus épouser Julien.

ANASTASE.

Quoi! vous croyez?

JOSÉPHINE, pleurant.

Non, monsieur; c'est moi qui ne veux plus : je ne veux pas que ces demoiselles puissent dire que je lui dois ma fortune, et qu'il m'a fait un sort, je suis trop fière pour cela; ainsi, monsieur, puisque vous êtes riche, puisque vous avez une place...

JULIEN.

Mais du tout : c'est que je ne l'ai plus.

JOSÉPHINE.

Comment? que dites-vous?

ANASTASE.

Que son banquier l'a renvoyé; qu'il est comme vous, qu'il n'a rien : des deux côtés la dot est égale.

JOSÉPHINE, essuyant ses yeux.

A la bonne heure! me voilà rassurée.

Air de la Ville et du village.

S'il ne m'épouse pas, du moins
Il n'en épousera pas d'autres;
Sur l'avenir calmez vos soins,
Mêmes destins seront les nôtres :

Nous nous marierons quelques jours,
Mon cœur en garde l'espérance;
En attendant, aimons-nous toujours,
Cela fait prendre patience.

JULIEN.

Je te le demande, comment veux-tu que je ne l'aime pas?

ANASTASE.

Eh, parbleu! j'en ferais bien autant que toi.

JOSÉPHINE.

Et puis tout n'est pas désespéré : Georgina, une de ces demoiselles, va faire un bon mariage; elle m'a dit tout à l'heure qu'elle me prendrait avec elle; nous nous établirons ensemble.

ANASTASE.

A merveille! voilà une fortune qui recommence; moi, pendant ce temps, j'épouse ma comtesse, je touche la dot, je vous donne vingt-cinq à trente mille francs.

JOSÉPHINE.

Et nous voilà plus riches que jamais.

ANASTASE.

Tu le vois donc, tout est réparé; nous retrouvons tout : plaisir, fortune, et toi surtout, douce espérance, plus douce encore que le bonheur même... Qu'est-ce que je te disais ce matin? gaîté, philosophie, bien plus, amour véritable, vous n'existez qu'ici! Dieux! que tu es heureux!... Je vais retrouver ma comtesse, ou plutôt lui adresser une épître.

AIR : Amis, voici la riante semaine.

Je vais écrire, en chevalier fidèle,
Que mes parens débarquent aujourd'hui;

Et que ce soir, je ne puis avec elle
En tête-à-tête aller à Tivoli.
Oui, sur l'hymen, qui déjà me réclame,
J'aime bien mieux avec vous m'étourdir;
J'aurai demain pour penser à ma femme,
Mais aujourd'hui ne pensons qu'au plaisir.

(Il sort par le fond.)

SCÈNE XII.

JULIEN, JOSÉPHINE, PUIS MADAME VAN-BERG, SORTANT DE LA PORTE A DROITE.

MADAME VAN-BERG.

Tout ce que vous me montrez là est charmant! et s'il ne tenait qu'à moi, je prendrais toutes les étoffes de votre magasin; mais mon mari ne me ferait jamais un pareil cadeau. (Au domestique.) Portez toujours ces échantillons dans la voiture.

JULIEN, saluant.

Madame Van-Berg!

JOSÉPHINE.

Comment, c'est elle! il me semblait aussi que je l'avais déjà vue.

MADAME VAN-BERG, apercevant Julien.

Monsieur Julien, vous n'êtes pas au bureau?

JULIEN.

Non, madame; je ne dois plus y reparaître : monsieur votre mari m'a congédié.

MADAME VAN-BERG.

Que dites-vous là? ce n'est pas possible! et je vais à l'instant parler pour vous.

JULIEN.

J'ai de fortes raisons de croire que vous ne réussirez pas; mais je vous en prie, madame, daignez réserver votre protection et vos bontés (Montrant Joséphine) pour une personne que j'allais épouser, sans l'accident qui me prive de ma place.

MADAME VAN-BERG.

Eh, mon Dieu! de grand cœur! que pourrais-je faire pour elle?... Qui êtes-vous, ma chère enfant, et quel est votre nom?

JOSÉPHINE.

Joséphine Durand.

MADAME VAN-BERG, avec émotion.

Joséphine Durand!... Seriez-vous parente d'une ancienne lingère qui demeurait rue Saint-Martin?

JOSÉPHINE.

Oui, madame; je suis sa nièce.

MADAME VAN-BERG.

Sa nièce.

JULIEN, à madame Van-Berg.

Eh! mais, madame, qu'avez-vous donc?

MADAME VAN-BERG.

Moi? rien; j'ai connu autrefois ses parens. N'aviez-vous pas une cousine?

JOSÉPHINE.

Oui, madame, une cousine germaine, que je n'ai pas vue depuis huit ou dix ans.

MADAME VAN-BERG.

Votre cousine Gabrielle; je l'ai vue en pays étranger, à Amsterdam.

SCÈNE XII.

JOSÉPHINE.

Vous la connaissez? vous savez où elle est? Ah! dites-moi, madame, est-elle heureuse?

MADAME VAN-BERG, souriant.

Pas beaucoup. Elle a fait un grand mariage; elle a des gens, un hôtel, un équipage; et huit années de fortune l'ont tellement changée, que maintenant, j'en suis sûre, vous ne pourriez la reconnaître.

JOSÉPHINE.

Vous croyez?

MADAME VAN-BERG.

Oui; je crois qu'elle s'ennuie quelquefois de son état de grande dame; il ne tiendrait même qu'à elle de se croire malheureuse, si elle avait le temps de réfléchir, du moins elle me l'a dit.

JULIEN.

Comment, madame, il se pourrait?

MADAME VAN-BERG.

Je sais son histoire, qu'elle m'a souvent racontée. Il y a huit ans qu'un négociant étranger, désespéré de ses rigueurs, lui proposa de l'épouser, et l'emmena dans son pays, en lui défendant toute relation avec ses parens.

JULIEN.

Je comprends alors pourquoi il ne l'a pas laissée venir à Paris.

MADAME VAN-BERG.

Une seule fois, depuis son mariage, ce qui est fort désagréable, et c'est là le moindre de ses chagrins; car, vrai, elle en aurait beaucoup, si elle n'avait pas dans ses grandeurs conservé un peu de l'insouciance et de la philosophie de sa première condition. Éloignée de son pays, privée de ses amis, négligée par un époux qui la trompe, j'en suis sûre, et qui lui fait payer, par son indifférence ou ses reproches, la folie qu'il a faite autrefois en l'épousant, voilà son sort, vous fait-il envie?

JULIEN.

Non, sans doute.

MADAME VAN-BERG, vivement.

Vous avez raison; croyez-moi, mon enfant, ne l'imitez pas, restez toujours dans votre sphère; n'épousez que votre égal : les richesses ne sont pas le bonheur, et souvent, pour les acheter, il en coûte plus cher qu'on ne croit.

JOSÉPHINE.

Ma pauvre cousine! que ne puis-je la voir!

MADAME VAN-BERG.

Elle le désire autant que vous. Mais vous n'auriez pas dû, sans en prévenir, quitter la maison où vous étiez : elle aurait pu vous retrouver, vous protéger; et tenez, dans quelques jours je pars pour Amsterdam, et si vous voulez, je vous emmène avec moi; je vous conduis auprès d'elle.

JOSÉPHINE, avec joie.

Dites-vous vrai?

MADAME VAN-BERG.

Oui, sans doute.

Air d'une Heure de mariage.

De son cœur le mien est garant,
Sur votre sort soyez tranquille;

SCÈNE XII.

Pour elle jusqu'à ce moment
La richesse était inutile :
Son argent va mieux se placer,
Et d'aujourd'hui, je le suppose,
Sa fortune va commencer
A lui rapporter quelque chose.

En attendant, je veux la représenter, et faire pour vous ce qu'elle ferait elle-même. Parlez, en quoi puis-je vous servir ? Quel est votre sort ?

JOSÉPHINE.

Le plus heureux du monde, si j'épouse Julien ! car je n'ai pas autre chose à désirer.

MADAME VAN-BERG.

N'est-ce que cela ? je m'en charge : des obstacles à vaincre, des amans à unir, c'est charmant ! Je rentre chez moi, je parle à mon mari ; s'il est sorti, je me mets à sa poursuite, j'obtiens de lui votre dot, la place de Julien.

JULIEN.

Il refusera.

MADAME VAN-BERG.

Oui, d'abord, par habitude ; mais je sais le moyen de le déterminer. J'entends du monde. (A Julien.) Venez ; donnez-moi la main. (A Joséphine.) Adieu ; avant peu vous aurez de mes nouvelles. Ah ! voilà une bonne journée pour moi !

(Elle sort avec Julien.)

JOSÉPHINE, la regardant sortir.

Ah ! l'excellente dame ! quelle bonté ! quelle générosité !... je ne peux encore y croire !

SCÈNE XIII.

JOSÉPHINE, GEORGINA, PAMELA, MIMI, GOGO, ADRIENNE, TOINETTE.

TOUTES.

Air: Monsieur Champagne.

Dieux! qu'ai-je appris, quelle triste nouvelle!
Eh! quoi! Julien, nous dit-on aujourd'hui,
Perd sa fortune, et tu perds un mari. (*bis.*)

JOSÉPHINE.

Il est trop vrai, la nouvelle est fidèle.

TOUTES.

Ah! que je la plains de bon cœur!
Être si près de son bonheur,
Et se trouver sans épouseur.

GEORGINA.

C'est d'autant plus malheureux, que maintenant nous ne pouvons plus nous associer ensemble.

JOSÉPHINE.

Il me semble au contraire que c'est une raison de plus.

GEORGINA.

Non. Je viens de recevoir une lettre de mon jeune négociant, qui maintenant est un milord; il ne me l'avait pas dit par délicatesse; par exemple, il ne peut pas me conduire ce soir à Tivoli, parce que sa famille doit arriver par le paquebot.

MIMI, riant.

Par le paquebot.

(Pendant cette scène, elles achèvent leur toilette. Paméla met son chapeau, Mimi fait attacher sa ceinture par Joséphine, Gogo et les autres arrangent leur coiffure devant la Psyché.)

GEORGINA.

Oui, mesdemoiselles, et elle apporte le consentement à mon mariage; ainsi, demain ou après, je peux me trouver milady.

MIMI.

Si cela arrive, j'en mourrai de chagrin !

GEORGINA.

Ne croyez pas pour cela que j'en sois plus fière; vous pouvez être sûres, mes chères amies, que je ne vous oublierai pas, et quand je viendrai à Paris, c'est vous qui me ferez toutes mes robes; par exemple, mademoiselle Mimi, je vous recommanderai de les coudre plus solidement que vous ne faites d'ordinaire.

MIMI.

C'est à n'y pas tenir !

SCÈNE XIV.

Les mêmes ; ANASTASE.

ANASTASE.

Eh bien ! mesdemoiselles, sommes-nous prêtes ? partons. Voici la charmante Paméla !

PAMÉLA, saluant.

C'est monsieur Anastase, l'ami d'Auguste.

GEORGINA, s'avançant.

Dieux ! que vois-je ? mon milord !

ANASTASE.

Ma comtesse en tablier noir !

PAMÉLA, à Georgina, en montrant Anastase.

Quoi! c'est là votre conquête?... ah! que je suis contente!

MIMI.

Et ses robes qui étaient déjà commencées. Dieux! allons-nous en découdre!

JOSÉPHINE.

Mais tais-toi donc.

ANASTASE, regardant Georgina.

Admirable! eh bien, ma foi, je l'aime autant. Je renvoie ma famille par le paquebot; et si la main d'un maître-clerc peut vous être agréable, je vous l'offre, mais seulement pour danser ce soir à Tivoli.

GEORGINA.

Laissez-moi, monsieur.

Air : Du partage de la richesse.

Ah! c'est affreux, me tromper de la sorte! —

ANASTASE.

Je suis pourtant très-généreux!
Voyez plutôt, à vous je m'en rapporte,
Lequel de nous est le plus malheureux?
De cette aventure piquante
Avec raison je me plaindrais.
J'y perds dix mille écus de rente,
Et vous n'y perdez qu'un Anglais.

Eh! mais, j'entends une voiture; c'est sans doute Julien : il s'est chargé de prendre deux landaus sur la place; (Regardant.) non, c'en est un qui n'est pas numéroté; un monsieur en descend... eh! mais, je ne me trompe pas! c'est le monsieur qui était caché dans ce cabinet, le banquier de Julien. Que revient-il faire ici?

SCÈNE XIV.

JOSÉPHINE.

Monsieur Van-Berg?

ANASTASE.

Précisément.

MIMI.

Et cette dame si bonne, si aimable, dont il redoutait la présence?

JOSÉPHINE.

C'était sa femme, rien que cela.

GEORGINA.

Ah! il s'est moqué de nous, il faut le lui rendre.

MIMI.

Oui, oui, profitons de l'occasion.

ANASTASE.

C'est bon, je le laisse entre vos mains, car nous ne sommes pas bien ensemble; je vais voir pour nos équipages. Adieu, chère comtesse; adieu, gentille Paméla, à ce soir; je serai votre cavalier: n'oubliez pas, dans un quart d'heure.

(Il sort.)

TOUTES.

C'est bon, c'est bon, nous serons prêtes.

MIMI.

C'est M. Van-Berg, mesdemoiselles, point de pitié.

GEORGINA.

Je vais me venger sur lui.

SCÈNE XV.

Les mêmes; M. VAN-BERG.

M. VAN-BERG.

C'est encore moi, mes petites amies.

Air : J'ai vu le Parnasse des dames.

Je viens vous trouver, mes charmantes.
TOUTES, se pressant autour de lui.
Demandez ce que vous voulez.
M. VAN-BERG.
Ce sont des choses importantes.
TOUTES.
C'est notre état, monsieur, parlez.
Monsieur veut faire des emplètes?
M. VAN-BERG.
Non; c'est un point très délicat;
Il faut d'abord être discrètes...
TOUTES.
Ceci n'est plus de notre état.

M. VAN-BERG.

Si vraiment; c'est pour cette aventure de ce matin : si on venait par hasard s'informer, il faudrait dire que...

SCÈNE XVI.

Les mêmes; MADAME VAN-BERG.

MADAME VAN-BERG.

Que vois-je? vous, monsieur, dans ces lieux!

SCÈNE XVI.

M. VAN-BERG.

Dieux! ma femme! je ne l'échapperai pas; je joue d'un malheur aujourd'hui...

MADAME VAN-BERG.

Je ne vous ai point trouvé à l'hôtel, et j'allais vous chercher chez votre beau-frère, lorsque votre voiture, arrêtée à la porte, m'a donné des soupçons, qui, maintenant, ne sont que trop justifiés; je n'en veux d'autre preuve que le trouble où je vous vois.

M. VAN-BERG.

Moi... madame... je vous jure que les idées que vous vous faites... d'abord... vous êtes dans l'erreur... parce que...

GEORGINA, faisant à ses compagnes des signes d'intelligence.

Oui, madame, si vous saviez pour quel motif monsieur vient dans ces lieux... Il a appris que ce matin vous aviez envie d'une robe, et il voulait vous ménager une surprise.

M. VAN-BERG.

Oui, oui, madame, c'est pour cela. (A part.) Dieux! que c'est adroit! Ces petites filles-là ont une présence d'esprit....

MADAME VAN-BERG.

Vous êtes bien sûre que c'est là le motif?

GEORGINA.

Oui, madame; tout ce que monsieur a commandé pour vous est là de côté, et l'on peut vous le faire voir; d'abord :

Air : Le beau Lycas aimait Thémire.

Une robe de cachemire
Qui vaut cent louis environ :

M. VAN-BERG.

Comment!... et que voulez-vous dire?

GEORGINA.

Nous ne comptons pas la façon;
Vous verrez comme cela drape. (*bis*.)

MIMI.

Une en tulle d'un très grand prix;

JOSÉPHINE.

Et deux autres d'un goût exquis.

M. VAN-BERG, à part, montrant sa femme.

Ce n'est plus elle qu'on attrape,
Et c'est moi, morbleu, qui suis pris.

TOUTES.

C'est le mari que l'on attrape,
Ah! c'est charmant, comme il est pris.

DEUXIÈME COUPLET.

GEORGINA.

Plus... deux robes de lévantine;
Mais c'est pour mettre tous les jours.

M. VAN-BERG, à part.

Ah! c'en est trop, on m'assassine.

MIMI.

De plus un manteau de velours.

M. VAN-BERG.

Oui, la patience m'échappe. (*bis*.)

MADAME VAN-BERG.

Ah! combien mon cœur est surpris,
O vous, le meilleur des maris!

M. VAN-BERG.

Ce n'est plus elle qu'on attrape,
Et c'est moi, morbleu, qui suis pris.

TOUTES.

C'est le mari que l'on attrape,
Ah! c'est charmant, comme il est pris.

SCÈNE XVII.

GEORGINA.

Enfin, madame, un mémoire de six mille francs; voilà la surprise que monsieur vous préparait.

MADAME VAN-BERG, à part.

D'honneur, je ne sais qui je dois remercier ! (Haut.) Mais je la trouve charmante pour vous, et pour moi...

GEORGINA.

Je crois bien; un fameux article pour la maison. Eh! mais, mesdemoiselles, huit heures sonnent; ces messieurs vont arriver.

Air : Vif et léger (de Tailly).

TOUTES.

Dépêchons-nous, mesdemoiselles,
Il nous faut prendre sur-le-champ...
Et nos chapeaux, et nos ombrelles,
A Tivoli l'on nous attend.

MIMI, faisant la révérence.

Monsieur ne veut pas, je suppose,
Quelques faveurs, quelques rubans?

GOGO, faisant la révérence.

Quand monsieur vaudra quelque chose...

M. VAN-BERG.

On rit encore à mes dépens.

TOUTES.

Dépêchons-nous, etc.

(Elles sortent toutes en courant.)

SCÈNE XVII.

M. ET MADAME VAN-BERG.

M. VAN-BERG.

Morbleu! si jamais on m'y rattrape... (Offrant la main à sa femme.) Madame, voulez-vous me permettre de vous reconduire?

MADAME VAN-BERG.

Pas encore, j'ai quelque chose, ici même, à vous demander; et vous êtes si généreux aujourd'hui, que vous n'hésiterez pas à me l'accorder.

M. VAN-BERG.

Je ne sais pas pourquoi, madame, vous me dites cela d'un air d'ironie...

MADAME VAN-BERG.

Du tout, je parle sérieusement, et je le prouve: vous avez renvoyé Julien, j'ignore pour quel motif, il ne me l'a pas dit.

M. VAN-BERG.

C'est bien heureux!

MADAME VAN-BERG.

C'est un très brave garçon, auquel je m'intéresse; et vous me ferez plaisir en le gardant.

M. VAN-BERG.

Je le voudrais, madame; mais c'est impossible, absolument impossible; je l'ai juré.

MADAME VAN-BERG.

Vous avez eu tort.

SCÈNE XVII.

M. VAN-BERG.

Et pourquoi?

MADAME VAN-BERG.

Parce qu'il restera.

M. VAN-BERG.

Morbleu!

MADAME VAN-BERG.

Attendez, vous n'y êtes pas encore; je vous ai prévenu qu'aujourd'hui j'étais en train de demander; il faut que je profite des momens où vous êtes bien disposé : vous allez donc garder Julien, et lui donner des appointemens plus convenables, et de plus, une trentaine de mille francs.

M. VAN-BERG.

Et pourquoi?

MADAME VAN-BERG.

Pour qu'il puisse épouser Joséphine, qui était là tout à l'heure auprès de moi.

M. VAN-BERG.

Qui? Joséphine!... cette petite couturière?

MADAME VAN-BERG.

Oui; ils s'aiment éperdument; cela vous fâche peut-être?

M. VAN-BERG.

Moi, madame? en aucune manière.

MADAME VAN-BERG.

Tant mieux : car apprenez, monsieur, que cette petite couturière, est ma cousine, ma cousine germaine.

M. VAN-BERG, effrayé.

Dieu! voulez-vous bien ne pas parler si haut!... Qu'est-ce vous me dites là ?

MADAME VAN-BERG.

L'exacte vérité; par exemple, c'est un secret que je possède seule; mais si vous me refusez, je la reconnais hautement pour ma cousine, ici à Paris, aux yeux de toute votre société : pour commencer, je cours l'embrasser.

M. VAN-BERG, la retenant.

Madame, au nom du ciel! de quel ridicule allez-vous me couvrir! et que dira-t-on dans le monde?... Moi, cousin d'une couturière!

MADAME VAN-BERG.

On n'en saura rien.

M. VAN-BERG.

N'importe, on jasera sur ce mariage.

MADAME VAN-BERG.

Pourquoi cela ? on n'a rien dit du vôtre.

M. VAN-BERG.

Moi, madame, c'était bien différent!

MADAME VAN-BERG.

Prouvez-le-moi, si vous pouvez, ou plutôt hâtez-vous de vous décider, ou je vais trouver ma cousine : songez donc qu'à présent c'est ma seule parente.

M. VAN-BERG.

Bien sûr, il n'y en a pas d'autre.

MADAME VAN-BERG.

Raison de plus.

SCÈNE XVII.

Air des Maris ont tort.

Vous, chez qui la bonté domine,
Et qui savez bien calculer,
Vous doterez notre cousine,
Pour n'en plus entendre parler ;
Qu'ici votre tendresse brille,
Tant de gens, dans leur noble espoir,
Ont acheté de la famille,
Vous payez pour n'en point avoir.

M. VAN-BERG.

Eh ! madame, il faut bien faire tout ce que vous voulez ; mais j'espère au moins que le plus grand secret...

MADAME VAN-BERG.

Je vous le promets, et vous savez si je tiens mes promesses ; excepté Joséphine, à qui je me ferai connaître, et sur la discrétion de laquelle on peut compter, excepté elle, personne ne saura notre parenté ; mais prenez garde, je vous préviens, que lorsque je ne serai pas contente de vous, il me prendra pour ma famille des accès de tendresse qui vous feront trembler.

M. VAN-BERG.

Taisez-vous, les voici.

SCÈNE XVIII.

Les mêmes; JULIEN, JOSÉPHINE, PAMÉLA, GEORGINA, MIMI, ADRIENNE, TOINETTE, GOGO, AVEC LEURS CHAPEAUX ET LEURS OMBRELLES.

JULIEN, donnant la main à Joséphine.

Monsieur Van-Berg encore dans ces lieux!

MADAME VAN-BERG.

Oui, mon cher Julien, il a voulu y rester pour vous annoncer lui-même qu'il vous gardait dans ses bureaux avec deux mille francs d'appointemens, et qu'en outre il vous donnait trente mille francs comptant, pour épouser Joséphine.

JULIEN.

Comment! il se pourrait... je ne peux croire encore...

JOSÉPHINE, baisant la main de madame Van-Berg.

Ah! vous êtes la meilleure et la plus généreuse des femmes.

MADAME VAN-BERG, lui fermant la bouche.

Tais-toi, petite, tais-toi; j'ai bien autre chose à t'apprendre. Fais tes adieux à ces demoiselles, et partons, car je t'emmène avec moi.

JOSÉPHINE.

Demain soit, mais aujourd'hui (à ses compagnes) nous finirons la soirée ensemble... je n'oublierai jamais ces lieux où j'ai été si heureuse; et je reviendrai souvent vous revoir.

PAMÉLA, essuyant ses yeux.

A la bonne heure, car je ne pourrais m'habituer à l'idée d'une telle séparation.

MIMI, pleurant.

Ni moi non plus ; cette chère Joséphine !... Reçois nos complimens.

GEORGINA, de même.

Oui, nos complimens et nos adieux. (A part.) Est-elle heureuse !... cela ne m'arriverait pas à moi.

JOSÉPHINE, les embrassant toutes l'une après l'autre.

Mes amies, mes bonnes amies !

MIMI, après l'avoir embrassée.

Encore une de parvenue.

PAMÉLA, de même, et montrant madame Van-Berg.

Ce n'est pas étonnant, quand la vertu est protégée par des grandes dames.

MIMI, regardant M. Van-Berg.

Et surtout par des banquiers.

SCÈNE XIX.

LES MÊMES ; ANASTASE.

ANASTASE.

Eh bien ! tout le monde est prêt, partons-nous ?

JULIEN.

Ah ! mon ami, tout est arrangé ; je te conterai cela. Fais-moi tes complimens, j'épouse.

ANASTASE.

Vrai ? Eh bien ! fais-moi les tiens : je n'épouse pas.

M. VAN-BERG.

Quand vous voudrez partir, madame, votre landau est à la porte.

ANASTASE.

Mesdemoiselles, votre fiacre est en bas. (A Paméla, à qui il donne la main.) Venez, venez ; ce soir, en dansant, nous parlerons de ce perfide Auguste, qui ne vous méritait pas, et dont vous devriez bien vous venger.

PAMÉLA, soupirant.

C'est ce que je me dis tous les jours.

GEORGINA, aux autres.

Eh bien ! elle me l'enlève ! elle qui ce matin voulait se périr.

PAMÉLA, à part, regardant Anastase en soupirant.

Pourvu que celui-là me soit fidèle.

M. VAN-BERG, à sa femme qui pendant ce temps causait avec Joséphine.

Allons, allons, retournons à l'hôtel.

JOSÉPHINE.

Et nous à Tivoli.

TOUTES, sautant de joie.

A Tivoli ! à Tivoli !

MADAME VAN-BERG, donnant la main à son mari, et regardant Joséphine et ses compagnes.

Ah ! qu'elles sont heureuses !

SCÈNE XIX.

VAUDEVILLE.

Air : Ronde de Saint-Malo.

JULIEN.

Des riches qui m'environnent
L'ennui ne m'a point tenté ;
Vive la gaîté que donnent
L'amour et la pauvreté !
 C'est bien, c'est bien,
 Voilà le vrai bien ;
 On n'a peur de rien,
 Quand on n'a rien.

CHOEUR.

C'est bien, etc.

JOSÉPHINE.

Un pauvre millionnaire,
Pour ses biens à chaque instant
Craint quelque destin contraire,
Et nous disons en chantant ;
 C'est bien, c'est bien,
 Pour nous tout va bien,
 On n'a peur de rien
 Quand on n'a rien.

CHOEUR.

C'est bien, etc.

MIMI.

Ces robes où l'or s'étale
Au bal peuvent se froisser ;
Mais en robe de perkale
Sans crainte l'on peut danser.
 C'est bien, c'est bien,
 Pour nous tout va bien,
 On n'a peur de rien
 Quand on n'a rien.

CHOEUR.

C'est bien, etc.

PAMÉLA.

Plus d'un séducteur perfide
Dans ses amoureux projets,
A l'innocence timide
Croyait tendre ses filets :
   C'est bien, c'est bien,
   Ça se trouve bien
   On ne risque rien,
   Quand on n'a rien,

CHŒUR.

C'est bien, etc.

M. VAN-BERG.

Tel qui n'a rien en partage,
A la bourse, en beau joueur
Court acheter, et pour gage
Il vous donne son honneur ;
   C'est bien, c'est bien,
   Pour lui tout va bien ;
   On ne risque rien
   Quand on n'a rien.

CHŒUR.

C'est bien, etc.

GEORGINA.

Quand l'hymen pour lui s'apprête
Plus d'un jaloux furibond
Croit qu'il y va de sa tête
Et tout bas on lui répond :
   C'est bien, c'est bien,
   Pour vous tout va bien ;
   On ne risque rien
   Quand on n'a rien.

CHŒUR.

C'est bien, etc.

ANASTASE.

Plus d'un journal pâle et blême
Est aux abois ; et l'on dit :

SCÈNE XIX.

Que le rédacteur lui-même
Risque d'en perdre l'esprit ;
C'est bien, c'est bien,
Pour lui tout va bien,
On ne risque rien
Quand on n'a rien.

CHOEUR.

C'est bien, etc.

MADAME VAN-BERG, au public.

Traitez-nous sans conséquence !...
De certain bruit, aigre-doux,
Messieurs, faites abstinence ;
En fait de sifflets, chez nous,
On le sait bien
L'absence est un bien,
Pour nous tout va bien

(Faisant le geste de siffler.)

Quand on n'a rien.

CHOEUR.

On le sait bien, etc.

FIN DES GRISETTES.

LE
BAISER AU PORTEUR,

COMÉDIE-VAUDEVILLE EN UN ACTE,

Représentée, pour la première fois, sur le théâtre du Gymnase dramatique, le 9 juin 1824.

EN SOCIÉTÉ AVEC MM. JUSTIN ET DE COURCY.

PERSONNAGES.

La Baronne DE VERVELLES.
JENNY, sa nièce.
DERVILLE, jeune colonel.
PHILIPPE, son domestique.
THIBAUT, fermier de madame de Vervelles.
JEANNETTE, femme de Thibaut.
Villageois et Villageoises.

La scène se passe à la campagne.

Le théâtre représente un hameau.

THIBAUT.

À MERVEILLE!...J'ARRIVE À PROPOS.

(Le Baiser au Porteur, Sc II.)

LE BAISER AU PORTEUR.

SCÈNE PREMIÈRE.

DERVILLE, PHILIPPE.

(Derville entre le premier et marche en lisant.)

PHILIPPE, le suivant.

Monsieur, si nous nous reposions un peu.

DERVILLE.

Laisse-moi tranquille.

PHILIPPE.

Depuis deux heures que nous nous promenons dans la campagne... Il faut que ce roman-là vous amuse beaucoup.

DERVILLE.

Un roman... tiens, regarde... Sais-tu lire ?

PHILIPPE, lisant.

OEuvres de Charron... *de... de la Sagesse.*

DERVILLE.

Oui, de la Sagesse.

PHILIPPE.

C'est drôle que vous puissiez lire aussi couramment dans ce livre-là ; car enfin ça doit être de l'hébreu pour vous.

DERVILLE.

Qu'est-ce que c'est, monsieur Philippe? je crois que vous faites le plaisant. Sachez que ce livre-là peut tout apprendre.

PHILIPPE.

Apprend-il aussi à payer les dettes?

DERVILLE.

Non pas, mais à les oublier.

PHILIPPE.

En ce cas, monsieur, vous devriez le faire lire à vos créanciers : ces gens-là ont des mémoires... Vous avez eu beau quitter Paris, venir vous établir à la campagne, je crois qu'ils vous ont suivi : car j'ai aperçu tout à l'heure, à l'auberge du Soleil d'or, des figures de connaissance.

Air : Un homme pour faire un tableau.

Il faudra, faute de paiement,
Renouveler chaque créance;
Comme cela revient souvent
Et que j'ai de la prévoyance,
J'ai sur moi des papiers timbrés.

(*Il les lui présente.*)

DERVILLE.

Écrire en plein air!

PHILIPPE.

Le temps presse.

(*Montrant le livre qu'il tient.*)

Et tenez, vous les signerez
Sur le livre de la sagesse.

DERVILLE, *prenant le papier et le mettant dans sa poche.*

Va te promener toi et mes créanciers. Cherchez donc le calme et la solitude. C'est en vain qu'on veut fuir le monde et les hommes... Avec ces gaillards-là, il n'y a pas moyen d'être misanthrope.

PHILIPPE.

Mais aussi, monsieur, pourquoi vous mettez-vous misanthrope?... comme s'il n'y avait pas d'autre état dans le monde... Au moment de toucher une dot superbe, dont nous avions grand besoin, à la veille d'épouser une femme charmante, dont vous êtes amoureux fou, vous abandonnez la noce, le château de la tante, et vous venez vous réfugier dans ce petit village, où, depuis quatre jours, nous sommes tous les deux à l'auberge; et pourquoi? parce qu'il vous a passé par la tête des idées de philosophie.

DERVILLE.

Oui, je t'ai dit cela dans le premier moment; mais, vois-tu, en fait de philosophie, moi, je n'en ai que quand je ne peux pas faire autrement.

Air de Lantara.

> Quand l'amour ou Bacchus m'appelle
> Dans un boudoir ou dans un gai festin,
> Joyeux convive, amant fidèle,
> Je vante et l'amour et le vin;
> Si j'ai blâmé leur ivresse indiscrète,
> C'était, hélas! philosophe obligé,
> Quand le docteur me mettait à la diète,
> Ou quand l'amour me donnait mon congé.

Et aujourd'hui, je suis précisément dans cette d ière catégorie.

PHILIPPE.

Vraiment?

DERVILLE.

Eh! oui : voilà trois ans que je suis admis dans la société de madame de Vervelles; je n'ai pu voir sa nièce, cette aimable veuve, la charmante Jenny, sans l'adorer, sans en perdre la tête... Tu le sais, tout était conclu, arrangé : le mariage allait se faire, lorsque notre tante, une tête vive, romanesque, mais la meilleure femme du monde...

PHILIPPE.

Vous oppose un rival : monsieur de Valbrun, ce gros major.

DERVILLE.

Du tout; pour rien au monde elle ne manquerait à ses sermens. Ce n'est pas une femme comme une autre; elle a mille qualités, et n'a qu'un seul défaut, qui tient peut-être à l'éducation : c'est qu'elle veut qu'on soit fidèle à sa femme.

PHILIPPE.

Fidèle?

DERVILLE.

Oui, mon ami; elle est là dessus d'un rigorisme... c'est-à-dire que ce n'est plus un préjugé, ça devient un ridicule : elle regarde la moindre inconstance, la moindre infidélité comme un crime que rien ne peut expier.

PHILIPPE.

Eh bien! puisque vous le saviez...

DERVILLE.

Aussi je m'observais; et je m'étais maintenu avec assez de bonheur, lorsque la veille du mariage j'étais allé à la chasse, et je m'arrêtai pour me rafraîchir dans une ferme où j'aperçus une petite fille charmante! tu sais, la petite Louise.

PHILIPPE.

Oui, monsieur, une jolie brune.

DERVILLE.

J'entre en conversation; et tout en m'offrant du lait, elle m'apprend qu'elle va être rosière... c'était drôle, n'est-ce pas?... et puis d'ailleurs son lait était excellent; mais je n'avais pas sur moi d'argent, et pour la remercier, je l'embrassais sans intention, lorsque la porte s'ouvre, et je vois paraître... qui? madame de Vervelles en personne! ma future et redoutable tante. Il n'y eut pas moyen de me justifier; elle ne voulut rien entendre; et dans sa colère, elle m'annonça qu'elle allait protéger M. Valbrun, qui était amoureux de Jenny : Jenny elle-même déclara qu'elle y consentait, qu'elle ne voulait plus me voir. Alors tout fut rompu; et dans mon désespoir, je suis venu m'établir à six lieues de leur château, dans ce village, où je veux renoncer au monde, aux plaisirs et aux rosières.

PHILIPPE.

Bien vrai, monsieur?

DERVILLE.

Peux-tu en douter?... Si tu savais combien je suis malheureux d'avoir perdu celle que j'aime, et cela, par ma faute, par mon étourderie!... (On entend des violons.) Mais qu'est-ce que j'entends?

PHILIPPE.

Ce sont les violons de la noce : il y a eu un mariage ce matin; et si vous voulez attendre, vous allez le voir revenir.

DERVILLE.

Moi!... à quoi bon? pour être témoin de leur bonheur... Non, je te l'ai dit : je renonce à l'amour, aux femmes... La mariée est-elle jolie?

PHILIPPE.

C'est la petite Jeannette, la fille de notre aubergiste; elle épouse Thibaut, un fermier de madame de Vervelles; car elle a aussi de ce côté des propriétés magnifiques.

DERVILLE.

Comment! ce gros Thibaut, qui est si jaloux?... Est-il heureux d'épouser une femme comme celle-là! car cette petite Jeannette est fort bien.

PHILIPPE.

Tenez, la voici qui vient de ce côté, avec les jeunes filles de la noce.

DERVILLE, regardant.

Air du Pot de fleurs.

Que ce costume rend jolie!
Quelle taille et quel pied charmant!

PHILIPPE.

Allons, encore une folie;
Rappelez-vous votre serment.
Après l'aventure dernière,
Aller attaquer justement
La mariée...

DERVILLE.

Ah! c'est bien différent,
Et ce n'est pas une rosière.

Philippe, laisse-moi.

PHILIPPE.

Et votre lecture?

DERVILLE.

Je l'achèverai dans un autre moment... Je te suis.

PHILIPPE, prenant le livre qu'il emporte.

Allons, à demain la sagesse.

(Il sort.)

SCÈNE II.

DERVILLE, JEANNETTE, chœur de jeunes paysannes.

Air: Allons danser sous ces ormeaux.

Ah! quel plaisir! ah! quel beau jour!
   Quand l' mariage
    Nous engage,
Ah! quel plaisir! ah! quel beau jour!
Ce soir la danse aura son tour.

JEANNETTE.

Chacune de vous est priée...
Sans adieu, mon mari m'attend;
Enfin me voilà mariée.

TOUTES LES JEUNES FILLES.

Ah! qu'il nous en arrive autant.
Ah! quel plaisir! ah! quel beau jour!
   Quand l' mariage
    Nous engage;
Ah! quel plaisir! ah! quel beau jour!
Ce soir la danse aura son tour.

(Elles sortent toutes.)

DERVILLE, retenant Jeannette, qui veut sortir.

Un moment, charmante Jeannette.

JEANNETTE.

Pardonnez, monsieur, mais mon époux m'attend; et cette journée doit être toute à lui.

DERVILLE.

L'heureux mortel!... que ne donnerais-je pas pour être à sa place!... (Regardant Jeannette.) Voilà pourtant comme j'aurais été, donnant la main à ma femme, à ma chère Jenny!... cette idée seule...

JEANNETTE, voulant retirer sa main.

Eh bien! monsieur...

DERVILLE.

Non, ne craignez rien; je voulais vous parler, parce que j'ai à vous gronder. Comment, Jeannette! vous vous mariez, et vous ne m'en dites rien, à moi qui loge chez votre père, qui suis de la maison? c'est fort mal; j'aime beaucoup à doter les filles sages et jolies comme vous; et je me serais chargé bien volontiers...

JEANNETTE.

Ah! la chose est faite.

DERVILLE.

En vérité?

JEANNETTE.

Depuis plus de trois mois. C'est un riche propriétaire des environs, un militaire : c'est M. le major Valbrun qui me marie.

DERVILLE.

Diable de major! qui se trouve toujours sur mon chemin... J'aurais cependant voulu faire quelque chose pour vous, et surtout pour Thibaut, qui est un honnête garçon... Eh bien ! écoutez, Jeannette, je m'inscris d'avance : je veux être le parrain de votre premier enfant.

JEANNETTE.

C'est beaucoup trop d'honneur.

DERVILLE.

La place n'est pas retenue?

JEANNETTE.

Non, monsieur.

DERVILLE.

Air de M. Deschalumeaux.

Il m'en faut un gage.

JEANNETTE.

Comment?

DERVILLE.

Qu'un doux regard me remercie!

JEANNETTE.

Et que dirait Thibaut?

DERVILLE.

Vraiment,
C'est pour lui que je vous en prie,
Je veux le servir, et chez lui
Fixer la fortune jalouse.

JEANNETTE.

Vrai! vous protég'rez mon mari,
(Le regardant tendrement.)
Allons, faut être bonne épouse.

DEUXIÈME COUPLET.

DERVILLE.

Ce n'est rien ; et pour son destin,
Cette faveur n'est pas la seule ;
Puisque je vais être parrain,
Je prétends doter ma filleule :

Pour cela, loin d'être exigeant,
Je ne veux qu'un baiser, ma chère!

JEANNETTE.

Vrai! vous doterez notre enfant?
Allons, faut être bonne mère.

(Derville l'embrasse.)

THIBAUT, paraissant.

A merveille!... j'arrive à propos.

JEANNETTE.

Aïe!

(Elle se sauve.)

SCÈNE III.

DERVILLE, THIBAUT.

THIBAUT, à Jeannette.

C'est bon, c'est bon; je te rattraperai bien là-bas. Conçoit-on cela? elle vient à peine de dire oui, et v'là qu'elle le dit encore ici à monsieur.

DERVILLE.

Parbleu! une fois qu'on y est...

THIBAUT.

C'est une horreur! et je n'entends pas qu'ici, au village, on donne dans les manières de la ville.

DERVILLE.

Allons, ne vas-tu pas te fâcher pour un oui ou pour un non?

THIBAUT.

Pardine, monsieur, faut-il que je vous remercie? au moment encore où j'allais vous faire une politesse: (montrant un papier et une écritoire qu'il tient à la main.) lorsque j'allais passer chez vous pour vous prier de me faire l'honneur de signer au contrat.

DERVILLE.

Eh bien! est-ce que cela nous empêche d'être bons amis, parce que j'ai embrassé ta femme?... Voyez le grand malheur !

THIBAUT.

Air : De sommeiller encor, ma chère.

Je n' me doutais pas que Jeannette
Oublierait ce qu'ell' m'a juré ;
Puisqu'elle est trompeuse et coquette,
D'elle et d' vous je me vengerai.
Oui, dans la colèr' qui m'enflamme,
Ça ne se pass'ra pas comm' ça !
Vous avez embrassé ma femme,
Tout le village le saura.

Car je vais de ce pas l'apprendre à tout le monde.

DERVILLE.

Y penses-tu! un garçon gros et gras comme toi, se mettre en peine pour si peu de chose ! tu ne connais donc pas les usages ?

THIBAUT.

Vous appelez ça un usage ?

DERVILLE.

Sans doute : on embrasse toujours une mariée.

THIBAUT.

C'est-à-dire que si vous étiez l'épouseux, vous souffririez que je venissions à votre barbe...

DERVILLE.

Mais oui.

THIBAUT.

Eh bien ! je ne m'y fierais pas.

DERVILLE.

Tu as tort. Écoute : promets-moi de ne pas faire de peine à Jeannette; et si je me marie, tu rendras à ma femme le baiser que j'ai pris à la tienne.

THIBAUT.

Oui, croyez cela.

DERVILLE.

Je t'en donne ma parole.

THIBAUT.

Laissez-moi donc : vous voulez me faire taire; mais si lors de votre mariage je m'avisais d'aller me présenter chez vous, vous me feriez mettre à la porte, et vous auriez bien vite oublié votre promesse.

DERVILLE.

Si tu ne crois pas à ma parole, veux-tu mon billet?

THIBAUT.

Votre billet?... ça serait drôle!

DERVILLE.

Tu n'as qu'à parler... Donne-moi ce papier et cette écritoire... Dieu! quel bonheur!... (Fouillant dans sa poche.) J'ai justement là du papier timbré.

THIBAUT, étonné.

Vraiment?

DERVILLE, écrivant.

J'en ai toujours sur moi... pour ces occasions-là. Si tu savais combien j'en ai déjà mis en circulation! (Thibaut lui présente son chapeau sur lequel il écrit.) « Bon pour un baiser à ma femme, payable à vue, à M. Thibaut, ou à son ordre, valeur reçue comptant. » Et je signe.

SCÈNE III.

THIBAUT.

Comment diable!... on dirait une lettre de change. Je vois, monsieur, que vous êtes un brave jeune homme, que vous voulez faire honneur à vos affaires, et ça me réconcilie avec vous.

Air: Que j'sis content (de Bérat).

Que j' sis content! queu' bonne affaire!
J'ons un billet qu'est excellent!
C' baiser pris à ma ménagère
Va me rapporter cent pour cent.
 Que j' sis content!
Ah! ah! que j' sis content!
A quelqu' dam' de haut parage
Il peut s' marier, quel bonheur!
Pour un simpl' baiser d' village,
J' touche un baiser de grand seigneur.

Quel honneur ça m' fera dans le pays! je cours montrer ce billet à mes amis, à mes connaissances... à tout le monde enfin.

Reprise de l'air.

Que j' sis content! queu' bonne affaire!
J'ons un billet qu'est excellent!
C' baiser pris à ma ménagère
Va me rapporter cent pour cent.
 Que j' sis content!
Ah! ah! que j' sis content!

(Il sort.)

SCÈNE IV.

DERVILLE, SEUL, RIANT.

L'aventure est impayable!... Dieu!... si je n'avais jamais signé d'autres lettres de change!... Ah! ah!

<small>AIR : Vos maris en Palestine.</small>

Je ris vraiment quand j'y pense,
Thibaut entend fort bien raison.
Que n'a-t-on ma conscience
Chez tous les gens du grand ton!
Combien de maris bons apôtres,
Passeraient pour amans heureux,
Par leurs exploits seraient fameux,
S'ils pouvaient ravoir chez les autres
Tout ce qu'on a pris chez eux!

SCÈNE V.

DERVILE, PHILIPPE.

PHILIPPE.

Ah! monsieur, quelle nouvelle!

DERVILLE.

Eh bien! qu'est-ce que tu as donc?

PHILIPPE.

Si vous saviez qui je viens de rencontrer! vous ne pourriez jamais le deviner.

DERVILLE.

Raison de plus pour que tu me le dises tout de suite.

PHILIPPE.

Je viens de voir un superbe landau, dans lequel étaient madame la baronne de Vervelles et sa nièce.

DERVILLE.

Jenny! Jenny dans ces lieux!... et quel motif peut l'amener?

PHILIPPE.

C'est ce que je me suis demandé... Mais le plus étonnant, c'est que ces dames, en m'apercevant, ont fait un geste de joie et de surprise. « Philippe, m'a dit la tante, est-ce que ton maître, le colonel Derville, serait ici? — Oui, madame la baronne, ai-je répondu en m'inclinant. — Ah! quel bonheur!... Annonce-lui notre arrivée; ou plutôt non, ne lui dis rien : nous allons le surprendre, et c'est nous qui irons lui faire visite. »

DERVILLE.

Qu'est-ce que tu m'apprends là? Jenny qui ne voulait plus me revoir; la baronne qui avait rompu mon mariage... Ah çà, voyons, es-tu bien sûr?

PHILIPPE.

Tenez, monsieur, voici ces dames, qui vous l'attesteront mieux que moi.

SCÈNE VI.

Les précédens; madame DE VERVELLES, JENNY.

DERVILLE, à part, les regardant.

Il a raison, ce sont bien elles... J'ai peine à contenir ma joie.

MADAME DE VERVELLES.

Allons, ma nièce, avançons.

DERVILLE.

En croirai-je mes yeux? (A madame de Vervelles.) C'est vous que je revois! c'est vous, madame, dont la présence vient consoler le cœur d'un malheureux exilé!

JENNY.

Certainement, monsieur, ce n'est pas moi...

MADAME DE VERVELLES.

Taisez-vous, ma nièce, et laissez-moi parler. Colonel, nous étions loin de vous soupçonner en ces lieux; car nous y venions tout uniment pour renouveler le bail de plusieurs de nos fermiers : mais je pense qu'on ne peut jamais trop tôt réparer ses torts, et je viens vous faire mes excuses.

DERVILLE, à part.

A moi?

JENNY.

Je ris de son étonnement.

MADAME DE VERVELLES.

Oui, colonel, la sublime action que vous avez faite m'a touchée de tendresse et d'admiration.

DERVILLE, à part.

Qu'est-ce qu'elle dit donc?

MADAME DE VERVELLES.

Et je ne me pardonnerai jamais d'avoir pu vous accuser dans le moment même où vous nous donniez un si bel exemple de grandeur d'ame et de chasteté.

DERVILLE, à part.

Ah çà, il y a quelque quiproquo! (Haut.) Je vous avoue, madame, que de pareils éloges...

SCÈNE VI.

JENNY.

Eh! oui, ma tante, vous voyez bien que vous embarrassez monsieur; vous le faites rougir, et il vaut mieux ne pas lui parler de cette admirable action.

DERVILLE, d'un air modeste.

Admirable... admirable... au bout du compte, qu'ai-je fait? (bas, à Philippe) car enfin, je ne serais pas fâché de savoir...

PHILIPPE.

Moi de même... Voilà la curiosité qui me prend.

MADAME DE VERVELLES.

Allez, colonel, nous savons tout : cette petite Louise, ma fermière, était venue souvent au château; elle n'avait pu vous voir sans prendre pour vous de tendres sentimens.

DERVILLE.

Vraiment?

Air: du premier pas.

(A part.)

Serait-ce moi?
Ah! grands dieux! quand j'y pense,
Si j'avais su...

MADAME DE VERVELLES.

Fidèle à votre foi,
On vous a vu, modèle de constance,
Sans intérêt protéger l'innocence.

DERVILLE, bas à Philippe.

Ce n'est pas moi. (bis.)

DEUXIÈME COUPLET.

MADAME DE VERVELLES.

De son hymen voulant hâter l'approche,
De la doter vous vous fîtes la loi,
En lui donnant, bienfaiteur sans reproche,
Trois mille francs tirés de votre poche.

DERVILLE, bas à Philippe, montrant son gousset.

Ce n'est pas moi. (*bis*)

PHILIPPE.

Qu'est-ce que cela vous fait ?... laissez-la croire.

MADAME DE VERVELLES.

Au moment où je vous ai surpris, elle vous témoignait sa reconnaissance, et c'est moi qui ai mal interprété ce baiser paternel.

DERVILLE.

Paternel, c'est le mot... Mais comment avez-vous pu savoir de pareils détails ? moi, d'abord, je n'en avais parlé à personne.

JENNY, à part.

Je le crois bien, et pour cause.

MADAME DE VERVELLES.

Mais c'est Louise elle-même.

DERVILLE.

Louise ?

MADAME DE VERVELLES.

Oui, monsieur; c'est Louise qui, en présence de ma nièce, nous a raconté toute cette histoire.

DERVILLE, à Jenny.

Comment ! madame, il serait vrai ?

JENNY, froidement.

Oui, monsieur, il est vrai que Louise nous a dit tout cela.

SCÈNE VI.

MADAME DE VERVELLES.

Bien mieux, grace à vos mille écus, elle a épousé votre protégé : elle est maintenant madame Bastien, et cette action vous a rendu tous vos droits.

DERVILLE.

Il se pourrait ! (*Embrassant Jenny.*) Ah ! ma chère Jenny ! (*puis à madame de Vervelles*) ah ! ma tante !...

MADAME DE VERVELLES.

Air : *Dans ce castel dame de haut lignage.*

Que faites-vous ? quel transport vous anime ?

DERVILLE.

Ne puis-je pas, dans ce jour fortuné,
Toutes les deux vous embrasser sans crime ?
On m'accusait, et tout est pardonné !
Un doux espoir me ranime et m'égaie,
Sur l'avenir me voilà rassuré.

(*Regardant la tante.*)

Car malgré moi, si le passé m'effraie,

(*Regardant Jenny.*)

Par le présent mon cœur est enivré.

Il est donc vrai, ma chère tante ! tous les nuages sont dissipés... vous consentez à mon bonheur.

MADAME DE VERVELLES.

Eh ! mais... quant à moi, je n'y vois point d'obstacles... Après une action comme la vôtre, moi, qui vous parle, je vous épouserais les yeux fermés.

DERVILLE effrayé.

Ah Dieu !... (*se reprenant.*) C'est bien aussi ce que je ferais, madame, si j'en étais là.

MADAME DE VERVELLES.

Oui, mais ce n'est pas de moi, c'est de ma nièce qu'il

s'agit; elle n'est pas encore décidée, elle voudrait des preuves encore plus grandes, s'il est possible; et puis, le major Valbrun qui lui fait la cour est aussi fort aimable; enfin tâchez de la persuader; je vous laisse avec elle; je vais au château, où mon homme d'affaires m'attend pour terminer avec mes fermiers.

DERVILLE.

Adieu, ma chère tante... Philippe, suivez madame la baronne.

(Philippe et madame de Vervelles sortent.)

SCÈNE VII.

DERVILLE, JENNY.

DERVILLE.

L'ai-je bien entendu? Eh quoi! madame, ce n'est plus votre tante, c'est vous seule qui vous opposez à notre mariage! douteriez-vous encore de ma tendresse?

JENNY.

J'aurais grand tort en effet, après les preuves que vous m'en avez données, après le récit héroïque que nous venons d'entendre, et dont je vous prie de me répéter certains détails.

DERVILLE.

Non, n'en parlons plus, je vous en conjure; nous voilà seuls : votre tante n'est plus là... je ne sais comment vous faire un aveu qui va renverser ma réputation, mais je veux vous devoir à vous-même, à mon amour, et non pas à un mensonge.

SCÈNE VII.

JENNY.

Que dites-vous?

DERVILLE.

Qu'il faut que j'aie été protégé par le hasard le plus heureux et le plus étonnant, car, dans tout ce qu'on vient de vous raconter, il n'y a pas un mot de vrai.

JENNY, à part, en riant.

Allons, du moins il est honnête homme... (Haut, affectant la surprise.) Comment, monsieur!...

DERVILLE.

Oui, madame; il faut que j'aie, de par le monde, quelque cousin qui porte mon nom, et qui soit bon sujet; il aura voulu relever l'honneur de la famille par un trait expiatoire; mais je ne veux pas lui ravir une gloire qui lui appartient, ni prendre sur moi une responsabilité aussi grande; car enfin, une réputation comme celle-là est trop difficile à soutenir.

JENNY.

Quoi, monsieur!...

DERVILLE.

Pardonnez-moi ma franchise; je ne me suis jamais fait à vos yeux meilleur que je n'étais...Eh bien! oui, je l'avoue; une femme jolie a toujours le don de me plaire: vous ne pouvez en douter, puisque je vous adore... mais comment ai-je su que vous étiez la plus aimable des femmes? par la comparaison... Ce n'est pas, d'après le système de votre tante, une admiration aveugle et exclusive, c'est une tendresse motivée; et franchement, n'est-il pas pour vous plus flatteur d'être aimée par quelqu'un qui s'y connaît?

JENNY.

C'est-à-dire que je dois vous savoir gré même de vos infidélités?

DERVILLE.

Non ce n'est pas tout-à-fait cela que je prétends; mais, après l'aveu que je vous ai fait, vous devez ajouter foi à mes discours, car il serait aussi trop injuste de ne croire qu'à ce qui m'accuse. Eh bien! j'ai pu être étourdi, extravagant, jamais je ne fus infidèle; jamais, Jenny, je n'ai cessé de vous aimer; et je vous promets le même amour, la même franchise... je commence dès aujourd'hui; car vous le voyez, je m'expose à vous perdre plutôt que de vous tromper.

JENNY, lui tendant la main.

Derville, vous êtes un aimable homme; et quels que soient vos torts, si vous en avez, je n'ai plus de mémoire pour me les rappeler; mais promettez-moi que, dorénavant, pas la moindre étourderie, pas la moindre aventure... Ce que je crains le plus, c'est d'attirer sur moi les regards; c'est de me trouver mêlée dans les propos, dans les discours du monde, et voilà ce qui m'a tant choquée dans cette aventure de Louise, qui, du reste, n'était qu'une plaisanterie. Mais si pareille chose devait se renouveler...

DERVILLE.

Je consens à perdre tous mes droits; je renonce à votre main si désormais je donne lieu au plus léger propos. Je cours retrouver votre tante et lui faire part de tout mon bonheur.

(Il sort.)

SCÈNE VIII.

JENNY, THIBAUT.

JENNY.

Ce pauvre Derville ! je crois qu'il dit vrai et qu'il m'aime réellement... Eh ! mais, n'est-ce pas Thibaut, le fermier de ma tante et le nouveau marié ?... Quel air triste et rêveur !...

THIBAUT.

Morgué ! il faut convenir que j'ons fait là une belle affaire ; tout le monde se moque de moi dans le village, avec mon chien de billet ; et de plus, v'là le bail qui va m'échapper... (se frappant le front avec le poing.) Morbleu ! tous les malheurs à la fois !

JENNY.

Eh ! mais, Thibaut, qu'y a-t-il donc ?

THIBAUT, ôtant son chapeau.

(A part.) Dieu ! la nièce de madame la baronne... (Haut.) Y a, madame, sous votre respect, que le jour de mes noces commence avec un fameux guignon ; je ne sais pas comment ça finira. D'abord, ils sont là cinq ou six fermiers des environs, qui s'avisent de surenchérir sur mon bail ; et comme en outre M. l'intendant les protége, il est bien sûr qu'ils l'emporteront ; et me voilà ruiné.

JENNY.

Sois tranquille : tu es un honnête garçon que je connais depuis long-temps ; et si je dis en ta faveur un mot à ma tante, cette protection-là en vaudra peut-être bien une autre.

THIBAUT, avec joie.

Vrai! madame! vous auriez cette bonté-là!... Dieu! que ça serait bien fait! et en conscience ça m'est dû, ça sera un dédommagement à ce qui m'arrive.

JENNY.

Comment, encore un accident!

THIBAUT.

Oui, madame; et un accident bien désagréable pour un mari; j'ai été attrapé comme un sot: et pour comble de bonheur, j'ai été le dire à tout le monde.

JENNY.

Conte-moi donc cela.

THIBAUT.

Oh volontiers! vous ne pouvez pas manquer de le savoir, j'ai épousé aujourd'hui la petite Jeannette que vous connaissez sans doute.

JENNY.

Oui, elle est fort jolie.

THIBAUT.

Elle est surtout fort éveillée; je l'ai quittée un instant en sortant de l'église, et, à mon retour, je l'ai trouvée ici auprès d'un beau monsieur qui l'embrassait... Ah dam! moi qui ne plaisante pas là-dessus, vous sentez bien que j'ai fait du bruit; je voulais ameuter tout le village, mais le monsieur, pour m'apaiser, m'a promis que, s'il se mariait, je prendrais ma revanche avec sa future.

SCÈNE VIII.

JENNY, riant.

En vérité... (A part.) ce pauvre Thibaut ! j'ai peine à m'empêcher de rire... (Haut.) Et tu t'es contenté de cette promesse ?

THIBAUT.

Ah bien oui ! pas si bête ! je voulais des sûretés, et il m'a fait un billet *d'un baiser payable à vue.*

JENNY, riant.

Ah ! ah !

THIBAUT.

Tenez, voilà que vous riez aussi : tout le monde rit quand je parle de ce billet.

JENNY.

L'aventure est assez gaie.

THIBAUT.

Je le croyais comme vous ; mais, à présent, je ne dis pas cela.

Air : Bonjour, mon ami Vincent.

Je vois l' notaire et son clerc
Qui m' disent que j' suis un' bête.
Je passe chez l' magister
Qu'est encor' plus malhonnête.
Pourtant, que j' lui dis, c' papier c'est sacré.
Plus que lui, mon cher, vous êtes timbré.
J'enfonc' mon chapeau sur ma tête,
Et v'là tout' la class' qui cri' sur mes pas :
« Ça vous va-t-il bien ? ça n' vous blesse-t-il pas ? »

Enfin des lardons de toute espèce ; et je crains qu'on ne finisse par en faire une chanson.

JENNY.

Je te plains, mon cher Thibaut ; voilà une malheureuse affaire.

THIBAUT.

Très malheureuse! car ce n'est pas le tout qu'on rie à mes dépens, je prévois qu'on me fera banqueroute; le monsieur au billet est trop mauvais sujet pour trouver à se marier, et je suis volé comme dans un bois.

(Derville entre.)

(A part.) Ah! voici c'te mauvaise paye.

SCÈNE IX.

Les précédens; DERVILLE.

DERVILLE, à Jenny.

Je suis au comble de mes vœux!... Dès que j'ai eu appris à votre tante que j'avais obtenu mon pardon, elle a donné son consentement; et dès aujourd'hui je serai votre époux.

THIBAUT.

Qu'est-ce que j'apprends là?

Air: Gai Coco.

(A Derville.)

Vous épousez madame!

(A Jenny.)

C'est vous qui s'rez sa femme!
Que j'en ai d' joy dans l'ame!
De moi l' ciel a pitié.

JENNY.

Eh! mais que veux-tu dire?

THIBAUT.

C'est tout c' que je désire
De moi l'on n' peut plus rire,
Car je serai payé.

SCÈNE IX.

JENNY.

Comment ?

THIBAUT.

Surprise extrême !
C'est mon débiteur lui-même.
C'est lui qu'a pris, madame,
Ce baiser à ma femme !
Plus de peine,
Quelle aubaine !
Quel bonheur peu commun !
Que j' sis fâché, morguenne,
Qu'il n'en ait pris qu'un.

JENNY.

Eh bien ! vous entendez, monsieur ?

DERVILLE, à part.

Je suis perdu... (Affectant un air tranquille.) Qu'est-ce que c'est ? qu'est-ce que cela veut dire ?

JENNY.

Cela veut dire que je n'ai point oublié nos conventions, et que je retire ma parole.

THIBAUT.

Non pas, madame, non pas ! il ne faut pas vous en aviser, parce que vous sentez bien que ma créance... (Se fouillant.) Eh bien ! où est-il donc, ce maudit billet ?

DERVILLE, à part.

Dieu ! s'il l'avait égaré ! (Haut.) Vous voyez bien, madame, que cet imbécille-là ne sait ce qu'il dit ; il est ivre, ou il a perdu la tête, et je le défie de nous montrer ce papier dont il parle. (Le menaçant de loin.) Fais-le donc voir, si tu l'oses.

JENNY.

C'est votre présence qui l'intimide ; mais je lui déclare, moi, que ma protection est à ce prix, et qu'il n'aura le bail de la ferme qu'au moment où il me remettra ce billet.

THIBAUT, se fouillant toujours.

Oh! vous l'aurez, madame, vous l'aurez... Dire que je l'avais encore là tout à l'heure! je l'aurai laissé sur la table... Ah! voilà Jeannette... ma femme, viens ici, madame Thibaut.

SCÈNE X.

Les précédens; JEANNETTE.

JEANNETTE.

Eh mon Dieu! qu'y a-t-il donc?

THIBAUT.

N'as-tu pas vu à la maison un papier que j'ai laissé traîner?

JEANNETTE.

Oui, monsieur; c'est moi qui l'a pris.

THIBAUT, à Jenny.

Vous le voyez bien. (A Jeannette.) Donne-le-moi vite; notre fortune en dépend.

JEANNETTE.

Moi! vous le donner! Fi, monsieur, fi, vous dis-je! Je me suis fait lire ce papier; et vous devriez avoir honte... qu'est-ce que cela signifie?... un homme marié avoir des valeurs comme celle-là en porte-feuille!... (Pleurant.) Ah bien! si mon père le savait...

SCÈNE X.

THIBAUT.

Taisez-vous, madame Thibaut; c'est un recouvrement! et vous qui parlez, si ce matin vous n'aviez pas fait des dépenses, je n'aurais pas été obligé de prendre des effets comme ceux-là en paiement.

JENNY.

Enfin, Jeannette, voyons ce papier; j'espère qu'à moi vous pouvez bien me le confier.

JEANNETTE.

Oh, mon Dieu! madame, je ne demanderais pas mieux; mais je ne l'ai plus.

THIBAUT.

Elle ne l'a plus!... je suis ruiné.

DERVILLE, à part.

Je respire.

JEANNETTE.

C'était une petite feuille en long, mais pire qu'un billet doux ordinaire, parce que c'était sur papier timbré.

THIBAUT.

Et comment savez-vous ça?

JEANNETTE.

Parce que j'ai rencontré le major Valbrun, que j'ai prié de me le lire.

JENNY.

Le major!

DERVILLE.

C'est fait de moi.

JEANNETTE.

Alors il m'a dit en riant : « Mon enfant, si vous

« voulez me passer ce billet-là à mon ordre, je vais
« vous l'escompter. » Moi, qui ne savais pas ce que
c'était, je lui ai dit : je ne demande pas mieux; alors,
c'est drôle, il m'a donné un baiser.

THIBAUT.

Bravo ! c'est le second d'aujourd'hui.

JEANNETTE.

Et moi je lui ai laissé le papier.

DERVILLE.

Ah! grands dieux! entre les mains du major! un billet au porteur !

JENNY.

Là, monsieur, vous en convenez donc ?

DERVILLE.

Oui, morbleu ! mais je vais retrouver le major.

MORCEAU D'ENSEMBLE.

Air; Pour tromper un pauvre vieillard (du Tableau parlant).

JENNY et JEANNETTE, à Derville et à Thibaut.

ENSEMBLE.

JENNY.

C'est affreux ! c'est indigne à vous !
Abuser du cœur le plus tendre!
Non, je ne veux plus rien entendre,
Je n'écoute que mon courroux.

JEANNETTE, à Thibaut.

C'est affreux! c'est indigne à vous !
Voyez quel mari doux et tendre !
Mais je ne veux plus rien entendre,
Je me moque de son courroux.

DERVILLE, à Jenny.

C'est affreux ! c'est indigne à vous!
Mépriser l'amant le plus tendre?
Ce billet! je veux le reprendre,
Ou s'il refuse de le rendre,
Qu'il redoute tout mon courroux.

THIBAULT, à Jeannette.

C'est affreux! c'est indigne à vous!
Quand ma fortune en peut dépendre!
Ce billet! vous le laissez prendre!
Je n'écoute que mon courroux.

(Derville sort par le fond, Jeannette par la gauche, et Thibaut par la droite.)

SCÈNE XI.

JENNY, SEULE.

Décidément, ce maudit billet est en circulation, et Dieu sait si M. Valbrun va nous épargner! lui qui était déjà piqué contre moi; de quelles plaisanteries ne va-t-il pas m'accabler! Je me vois la fable de la société, et pour qui? pour un ingrat, pour un étourdi, qui compromet sans cesse son bonheur et le mien... moi qui ai été mille fois trop bonne... moi qui l'ai déjà sauvé à son insu et à celui de ma tante; mais cette fois-ci, je serai inexorable... je ne pardonnerai plus.

SCÈNE XII.

JENNY, MADAME DE VERVELLES.

MADAME DE VERVELLES.

Eh bien! ma chère amie, tout est arrangé : tu t'es rendue, tu as bien fait : il est si doux de rendre heureux ceux qui le méritent!

JENNY, froidement.

Oui, quand ils le méritent.

MADAME DE VERVELLES.

Il me semble que personne n'a plus de droits que le colonel; ce cher Derville! tout à l'heure, quand il me demandait mon consentement, il était si troublé que moi-même j'en ai été émue!... Il est des souvenirs qui ne peuvent s'effacer.

JENNY.

J'en suis fâchée pour vous, ma chère tante; mais vous en serez pour vos frais d'émotion, car, à coup sûr, je n'épouserai jamais le colonel.

MADAME DE VERVELLES.

Qu'est-ce que vous m'apprenez là?

JENNY.

L'exacte vérité; ma résolution est prise, et je n'en changerai jamais.

MADAME DE VERVELLES.

Air du vaudeville de la Somnambule.

Qu'entends-je? ô ciel! vous seriez inconstante!
Y pensez-vous? quel exemple immoral!

SCÈNE XII.

Vous, ma nièce?

JENNY.

Et cependant, ma tante,
Si je n'aime plus.

MADAME DE VERVELLES.

C'est égal!
Car une femme qui s'honore,
Pour son amant observant le traité,
Ne l'aimant plus, doit l'épouser encore,
Par respect pour la fidélité.

Ce pauvre jeune homme!

JENNY.

Elle va le plaindre à présent.

MADAME DE VERVELLES.

Oui, certes, je dois le plaindre et le défendre.... Quelle conduite que la sienne! son aventure avec Louise est admirable.

JENNY.

Eh bien! ma tante, ça ne suffit pas.

MADAME DE VERVELLES.

Comment! ça ne suffit pas!... Je sais bien qu'il n'est pas encore à la hauteur des Céladons et des Amadis; mais il faut de l'indulgence; il faut considérer dans quel temps nous vivons; et certes, dans ce moment-ci, en fait de fidélité et de constance, vous ne trouverez rien de mieux... Ainsi donc, vous n'avez point d'excuses, et vous l'épouserez.

JENNY.

Non, ma tante.

MADAME DE VERVELLES.

Vous l'épouserez!

JENNY.

Non, non, cent fois non... et j'ai des motifs...

MADAME DE VERVELLES.

Quels motifs, s'il vous plaît?

JENNY.

Des motifs... qui font que... enfin, ma tante, il est inutile de vous les dire.

MADAME DE VERVELLES.

Et moi, je veux les connaître. Parlez : qu'avez-vous à lui reprocher?

JENNY, à part.

Je ne sais plus que lui dire, ma foi; inventons...

MADAME DE VERVELLES.

Eh bien! ma nièce?

JENNY, avec mystère.

J'ai appris qu'il avait des dettes, des créanciers, et vous sentez qu'une pareille conduite...

MADAME DE VERVELLES.

Est très répréhensible..., j'en conviens; mais cependant, ma nièce...

JENNY.

Taisons-nous, le voici... et surtout ne lui en dites rien... (A part.) car s'il savait ce que je viens d'inventer sur son compte.

SCÈNE XIII.

Les précédens; DERVILLE.

DERVILLE, à part.

Allons, allons, je n'en suis pas fâché; cela apprendra à M. de Valbrun à faire le mauvais plaisant. Dieu! ce sont ces dames!

MADAME DE VERVELLES.

Air : *Ces postillons sont d'une maladresse.*

Approchez-vous! je cherche à vous défendre,
　Mais en vain, car dans son courroux
Jenny refuse de m'entendre,
　Et veut changer.

DERVILLE.
Que dites-vous?

MADAME DE VERVELLES.
Oui, colonel, le croiriez-vous?
Ma nièce a des goûts infidèles.

DERVILLE.
O ciel! c'est bien mal! c'est affreux!
(Se montrant lui et madame de Vervelles.)
Et surtout avec les modèles
　Qu'elle a devant les yeux.

JENNY, à part.
Je crois vraiment qu'il me raille encore.

MADAME DE VERVELLES.
Oui, mon cher Derville; ma nièce veut retirer sa parole; elle refuse de vous épouser, sous prétexte que vous avez des dettes et des créanciers.

JENNY, lui faisant signe de se taire.

Ma tante, je vous en prie...

DERVILLE.

Quoi, madame! on vous aurait dit... Vous me permettrez de m'expliquer : vous savez que j'ai un oncle, le vieux commandeur, qui est immensément riche, mais qui n'a jamais eu d'activité, qui est lent dans tout ce qu'il fait. Il m'a promis de me laisser sa succession ; et vous sentez que là dessus on ne peut pas presser les gens ; aussi, par délicatesse, je me suis permis d'anticiper sans lui en rien dire ; c'est ce qui fait que j'ai peut-être cinq, six, ou sept créanciers, peut-être plus.

JENNY.

Comment! il serait vrai! Eh bien! par exemple, j'étais loin de me douter...

MADAME DE VERVELLES.

Fais donc l'étonnée ; c'est toi qui me l'as dit.

JENNY.

Oui, mais c'est que, je croyais... c'est-à-dire, j'imaginais... (A part.) Enfin, avec lui, il n'y a pas moyen de faire une seule supposition! (Haut.) Fi, monsieur, c'est indigne! vous avez tous les défauts.

MADAME DE VERVELLES.

D'accord ; mais il est fidèle.

DERVILLE, baissant les yeux.

Oui, comme dit madame, je suis...

JENNY.

Je crois qu'il ose encore parler de sa fidélité.

SCÈNE XIII.

MADAME DE VERVELLES.

Et pourquoi pas? cette qualité-là, selon moi, tient lieu de toutes les autres.

DERVILLE.

Je suis bien de l'avis de madame.

JENNY.

Comme vous voudrez; mais si monsieur n'a que cela à mettre dans la balance... En vérité, j'ai peine à me contraindre. Eh bien! oui, monsieur, ma tante vous a dit la vérité; je vous refuse, parce que vous n'avez point d'ordre, ni de tenue, ni de conduite; je déteste les créanciers, et jamais je n'épouserai quelqu'un qui aura des lettres de change... (avec intention) ou des billets en circulation.

MADAME DE VERVELLES.

Et moi, ma nièce, je trouve que vous êtes d'une injustice extrême.

DERVILLE, d'un ton hypocrite.

C'est ce que je n'osais pas vous dire.

MADAME DE VERVELLES.

Et puisque vous m'y forcez, c'est moi qui me charge d'acquitter toutes ses dettes, de satisfaire tous ses créanciers.

DERVILLE, de même à Jenny.

Vous voyez ce dont vous êtes cause.

MADAME DE VERVELLES.

J'espère qu'après cela vous n'aurez plus de prétexte, et que rien ne vous empêchera de tenir une promesse à laquelle l'honneur de la famille est engagé. Venez, mon cher neveu.

DERVILLE.

Je vous rejoins dans l'instant.

MADAME DE VERVELLES.

Mais c'est que vous avez des renseignemens à me donner sur ces créanciers.

DERVILLE.

Rien n'est plus facile; d'ailleurs il y a ici *au Soleil d'or* une députation de ces messieurs; et en envoyant un de vos gens... (Bas à madame de Vervelles.) Rien qu'un mot pour la fléchir, et je suis à vous.

(Madame de Vervelles sort par la droite.)

SCÈNE XIV.

JENNY, DERVILLE.

JENNY.

Enfin, elle s'éloigne. Je vous trouve bien hardi, monsieur, lorsque vous êtes coupable, lorsqu'avec raison je suis irritée contre vous, d'oser encore plaisanter avec ma tante, et vous égayer à mes dépens, moi qui d'un mot pouvais vous confondre !

DERVILLE.

Moi, madame !

JENNY.

Oui, monsieur, vous me comprenez fort bien. Allez, je vous déteste, je vous hais, et même je vous le déclare, sans prévention, sans colère : et plus j'interroge mon cœur, plus j'y vois que je ne vous ai jamais aimé.

DERVILLE.

Eh bien! madame, voilà ce que je ne croirai jamais; et puisque je n'ai plus aucun ménagement à garder...

SCÈNE XV.

Les précédens; PHILIPPE.

PHILIPPE, mystérieusement.

Monsieur, monsieur, de mauvaises nouvelles!

DERVILLE.

Eh parbleu! ne te gêne pas, dis-les tout haut; au point où nous en sommes, ça ne peut pas nous brouiller.

PHILIPPE.

Eh bien! je viens de rencontrer madame Bastien, autrefois mademoiselle Louise, la petite fermière, qui arrivait pour la noce de Thibaut, où elle était invitée; je l'ai fait jaser, et j'ai appris par elle que madame savait à quoi s'en tenir sur votre aventure héroïque, puisque c'était elle qui en était l'auteur.

DERVILLE.

Que dis-tu?

JENNY, voulant faire taire Philippe.

Philippe, je vous défends...

DERVILLE.

Et moi, je t'ordonne de parler.

PHILIPPE.

C'est madame qui a doté Louise, à condition qu'elle

raconterait devant madame la baronne l'histoire que celle-ci vous a récitée.

DERVILLE.

Comment, il serait vrai? (A Jenny.) Ah! je suis trop heureux!

Air de Teniers.

Oui, je le vois ici malgré vous-même;
Je suis aimé.

JENNY.

Non; je vous hais toujours.

DERVILLE.

Et moi, je crois, dans mon bonheur extrême,
Vos actions, plutôt que vos discours.
Oui, cet amour que je réclame,
Qui me rend heureux à jamais,
Vous avez dû le cacher dans votre ame,
Vous qui cachez tous vos bienfaits!

JENNY.

Eh bien! vous avez tort; et depuis cette dernière aventure, depuis que M. de Valbrun...

PHILIPPE.

Oh! rassurez-vous, madame; il n'y a pas le moindre danger; le médecin l'a dit lui-même, cette blessure ne sera rien.

JENNY.

Quoi! quelle blessure? qu'y a-t-il donc?

DERVILLE.

Et qui est-ce qui t'a prié de parler?

JENNY.

Je le devine. Vous l'avez défié. Vit-on jamais pareille extravagance? pour une plaisanterie, pour un badinage, aller exposer ses jours!

SCENE XV.

DERVILLE.

Air de Céline.

Pour un baiser de ce qu'on aime,
On peut gaîment risquer le coup fatal;
Vaincu, me disais-je en moi-même,
Je ne vois pas le bonheur d'un rival :
Mais vainqueur, jugez quelle chance!
J'avais l'espoir que, sans bruit, sans éclat,
Vous daigneriez, pour récompense,
Me donner le prix du combat.

(A Philippe.) Mais, du reste, tout est arrangé, n'est-ce pas?

PHILIPPE.

Oui, monsieur. Le major voulait d'abord envoyer ce billet à madame de Vervelles, votre tante.

JENNY.

Ah mon Dieu!

PHILIPPE.

Mais après le combat il m'a dit lui-même de courir après Lapierre, son palefrenier, qu'il en avait chargé.

DERVILLE.

Eh bien! où l'as-tu laissé?

PHILIPPE.

Oh monsieur! j'étais certain de rencontrer Lapierre au cabaret du coin, où il s'arrête toujours quand il est en course; et en effet, c'est en entrant la première personne que j'ai aperçue.

DERVILLE.

Quel bonheur!

JENNY.

Oui, donne-nous vite ce maudit billet, que nous le déchirions et qu'il n'en soit plus question.

PHILIPPE.

Impossible. Lapierre ne l'avait plus, et il ne peut pas dire comment il l'a perdu ; il paraît seulement, à ce que j'ai pu comprendre, car il est dans un état... que deux ou trois bons vivans lui ont payé un excellent déjeuner, et que l'un d'eux peut-être...

JENNY.

Allons, encore une autre course.

PHILIPPE.

En effet, voilà un papier qui aura fait diablement de chemin sur la place.

JENNY.

Eh mon Dieu!... pourvu que ma tante n'en ait pas connaissance; c'est tout ce qu'il faut. C'est elle, la voici.

SCÈNE XVI.

LES PRÉCÉDENS; MADAME DE VERVELLES, VILLAGEOIS ET VILLAGEOISES.

CHOEUR.

Air de la Bergère Châtelaine.

Mes amis, quel plaisir pour nous!
Célébrons ce noble mariage;
Le bonheur de ces deux époux
Est une fêt' pour tout le village.

MADAME DE VERVELLES, montrant Derville et Jenny.

En faveur de cette alliance,
Du château je fais les honneurs;
Pour ce soir, je permets la danse,
Mais, je l'exige au nom des mœurs,
Avant tout, la décence.

CHOEUR.

A la danse, à la danse.

SCÈNE XVII.

MADAME DE VERVELLES, à Derville.

Eh bien ! mon cher neveu, j'ai vu vos créanciers; tout est arrangé; tout est acquitté, et je crois maintenant (*regardant Jenny*) que personne ne fera plus opposition au mariage.

SCÈNE XVII.

Les mêmes; THIBAUT, JEANNETTE, *entrant sur le dernier mot.*

THIBAUT.

Le mariage!... c'est bon; je crois que voilà le moment.

JEANNETTE, bas à Thibaut.

Et moi, je te dis que je ne veux pas que tu te fasses payer.

THIBAUT.

Mais laissez-moi donc; c'est le seul moyen d'avoir la ferme, puisque la nièce de madame la baronne me l'a dit ce matin; et puis, devant tout le village qui se moque de moi, j'aurai pris ma revanche.

MADAME DE VERVELLES.

Qu'est-ce que c'est, Thibaut?

THIBAUT.

Rien, madame la baronne; je voulais vous demander si le mariage de M. le colonel tenait toujours.

MADAME DE VERVELLES.

Oui, sans doute.

THIBAUT.

C'est qu'alors voilà un effet souscrit par lui à

mon profit; il m'a coûté cher à ravoir; mais ce n'est rien qu'un déjeuner, quand il s'agit d'une fortune.

DERVILLE, bas à Philippe.

C'est le billet.

PHILIPPE.

Il paraît qu'il est retrouvé.

THIBAUT, à Jenny.

Ce matin, madame, vous me l'aviez demandé, et je vous l'apporte.

JENNY veut passer pour le prendre.

C'est bien, donne-le-moi.

MADAME DE VERVELLES, l'arrêtant.

Du tout, ma nièce, ne vous mêlez pas de cela... D'après nos conventions, je me suis chargée de toutes les dettes de mon neveu. (Elle passe au milieu du théâtre, et veut reprendre le billet que tient Thibaut, qui relit le papier.) Donnez, Thibaut.

THIBAUT.

Non, madame, ce n'est pas vous que cela regarde.

MADAME DE VERVELLES.

C'est ce qui vous trompe... (Montrant les papiers qu'elle tient à la main.) En voilà déja une douzaine que je viens d'acquitter ainsi.

THIBAUT, étonné.

Vraiment!

JEANNETTE.

Eh! oui, Thibaut; c'est la tante qui paye.

THIBAUT.

Ah! (Il reste immobile.)

JEANNETTE.

Mais va donc, ou nous perdons la ferme.

SCÈNE XVII.

THIBAUT, ôtant le chapeau et présentant le billet.

Alors, madame, puisque c'est vous...

MADAME DE VERVELLES.

Donne, mon cher. (Lisant.) : « Bon pour un baiser, « payable à Thibaut ou à son ordre. » Qu'est-ce que c'est que cela? et qu'est-ce que signifient de pareilles dettes?

DERVILLE.

Vous voyez, ma tante, des dettes de garçon.

MADAME DE VERVELLES.

Et c'est au moment de conclure un mariage, vous que je regardais comme la sagesse même...

DERVILLE.

Il est vrai, ma tante, c'est un arriéré; mais voyez-vous... (Bas à Jenny.) Dieu! quelle idée! il n'a pas de date. (Haut.) Voyez-vous, c'est une dette si ancienne que quand je l'ai contractée, j'étais mineur, et sous ce rapport on pourrait contester la validité du billet; mais j'ai trop de délicatesse pour faire tort à un pauvre diable de créancier, que je plains de tout mon cœur; et comme vous avez promis, ma chère tante, d'acquitter toutes mes dettes...

JENNY, riant.

Oui, ma tante, vous l'avez juré.

AIR : Que j' sis content (de Bérat.)

CHOEUR.

DERVILLE, JEANNETTE et PHILIPPE, avec le chœur.

Ah! pour lui quel honneur insigne!
Ah! comme il doit être content!

D'un' tell' faveur il est bien digne;
Faisons-lui notre compliment.
(Se moquant de Thibaut.)
Qu'il est content!
Ah! ah! qu'il est content!

MADAME DE VERVELLES.
Allons, Thibaut,
Puisqu'il le faut,
Je veux te faire cet honneur.

THIBAUT, faisant la grimace.
Dieu! quel honneur! Dieu! quel bonheur!
J' suis plus heureux
Que je ne veux.
(Il embrasse madame de Vervelles.)

CHOEUR.
Ah! pour lui quel honneur insigne!
Ah! le voilà payé comptant.
Etc.

THIBAUT, montrant le papier.
Faut-il donner mon acquit?

DERVILLE.
Ce n'est pas la peine.

THIBAUT.
C'est que si on voulait me payer deux fois, je suis honnête homme! et je ne voudrais pas... (A Jenny.) Eh bien, madame, ce que vous m'aviez promis; voilà le moment... (A Jeannette qui veut l'empêcher de parler.) Laisse donc, c'est que je veux des dédommagemens.

JENNY.
C'est juste. Ma tante, j'ai promis à Thibaut le bail de votre ferme: et après l'honneur qu'il vient de recevoir, personne, je l'espère, n'en est plus digne que lui.

SCÈNE XVII.

MADAME DE VERVELLES.

Oui, Thibaut, je vous l'accorde.

THIBAUT, à part.

Je ne l'ai pas volé.

VAUDEVILLE.

Air nouveau de M. Adolphe Adam.

PHILIPPE.

Huissiers, recors, vous que l'on vexe,
Plus heureux, puissiez-vous bientôt
N'avoir affaire qu'au beau sexe,
Être traités comme Thibaut!
Votre charge alors serait bonne;
Mais ce sont souvent, par malheur,
Des coups de canne que l'on donne,
Au lieu d'un baiser au porteur.

MADAME DE VERVELLES.

Au temps de la chevalerie,
Siècles de constance et d'amour,
Plutôt que de trahir sa mie,
Un amant eût perdu le jour!
Nos galans ont moins de scrupule;
De main en main passe leur cœur;
Et leur fidélité circule
Ainsi qu'un billet au porteur.

JEANNETTE.

Un jour que la pluie était forte,
Pour traverser le grand ruisseau,
Dans ses bras Jean-Claude me porte:
En a-t-on dit dans le hameau!
Et cependant, pour tout salaire,
Ici, j'en jure sur l'honneur,
Il me dit, en m' posant à terre:
Donnez un baiser au porteur.

THIBAUT.

Un solliciteur se marie;
Ce n'est pas un homme d'esprit;
Mais sa femme est jeune et jolie,
Et bientôt elle est en crédit.
A son époux qu'orgueil inspire,
Madame, pour un grand seigneur,
Donne une lettre qui veut dire :
Donnez une place au porteur.

DERVILLE.

Un jeune homme épris d'une belle,
Fût-il Céladon ou Crésus,
Peut trouver près de la cruelle
Et le dédain et le refus.
Mais s'il porte à sa boutonnière
Le noble signe de l'honneur,
On voit la beauté la plus fière
Donner un sourire au porteur.

JENNY, au public.

Certain auteur dit qu'une pièce
Est un effet tiré sur vous;
Heureux si la foule s'empresse
A payer celui-ci chez nous!
Des auteurs l'ame est inquiète,
J'éprouve la même frayeur;
En bravos acquittez leur traite,
Et n'oubliez pas le porteur.

FIN DU BAISER AU PORTEUR.

LA QUARANTAINE,

COMÉDIE-VAUDEVILLE EN UN ACTE,

Représentée, pour la première fois, sur le théâtre de Madame, le 3 février 1825.

EN SOCIÉTÉ AVEC M. MAZÈRES.

PERSONNAGES.

JONATHAS, négociant du Havre.
GABRIEL DE RÉVANNES, son camarade de collége.
Madame DE CRÉCY, jeune veuve.
LAVENETTE, médecin de la ville.
GIROFLÉE, jardinier de Jonathas.

Le théâtre représente un salon richement meublé : porte au fond; grande croisée de chaque côté sur le premier plan à droite; et à gauche sur le second plan, deux portes latérales.

MADAME DE CRÉCY,

GRÂCE AU CIEL! VOICI DES NOUVELLES;

La quarantaine. Scène XIII.

LA QUARANTAINE.

SCÈNE PREMIÈRE.

GABRIEL, JONATHAS.

JONATHAS.

Comment, mon ami! tu es au Havre depuis ce matin? comme on se retrouve!... Encore une poignée de main, ça fait plaisir.

GABRIEL.

Ah! mon Dieu, oui, j'arrive à l'instant. Je regardais à la porte d'Ingouville, cette jolie maison qui borde la chaussée; je me rappelais les jours heureux que j'y ai passés, l'aimable société qui l'habitait, lorsque tu es venu me heurter, et j'allais peut-être te chercher querelle...

JONATHAS.

Lorsque je t'ai reconnu.

GABRIEL.

Malgré douze ou quinze ans de séparation.

JONATHAS.

Parbleu! Gabriel de Révannes, mon ancien camarade, avec qui j'ai fait toutes mes études au lycée de Rouen.

GABRIEL.

Ce cher lycée de Rouen! le *Louis-le-Grand* de la Normandie... Nous y avons eu de fiers succès.

JONATHAS.

Moi, j'étois le plus fort en thêmes.

GABRIEL.

Et moi, le plus fort à la balle.

JONATHAS.

Eh! oui, tu ne faisais pas grand chose ; mais quand il y avait quelque expédition périlleuse, tu étais là!... Aussi on t'appelait Gabriel le tapageur.

GABRIEL.

Toi, tu ne travaillais pas mal; mais quand il y avait quelques taloches à recevoir, ça te regardait; aussi on t'appelait Jonathas...

JONATHAS.

Jonathas le jobard!...

GABRIEL.

Oui, le jobard !... Quelle différence entre nous!

Air de la Robe et les Bottes.

Quand des pensums j'avais le privilége,
Toi, tu passais pour piocheur assidu;
Dans tous nos jeux, moi, j'étais au collége,
Toujours battant, et toi, toujours battu.

JONATHAS.

Quel heureux temps! ma mémoire fidèle,
Malgré quinze ans, ne l'a point oublié;
Avec plaisir, toujours on se rappelle
Les coups de poing de l'amitié.

Voilà deux ans que je suis venu m'établir au Havre.

GABRIEL.

Moi, j'y suis né; mais voilà dix ans que je l'ai quitté.

SCÈNE I.

JONATHAS.

Et pendant ce temps, qu'es-tu devenu?

GABRIEL.

Je suis officier de marine. J'ai couru toutes les mers.

JONATHAS.

Tiens, c'est drôle, tu vas dans les îles, et moi j'y envoie.

GABRIEL.

C'est moins dangereux.

JONATHAS.

Tu crois peut-être que je suis encore jobard? pas du tout; maintenant j'ai de l'esprit, j'ai fait fortune, je suis farceur; on dit même que je suis malin; parmi les négocians du Havre, il y en a peut-être qui font plus d'affaires que moi; mais il n'y en a pas un qui fasse autant de malices.

GABRIEL.

Ça vaut bien mieux. (à part.) Pauvre garçon! Soyez donc fort en thêmes... (Haut.) Et tu es heureux?

JONATHAS.

Je t'en réponds. J'ai pris ici la maison de commerce de mon oncle, une entreprise magnifique; mais j'étais en procès avec la veuve de son associé: notre fortune en dépend, et quand on plaide il y en a toujours un qui perd, et quelquefois tous les deux... Ah! ah! celui-là est méchant, n'est-ce pas? Alors, pour arranger tout cela, on a parlé d'un mariage; et c'est aujourd'hui même que la noce a lieu.

GABRIEL.

Si tu es aimé, je t'en fais compliment.

JONATHAS.

Parbleu! si je suis aimé, tu le verras; car j'espère bien que tu assisteras à mon mariage; toute la ville du Havre y sera. Vrai, ça te fera plaisir, c'est un beau coup d'œil.

Air : Connaissez mieux le grand Eugène.

J'aurai le suisse avec sa hallebarde,
Les deux adjoints, tous les marins du port;
On dit même qu'une bombarde
Doit faire feu de bâbord et tribord :
Pour le tapage, au Havre l'on est fort.

GABRIEL.

J'approuverais un tel usage,
Si de l'hymen garantissant la paix,
Le bruit qu'on fait avant le mariage
Dispensait d'en avoir après.

Je te remercie de ton invitation; mais tu as des parens, des amis intimes à recevoir; et je craindrais de te gêner.

JONATHAS.

Laisse donc, ma maison est très grande; c'est une des plus jolies maisons de campagne de la côte; je paie douze cents francs de contribution; et puis j'en ai encore une autre dans la grande rue; ça t'étonne? Vous autres officiers de marine, vous n'avez pas l'habitude d'être propriétaires; et puis tu verras le crédit, la considération... Tiens, voilà déja du monde qui m'arrive.

SCÈNE II.

JONATHAS, LAVENETTE, GABRIEL.

JONATHAS.
C'est M. Lavenette; j'ai à lui parler.
GABRIEL.
Ne te gêne pas, fais tes affaires.
JONATHAS.
Ce cher docteur! pour la première fois de sa vie, il est en retard.
LAVENETTE.
Que voulez-vous, la ville du Havre ne peut se passer de moi... quand on est à la fois employé à la mairie et médecin.

Air du Jaloux malade.

Des enfans j'inscris la naissance :
C'est le plus beau droit des adjoints;
De plus je suis la providence
Du malade implorant mes soins.
Ainsi, qu'on meure ou que l'on vive,
A leur sort prenant toujours part,
Moi, je suis là quand on arrive,
Et j'y suis encor quand on part.

JONATHAS.
C'est juste, sans vous il n'y a pas moyen de vivre ni de mourir. Ah, ah, c'est une plaisanterie, il ne faut pas que cela vous fâche.
LAVENETTE.
Me fâcher! ah bien oui. A propos de ça, ma

femme vient d'arriver par la diligence de Paris. Pauvre petite femme! elle a passé la nuit en route, et voilà qu'elle s'habille pour la noce; elle veut assister au bal, parce que j'y serai; elle m'aime tant!... Ah ça, avez-vous été sur le port? savez-vous les nouvelles?

JONATHAS.

Qu'y a-t-il donc?

LAVENETTE.

Il y a en rade, un navire grec, *le Philopœmen;* un vaisseau qui arrive de Smyrne, avec un chargement de cotons.

JONATHAS.

Ah! il vient de Smyrne; mais, ne dit-on pas que dernièrement quelques symptômes y ont éclaté?

LAVENETTE.

Aussi, comme membre du conseil sanitaire, nous avons pris nos précautions; le vaisseau va subir une quarantaine rigoureuse, et personne ne pourra venir à bord, sous les peines les plus sévères.

JONATHAS.

Diable! vous avez raison, ne badinons pas! prenons bien garde à la santé de la ville du Havre.

LAVENETTE.

Quel est ce monsieur? un commerçant?

JONATHAS.

Non, c'est un officier de marine, un camarade de collége, à qui je ne suis pas fâché de montrer quelle figure je fais ici.

SCÈNE II.

LAVENETTE.

Je comprends... (S'avançant vers Gabriel.) Monsieur, les amis de nos amis sont nos amis. Monsieur se fixe au Havre?

GABRIEL.

Je ne sais pas encore.

LAVENETTE.

Il le faut; cela me fera une maison de plus. Une ville charmante, une société délicieuse; j'en puis mieux juger que personne, car, par état, je dîne chez l'un, je dîne chez l'autre; ça dépend de l'heure de mes visites.

JONATHAS.

Oui, vous me faites toujours la vôtre à cinq heures.

LAVENETTE, à Jonathas lui tâtant le pouls.

Comment allons-nous ce matin?

JONATHAS.

Dam! je n'en sais trop rien : je m'en rapporte à vous.

GABRIEL.

Est-ce que tu es malade?

JONATHAS.

Non, mais, par précaution, je me suis abonné. Tous les jours le docteur vient me dire comment je me porte.

GABRIEL.

C'est charmant.

JONATHAS.

Que veux-tu, mon ami? la santé avant tout. Quand on est riche, il est si utile d'être heureux et de bien se porter! on n'a que cela à faire.

LAVENETTE.

Ah çà, nous mettons-nous à table? la future est-elle là? tout le monde est-il arrivé?

JONATHAS.

Oui, sans doute; on n'attendait que vous pour signer le contrat. (A Gabriel.) Viens, mon ami : je vais te présenter à ces dames, car ce matin, avant la cérémonie, je donne à déjeuner chez moi à ma prétendue.

GABRIEL.

Un instant, j'ai aussi des prétentions, et je suis là en costume de voyageur.

JONATHAS.

Oh mon Dieu! tous mes domestiques sont occupés; et pourtant j'en ai sept, y compris le petit commis; mais tiens, voici Giroflée le jardinier, qui va te montrer ton appartement, et qui de plus sera à tes ordres.

AIR : Triste spectacle, hélas! aux yeux du sage (du Bureau de Loterie).

Adieu, mon cher, sans façon je te laisse;
Tu peux chez moi commander, ordonner.
A t'obéir je veux que l'on s'empresse;
Et nous, docteur, courons au déjeuner.

LAVENETTE.

Oui, je me sens un appétit féroce;
Un jour d'hymen, si parfois les Amours,
Quoiqu'invités, ne sont pas de la noce,
Les déjeuners du moins en sont toujours.

SCÈNE III.

ENSEMBLE.

JONATHAS.

Adieu, mon cher, etc.,

LAVENETTE.

Allons, monsieur, sans façon je vous laisse;
Mais, vous pouvez commander, ordonner.
A le servir ici que l'on s'empresse,
Et nous, ami, courons au déjeuner.

(Jonathas et Lavenette entrent dans la chambre à droite.)

SCÈNE III.

GABRIEL, GIROFLÉE, *qui se tient à l'écart.*

GABRIEL.

Diable! depuis que nous sommes sortis du collége, mon ancien camarade est bien changé; ce n'est plus une bête, c'est un sot... J'ai vu qu'il tranchait avec moi du protecteur, et j'avais bien envie, pour prendre ma revanche, d'ouvrir mon portefeuille et de lui proposer de l'acheter, lui et ses commis... Une mauvaise affaire que j'aurais faite là! et je peux, je crois, mieux placer mon argent.

GIROFLÉE.

Monsieur, si vous voulez, je vais vous montrer votre appartement; je suis à votre service.

GABRIEL.

Ah, ah! c'est vrai; c'est le valet de chambre qu'on m'a donné... Tiens, mon garçon, voilà d'abord pour ta peine.

GIROFLÉE.

Comment donc, monsieur, il n'y a encore eu que du plaisir.

GABRIEL.

Tu vas aller dans la grande rue, chez Delaunay, à l'Aigle d'or : c'est là que la diligence m'a débarqué.

GIROFLÉE.

Ah! monsieur est venu en diligence!

GABRIEL.

Oui, j'aime mieux ça; c'est plus gai, plus animé, surtout les Jumelles qu'on prend à Rouen.

Air du petit Courrier.

Un tel voyage me plaît fort.
A la nuit on se met en route,
On se place sans y voir goutte,
On babille ou bien l'on s'endort :
On rit, on s'intrigue, on se presse,
On parle amour... et cætera,
Sans savoir à qui l'on s'adresse :
C'est comme au bal de l'Opéra.

Et puis, on y fait des rencontres... J'avais entre autres, une petite voisine charmante, qui avait en moi une confiance... Elle m'avait donné à serrer ses gants et son éventail; et ma foi, en nous séparant, j'étais occupé à la regarder, et je n'ai plus pensé à lui restituer le précieux dépôt.

GIROFLÉE.

Ça se retrouvera, monsieur; ici, d'ailleurs, tout se retrouve...

GABRIEL, lui donnant une carte.

C'est bon; tu demanderas à la diligence mes effets que j'y ai laissés, et tu me les apporteras ici.

GIROFLÉE.

Oui, monsieur : les effets de monsieur... (Cherchant à lire.) g... a... ja... bri...

GABRIEL.

Gabriel de Révannes.

GIROFLÉE.

Comment! vous êtes M. Gabriel de Révannes?

GABRIEL.

Est-ce que tu me connais?

GIROFLÉE.

Non, monsieur; mais il y a dix ans, quand j'étais jeune, j'ai joliment entendu parler de vous... Un bon enfant qu'ils disaient; mais une mauvaise tête... Tout ça, à cause de cette fameuse affaire que vous avez eue...

GABRIEL.

Comment! est-ce qu'on s'en souvient encore?

GIROFLÉE.

Il y a long-temps que c'est oublié; mais moi qui suis un enfant du Havre, et qui ne l'ai jamais quitté... C'était dans un bal. N'est-ce pas, monsieur? et parce qu'une demoiselle de seize ans avait refusé de danser avec vous; vous avez cherché querelle à celui qu'elle avait accepté pour cavalier.

GABRIEL.

Oui, et ce sera pour moi un sujet éternel de remords. Ce pauvre Crécy, un de mes camarades; je le vois encore frappé d'un coup fatal... Éperdu, hors de moi, marchant au hasard, je rentre dans la ville, j'aperçois un vaisseau qui mettait à la voile; je m'élance sur son bord; et depuis ce temps je n'ai pas revu ma patrie... Il y a un mois seulement, j'ai débarqué à La Rochelle; je me suis rendu à Paris, et c'est là que j'ai appris que M. de Crécy avait été rappelé à la vie; que, guéri de ses blessures, il avait épousé celle...

GIROFLÉE.

Oui, monsieur; il l'a bien fallu. Après un éclat comme celui-là, elle aurait été compromise. Mais du reste, ils ont fait un excellent ménage; et M. de Crécy vivrait encore, si ce n'était il y a cinq ans, cette fièvre cérébrale, pour laquelle il a eu l'imprudence d'appeler M. Lavenette le médecin... Oh! celui-là ne l'a pas manqué; ça n'a pas été long; en voilà comme ça une vingtaine à ma connaissance... Eh bien! c'est égal, il reste toujours ici, lui; il ne pense pas à s'embarquer.

GABRIEL.

C'est bien, va vite où je t'ai dit.

GIROFLÉE.

Oui, monsieur; mais quand j'y pense, c'est drôle que mon maître vous invite à la noce. Vous me direz que voilà deux ans seulement qu'il est établi au Havre, et qu'alors il ne connaît pas votre aventure.

GABRIEL.

Eh bien! par exemple, je crois qu'il fait des réflexions. Va et reviens, parce que j'ai d'autres commissions à te donner.

GIROFLÉE.

Oui, monsieur.

(Il sort par le fond.)

SCÈNE IV.

GABRIEL, seul.

On ne m'avait pas trompé; elle est veuve; elle est libre, dix ans d'exil ont dû expier ma faute; et je pense qu'elle sera assez généreuse pour me recevoir. Je n'ai pas osé demander sa demeure, ni me présenter chez elle. Mais il y a ici une noce, une grande réunion; la meilleure société du Havre y est invitée... Madame de Crécy s'y trouvera sans doute; voilà pourquoi j'ai accepté les offres de mon ancien camarade; et quand je pense qu'aujourd'hui même je vais la revoir, j'éprouve un tremblement dont je ne me croyais pas capable. Moi, un marin, un corsaire!...

AIR de Téniers.

> Mais d'où vient donc l'émotion profonde
> Que, malgré moi, dans ces lieux je ressens?
> Moi voyageur et citoyen du monde,
> Tous les pays m'étaient indifférens!
> Depuis dix ans, fatigué de moi-même,
> C'est le seul jour où mon cœur fut ému;
> Ah! la patrie est aux lieux où l'on aime,
> Et je sens là, que j'y suis revenu.

Ah mon Dieu! quelle est cette femme qui s'avance dans cette galerie? Comme mon cœur bat! c'est elle, c'est Mathilde! quel bonheur! elle vient, et elle est seule.

SCÈNE V.

GABRIEL, madame DE CRÉCY.

MADAME DE CRÉCY.

Quel ennui qu'un contrat de mariage! être obligée de recevoir tout ce monde; sans compter qu'ils arrivent tous avec la même phrase de félicitations; et pour peu qu'on tienne à varier ses réponses, c'est un travail... (*Apercevant Gabriel qui s'avance.*) Encore un de nos convives!.... (*Elle lui fait la révérence et lève les yeux sur lui.*) Ah mon Dieu! en croirai-je mes yeux; voilà des traits....

GABRIEL.

Quoi! Mathilde, vous ne les avez point oubliés?

MADAME DE CRÉCY.

Monsieur de Révannes!...

GABRIEL.

Oui, madame, celui dont vous eûtes les premières amours; celui qui n'a jamais cessé de vous aimer, qui après dix ans d'exil et de malheur, se présente en tremblant devant vous, pour demander sa grace.

MADAME DE CRÉCY.

O ciel! que faites-vous? ignorez-vous donc ce qui s'est passé en votre absence?

GABRIEL.

J'arrive à l'instant même; mais j'ai appris à Paris que depuis cinq ans vous étiez veuve, vous étiez libre, et j'accours. Je ne vous parle pas de la fortune que j'ai acquise...

SCÈNE V.

MADAME DE CRÉCY.

Monsieur...

GABRIEL.

Je sais que ce n'est pas cela qui vous déciderait; aussi je n'implore que votre générosité. Accordez-moi votre main, et je croirai l'avoir achetée trop peu encore par tous les maux que j'ai soufferts.

MADAME DE CRÉCY.

Mon ami, écoutez-moi; je voudrais en vain vous cacher l'émotion que m'a causée votre vue, je croyais vous avoir perdu pour jamais; et l'on ne retrouve pas sans plaisir l'ancien ami de son enfance. Vous fûtes le premier que j'aimai, j'en conviens. (A demi-voix et avec émotion.) Je vous dirai même plus, je n'ai jamais aimé que vous.

GABRIEL.

Il se pourrait!

MADAME DE CRÉCY.

Oui, et cependant je crois encore que si je vous avais épousé, j'aurais eu tort; j'aurais été fort malheureuse. Oui, mon ami, l'amour ne suffit pas en ménage; et votre caractère bouillant et emporté, ce premier mouvement auquel vous ne pouviez résister...

GABRIEL.

Vous avez raison, tel j'étais à dix-huit ans, quand je vous ai quittée; et ce que vous ne croirez jamais, c'est l'état même que j'ai pris, qui, plus encore que les années, a changé mon caractère. Oui, madame, l'aspect des combats et des naufrages, toutes ces scènes d'horreur dont se compose la vie d'un marin usent la fougue de ses passions, et ne lui laissent plus d'énergie que contre le danger. L'habitude d'exposer sa vie la lui rend indifférente ; le besoin de s'aider, de se secourir mutuellement, le rend humain et charitable. Aussi, madame, malgré leurs dehors brusques et farouches, presque tous les marins, au fond du cœur, sont la bonté et la douceur même. En vous parlant ainsi, je vous suis suspect sans doute. Pour me rendre digne de vous, j'ai trop d'intérêt à me faire meilleur que je ne suis; mais daignez vous en convaincre par vous-même, daignez m'éprouver: quoi qu'il coûte à mon impatience, qu'importent quelques jours de plus, quand depuis dix ans on attend le bonheur!

MADAME DE CRÉCY.

Eh bien, s'il est vrai... si vous avez conservé pour moi quelque amitié, je vais la mettre à une épreuve cruelle ; il faut nous séparer encore.

GABRIEL.

Et pourquoi?

MADAME DE CRÉCY.

Parce que votre présence en ces lieux blesserait toutes les convenances.

GABRIEL.

Que dites-vous?

MADAME DE CRÉCY.

Je vous dois ma confiance tout entière... Restée veuve et avec un fils, j'ai dû tout sacrifier à son avenir; j'ai dû penser non à ma fortune, mais à la sienne, un procès menaçait de la lui enlever; en me remariant, je pouvais la lui conserver.

SCÈNE V.

GABRIEL.

Eh bien! madame?

MADAME DE CRÉCY.

Air : *J'en guette un' petit de mou âge.*

Eh bien! j'ai promis... j'étais mère!
Ce titre, hélas! m'ordonnait d'écouter
Mes amis, ma famille entière,
L'opinion, que l'on doit respecter.

GABRIEL.

Qu'importe à moi ce qu'on a pu promettre
Je brave tout.

MADAME DE CRÉCY.

Vous! vous avez raison.
Un homme peut braver l'opinion,
Une femme doit s'y soumettre.

J'ai donné ma parole; et c'est aujourd'hui, en présence de toute la ville, que devait se signer le contrat.

GABRIEL.

Et vous croyez que je souffrirai...

MADAME DE CRÉCY.

Il n'est plus temps de vous y opposer... Tout est fini, je viens de signer.

GABRIEL.

O ciel! il se pourrait! Je devine maintenant, je vais trouver votre époux.

MADAME DE CRÉCY.

Et pourquoi? pour nous séparer encore pendant dix ans.

GABRIEL.

Dieu! quel souvenir vous me rappelez!

MADAME DE CRÉCY.

Qu'il vous rende à la raison : vous avez juré de vous éloigner, j'ai votre parole, je la réclame... Si je vous suis chère, n'allez pas me compromettre, me déshonorer par un éclat inutile, que je ne vous pardonnerai jamais.

GABRIEL.

Je vous comprends; vous l'aimez?

MADAME DE CRÉCY, prenant sur elle-même.

Eh bien! oui, monsieur, je l'aime; je l'aime beaucoup.

GABRIEL.

Ce mot seul suffisait. Adieu, madame, adieu pour toujours.

SCÈNE VI.

Les précédens; JONATHAS.

JONATHAS, arrêtant Gabriel qui veut sortir.

Eh bien! où vas-tu donc? nous allons partir, et nous comptons sur toi. Mon ami, c'est ma femme que je te présente.

MADAME DE CRÉCY, avec embarras.

Je connaissais déjà monsieur.

JONATHAS.

Eh bien! tant mieux; ça se trouve à merveille : c'est lui qui, ce matin, va vous donner la main; c'est une idée que j'ai eue. Ah! ah!

GABRIEL.

Qui, moi?

SCÈNE VI.

MADAME DE CRÉCY, vivement.

C'est impossible. Monsieur me disait tout à l'heure que ce matin même, et pour rendre service à un ami qui l'en suppliait, il était obligé de partir pour Paris.

JONATHAS.

A la bonne heure; mais s'il s'en va, je me brouille avec lui; j'ai parlé à toute la société de mon ami l'officier de marine, et l'on y compte. (A Gabriel.) Enfin, si tu restes, je te placerai à table à côté de la mariée; voilà des motifs déterminans.

GABRIEL.

Écoute donc, si tu le veux absolument...

JONATHAS.

Oui, mon ami, ça me rendra service; un jour de noce on ne sait où on en est; il faut s'occuper de tout le monde : et pendant que je ferai les honneurs, tu feras la cour à ma femme; ah! ah! ah! c'est drôle, n'est-ce pas ?

MADAME DE CRÉCY, à Gabriel, d'un air de reproche.

Eh quoi! monsieur...

JONATHAS.

Et demain, nous partons pour une campagne à dix lieues d'ici, nous t'emmènerons, nous n'aurons personne, nous serons en petit comité; et puis, il y a là une chasse superbe; il est vrai que tu n'es peut-être pas amateur... tant mieux, tu tiendras compagnie à madame, parce qu'au fait, j'aime autant que tu ne chasses pas sur mes terres. Ah ah! celui-là est original, n'est-il pas vrai? Ainsi, c'est convenu, tu vas écrire à Paris qu'on ne t'attende pas, et tu pars avec nous.

MADAME DE CRÉCY, bas à Gabriel.

Refusez, monsieur, refusez, je vous en supplie.

GABRIEL.

Et pourquoi donc, madame? je suis trop heureux d'accepter l'invitation que me fait un ami.

JONATHAS.

A la bonne heure... (A madame de Crécy.) Ça vous convient, n'est-il pas vrai?

MADAME DE CRÉCY.

Non, monsieur.

JONATHAS.

Et pourquoi cela?

MADAME DE CRÉCY.

Il me semble que vous pouviez le deviner et m'épargner la peine de le dire.

JONATHAS.

Je comprends. Tu ne sais pas que ma femme est d'une sévérité... et je suis sûr que c'est parce que je lui ai dit tout à l'heure que tu lui ferais la cour: ça l'a fâchée, je l'ai vu. (à madame de Crécy) Mais vous sentez bien, ma chère amie, que c'était une plaisanterie.

MADAME DE CRÉCY.

Et si ce n'en était pas une?

JONATHAS et GABRIEL.

Que dites-vous?

MADAME DE CRÉCY.

C'est malgré moi, c'est à regret que je fais un pareil aveu; mais on l'a voulu, on m'y a forcée. Apprenez que monsieur m'a aimée autrefois, et que peut-être maintenant encore... (vivement) mais j'en doute : car s'il m'eût aimée, il aurait eu plus de soumission à mes ordres, et ne m'aurait pas placée dans la position cruelle où je suis.

(Elle entre dans l'appartement à gauche.)

JONATHAS.

Écoute donc, mon ami, je ne pouvais pas prévoir... tu ne m'en veux pas, ce n'est pas ma faute. Je vais voir si tout est prêt.

(Il sort par le fond.)

SCÈNE VII.

GABRIEL, seul.

Oui, je l'aime encore; mais après un tel outrage, après une pareille trahison, il faudrait que je fusse bien lâche pour ne pas l'oublier; aussi bien elle me renvoie de chez elle, elle me bannit; et je lui obéirais! Non, morbleu! Qu'ai-je maintenant à ménager? Puisque ma présence lui est odieuse, je ne quitte pas ces lieux; puisque ma tendresse lui déplaît, je l'aimerai toujours; et pour que ma vengeance soit complète, je saurai bien, malgré elle, malgré son mari, la forcer à me voir encore, à m'aimer, à m'épouser... Par quel moyen? je n'en sais rien; mais quand on le veut bien... Me battre avec Jonathas, il ne faut pas y penser, il ne mérite pas ma colère : et d'ailleurs c'est le moyen de tout perdre. Ne vaut-il pas mieux encore avoir recours à quelque ruse de guerre, ou à quelqu'un de ces coups décisifs?... N'ai-je donc plus mon ancienne audace? Ne suis-je pas marin? N'ai-je pas mon étoile?... Allons! qui vient là à mon secours? est-ce un allié?... Non, c'est le docteur.

SCÈNE VIII.

GABRIEL, LAVENETTE.

LAVENETTE, sortant de la porte à droite et parlant à un domestique.

Ah! bien oui, il ne manquerait plus que cela; venir me chercher pour aller en mer en sortant de table. (Au domestique.) Gervais, mon garçon, dis à nos confrères qu'ils peuvent aller à bord du *Philopœmen*, si ça leur fait plaisir; qu'ils fassent leur rapport sans moi: je suis médecin attaché à la ville du Havre, j'ai mille écus pour cela, je veux les gagner en restant à mon poste.

LE DOMESTIQUE.

Oui, monsieur.

LAVENETTE.

Attends donc encore; tiens, tu remettras à ma femme cet éventail en ivoire que je viens de lui acheter, car elle est d'une inconséquence! aller perdre le sien cette nuit en diligence, ou, ce qui est tout comme, le confier à un jeune homme qu'elle ne connaît pas.

(Le domestique sort par le fond.)

GABRIEL.

Ah, mon dieu! madame Lavenette était ma compagne de voyage.

LAVENETTE, criant encore au domestique.

Dis à ma femme que dans l'instant nous allons

SCÈNE VIII.

la prendre en voiture. (Se retournant et apercevant Gabriel.) Eh bien! jeune et bel étranger, que faites-vous donc là? Nous allons partir pour la mairie; et, d'après ce que j'ai entendu dire, c'est vous qui allez donner la main à la mariée.

GABRIEL.

Oui, monsieur... (A part.) J'y suis. (Haut.) Je cours chercher madame de Crécy. (Montrant la porte à gauche.) Je tiens à ce qu'on se dépêche, car je suis en retard; il faut ce matin que je retourne à mon bord.

LAVENETTE.

Ah! monsieur a quitté son équipage pour venir à terre, peut-être même sans permission.

GABRIEL.

Précisément; mais l'amour de la patrie, le désir de revoir ses amis quand il y a long-temps qu'on en est séparé... songez donc que j'arrive de Smyrne.

LAVENETTE, s'éloignant de lui.

Ah mon dieu! est-ce que vous seriez du *Philopœmen?*

GABRIEL.

Oui, monsieur, un navire superbe qui, dans ce moment, est en rade; mais ce matin, dans mon impatience, je me suis jeté dans une chaloupe et j'ai abordé à la côte, sans en rien dire à personne; c'est vous, cher docteur, c'est vous qui êtes le premier... (Il lui tend la main, le docteur recule.)

LAVENETTE, tremblant.

Monsieur... monsieur... toute la société... toute la noce qui est là.

GABRIEL.

Vous avez raison, on va nous attendre; je cours chercher la mariée, puisque je dois être son chevalier d'honneur.

(Il sort par la porte à droite.)

SCÈNE IX.

LAVENETTE, *seul.*

Ah grands dieux!... que devenir! quel danger!... ce jeune imprudent qui ne s'en doute même pas et qui vient ainsi compromettre toute une noce, l'élite de la société, les premières têtes du Hâvre.

SCÈNE X.

LAVENETTE, JONATHAS, TOUS LES GENS DE LA NOCE.

CHOEUR.

AIR : Fragment d'une nuit au château.

Dans l'hymen qui les engage,
Quel bonheur leur est promis !
C'est un jour de mariage
Qu'on connaît tous ses amis.

JONATHAS.

Nous avons tous, à la ronde,
Porté, grace, à mon bordeaux,
La santé de tout le monde.

LAVENETTE.

Cela vient bien à propos.

CHOEUR.

Dans l'hymen, etc.

SCÈNE X.

LAVENETTE, *les interrompant.*

Taisez-vous, taisez-vous; cessez tous ces chants d'allégresse.

JONATHAS.

Qu'avez-vous donc, docteur? comme vous voilà pâle!

LAVENETTE.

Il n'y a peut-être pas de quoi. Apprenez que nous ne sommes pas en sûreté dans cette maison.

TOUS, *l'entourant,*

Que dites-vous?

LAVENETTE.

Cet ami, que vous avez accueilli, que vous avez reçu, ce jeune officier de marine... il est de l'équipage du *Philopœmen*.

JONATHAS.

Ce navire suspect qu'on a mis en quarantaine?

LAVENETTE.

Précisément.

JONATHAS.

C'est fait de nous.

LAVENETTE.

Ah mon dieu! j'y pense maintenant; ce matin, ne m'a-t-il pas donné la main?

JONATHAS.

Et non, docteur, c'est à moi; heureusement j'avais mes gants de marié... (*Il les ôte, les jette sur la table.*) Sans mon mariage j'étais perdu; mais voyons, dépêchons : c'est à vous de prendre les mesures de sûreté.

LAVENETTE.

Il vient d'entrer dans cet appartement.

TOUS.

Dans cet appartement!

Final de la Neige.

LAVENETTE.

Je tremble, je tremble,
Je tremble d'effroi.
Même sort nous rassemble;
Je prévoi
Que c'est fait de moi.

JONATHAS.

Mais de peur qu'il ne sorte
Fermons bien cette porte.

LAVENETTE.

Pour enfermer ici
Votre femme avec lui.

JONATHAS, LAVENETTE et le CHOEUR.

C'est lui, c'est lui;
Fuyons loin d'ici.

SCÈNE XI.

Les précédens; GABRIEL, madame DE CRÉCY.

(Gabriel paraît donnant la main à madame de Crécy : tous les assistans poussent un cri d'effroi et s'enfuient en fermant les portes, hors celle du cabinet à gauche, qui reste ouverte.)

SCÈNE XII.

GABRIEL, madame DE CRÉCY.

(Tous deux seuls au milieu du théâtre et se regardant d'un air étonné.)

MADAME D CRÉCY.

Qu'est-ce que cela signifie?

GABRIEL, d'un air innocent.

Je n'en sais rien, et je ne m'en doute même pas. Comme je venais de vous le dire, d'après les nouvelles instances de votre mari, qui craignait que mon départ ne parût extraordinaire à la société, je voulais, madame, vous donner la main jusqu'à la mairie, et après cela, obéir à vos ordres, en vous quittant pour jamais.

MADAME DE CRÉCY.

Je ne me trompe point, l'on ferme les portes sur nous !

GABRIEL, froidement.

Je ne sais pas alors comment nous ferons pour aller à la mairie ; il faudra attendre qu'on nous ouvre.

MADAME DE CRÉCY.

Comment, monsieur! nous laisser ainsi! s'enfuir à notre aspect!

GABRIEL.

Air de Céline.

Oui, dans l'exacte bienséance,
Il est mal de nous oublier.
Je conçois votre impatience,
Vous avez à vous marier !

Je sais que l'on tient d'ordinaire
A terminer ces choses-là;
Quant à moi, je n'ai rien à faire,
Et j'attendrai tant qu'on voudra.

MADAME DE CRÉCY.

O ciel! ce calme, ce sang-froid... c'est quelque ruse de vous!

GABRIEL.

Je conviens, madame, qu'au premier coup d'œil, cette idée-là a bien quelque apparence de raison.

Air du Piége.

Banni par un injuste arrêt,
Encor tout plein de mon outrage,
J'ai pu former quelque projet
Pour empêcher ce mariage.
Vous enlever à la noce! ah! vraiment,
C'eût été d'une audace extrême!
Alors, j'ai trouvé plus décent,
D'enlever la noce elle-même.

Elle vient de partir.

MADAME DE CRÉCY.

J'ignore quels moyens vous avez employés; mais celui qui a pu me compromettre ainsi n'obtiendra jamais rien de moi.

GABRIEL.

Permettez-moi au moins de me justifier et de vous expliquer...

MADAME DE CRÉCY.

Éloignez-vous, monsieur, je ne veux rien entendre.

GABRIEL.

Vous ne devez point douter, madame, de mon respect ni de ma soumission : à défaut d'autre mérite, j'aurai du moins celui de l'obéissance, et je ne reparaîtrai à vos yeux que quand vous me rappellerez.

(Il sort.)

SCÈNE XIII.

MADAME DE CRÉCY, *seule*.

Est-il exemple d'une pareille audace ? de sang-froid concevoir un tel projet !... et bien plus, l'exécuter ! Comment en est-il venu à bout ? je ne puis le deviner; mais je le saurai. (Allant à la table et sonnant.) Holà, quelqu'un... (Sonnant plus fort et à l'autre bout du théâtre.) Eh bien ! viendra-t-on ?... personne, aucun domestique... suis-je donc seule dans cette maison ?

AIR du Muletier.

(Sur la ritournelle de l'air, on entend crier en dehors :)

A vos postes, garde à vous !...

MADAME DE CRÉCY, allant à la porte du fond.

Tout est fermé et barricadé en dehors.

Je commence à trembler, je croi,
Ah ! du moins, par cette fenêtre,
Peut-être pourrais-je connaître
Ce que l'on veut faire de moi.
(Regardant par la croisée à droite.)
Eh ! mais, qu'est-ce que j'aperçoi ?
Les murs sont entourés de gardes,
Je vois des paysans armés de hallebardes.
Que de précautions ! que de soins ! et pourquoi ?
Pour laisser un amant tête à tête avec moi.
(Regardant.)
C'est Jonathas ! c'est bien lui que je voi.

Dieu me pardonne, c'est mon mari lui-même qui les place en sentinelles autour du parc; il a donc bien peur que je n'en réchappe.

Suite de l'air.

>Par hasard, serais-je en prison!
>L'hymen en est une, dit-on;
>Mais en ce cas, ce qui m'étonne,
>C'est le geôlier que l'on me donne:
>Oui, chacun serait étonné
>Du geôlier que l'on m'a donné.

(On entend sur la ritournelle.)

Qui vive? garde à vous!

(On voit paraître à la croisée une lettre au bout d'une perche.)

Grâce au ciel! voici des nouvelles; je vais donc savoir quel est ce mystère. (Elle va à la croisée et prend la lettre.) Une lettre... *A monsieur, monsieur Gabriel de Révannes, officier de marine.* C'est pour lui, et à coup sûr je n'irai pas lire ses lettres. (Allant à la porte par laquelle Gabriel est sorti.) Monsieur, monsieur, je vous en supplie.

SCÈNE XIV.

Madame DE CRÉCY, GABRIEL.

GABRIEL.

Quoi, madame, vous daignez me rappeler!

MADAME DE CRÉCY.

Non, sans doute.

GABRIEL; avec douleur, et faisant quelques pas.

Alors... il faut donc encore s'éloigner.

SCÈNE XIV.

MADAME DE CRÉCY, avec impatience.

Mais non, monsieur, restez... Il le faut bien; que je sache enfin ce que cela signifie et quelle est cette lettre.

GABRIEL, l'ouvrant.

C'est le docteur Lavenette qui me fait l'honneur de m'écrire.

« Monsieur, vous avez commis une grande im-
« prudence... vous devriez savoir que votre vaisseau
« le *Philopœmen* était soumis à la quarantaine. »

MADAME DE CRÉCY.

Quoi! monsieur?

GABRIEL, vivement.

N'en croyez pas un mot, madame.

AIR de Préville et Taconnet.

Que le calme rentre en votre ame,
Votre docteur y fut le premier pris ;
Le *Philopœmen* c'est, madame,
La diligence de Paris ;
Lourd bâtiment, qui très souvent chavire,
Mauvais voilier et vaisseau de haut bord,
Que six chevaux traînaient avec effort,
Et ce matin, notre pesant navire
Au grand galop est entré dans le port.

MADAME DE CRÉCY.

Et le docteur a été dupe d'une pareille ruse?

GABRIEL.

Oui, madame, et rien ne lui ôterait cette idée-là ; aussi, je n'y pense seulement pas. (Froidement.) Je vais achever sa lettre : (Il lit.)

« Je cours faire mon rapport à la société de mé-

« decine ; et en attendant, vous ne devez point vous
« étonner des mesures d'urgence que nécessite l'é-
« vénement. Les portes de cette maison seront exacte-
« ment gardées ; et vous ne pourrez en sortir que
« dans quarante jours. »

MADAME DE CRÉCY.

Ah mon dieu!...

GABRIEL.

Pour vous, madame, le tête-à-tête est un peu long ;
mais pour moi le temps va se passer avec une rapidité...

MADAME DE CRÉCY, avec colère.

C'est une indignité ; c'est en vain qu'on prétend
me retenir dans ces lieux.

GABRIEL, continuant la lecture de la lettre.

« Quant à la jeune dame qui est restée avec vous,
« et que malheureusement ces mesures concernent
« aussi, mon ami Jonathas et moi la mettons sous la
« sauvegarde de votre honneur et de votre délica-
« tesse. Un militaire français... » — C'est juste, les
phrases d'usage. (Parcourant la lettre.) Du reste des livres,
des provisions, tout ce que nous pouvons désirer nous
sera fourni en abondance. On ne nous refuse rien...
que la liberté.

MADAME DE CRÉCY, avec colère.

Ainsi, monsieur, c'est grace à vous que je suis ren-
fermée dans cette prison, et vous ne voulez pas que
je vous déteste ?

GABRIEL.

Si, madame, permis à vous ; c'est un moyen comme
un autre de passer le temps ; mais si mon imprudence

SCÈNE XIV.

vous a donné des fers, au moins vous rendrez justice au sentiment généreux qui m'a porté à partager votre captivité.

MADAME DE CRÉCY.

Je suis d'une colère...

GABRIEL.

Du reste, c'est presque une revanche; et quand je pense à tous ceux que vous avez privés de leur liberté.

MADAME DE CRÉCY, avec impatience.

Eh! monsieur, faites-moi grace de phrases pareilles, et une fois pour toutes, qu'il n'y ait jamais entre nous le moindre mot d'amour ou de galanterie; je ne le souffrirais pas.

GABRIEL.

Soit, madame, vous n'avez qu'à commander; et puisque vous le voulez, je ne parlerai que raison. Pour commencer je vous ferai observer qu'il est sans doute cruel d'être ainsi renfermés pendant six semaines; mais aux maux sans remède il n'y a que la patience, il faut tâcher de prendre son parti; et il me semble que de se quereller et de s'aigrir, comme nous le faisons, ne sert à rien et fait paraître le temps encore plus long. Que n'ai-je, pour l'abréger, (la regardant.) l'esprit et la grace d'une personne que vous connaissez, et que je ne veux pas nommer! Que n'ai-je, pour vous plaire, sa conversation aimable et piquante!

MADAME DE CRÉCY.

Ce serait inutile; car je ne suis pas en train de causer, et je ne vous répondrais pas.

GABRIEL.

Aussi, madame, je ne vous demande rien, moi je vous vois, et cela me suffit; c'est pour vous seule que je suis en peine; un marin a peu de ressources dans l'esprit; il a le désir de plaire, mais le secret, où le trouver? Je vous le demanderais, madame, si vous étiez en humeur de me répondre; (Elle lui tourne le dos, et va s'asseoir près de la table à droite.) mais vous venez de m'annoncer vos intentions à cet égard... Que pourrai-je donc faire pour vous distraire?

Air : Depuis long-temps j'aimais Adèle.

Je pourrais bien vous parler politique,
Ou vous conter mes campagnes sur mer;
(Allant à la table à gauche.)
Ce n'est pas gai! vous aimez la musique,
Si d'*Othello* j'essayais un grand air!
Mais, non, je vois et Montaigne et Voltaire,
A la faveur de ces noms révérés
Je puis parler sans vous déplaire,
Ce n'est pas moi que vous entendrez.

Je prends le théâtre de *Voltaire*; n'est-ce pas, madame?

MADAME DE CRÉCY, prenant son ouvrage.

Comme vous voudrez, je n'écoute pas.

GABRIEL, s'asseyant près d'elle.

Tant mieux, car j'aurais eu peur de ne pas lire assez bien, (ouvrant le livre.) acte IVme, scène III, peu importe.

(Madame de Crécy lui tourne le dos.)

(Lisant.)

« Je sais mes torts, je les connais, madame,
« Et le plus grand qui ne peut s'effacer,

SCÈNE XVI.

« Le plus affreux fut de vous offenser.
« Je suis changé. — J'en jure par vous-même,
« Par la raison que j'ai fui....mais que j'aime !
« A peine encore échappé du trépas,
« Je suis venu, l'amour guidait mes pas.
« Oui, je vous cherche à mon heure dernière ;
« Heureux cent fois, en quittant la lumière,
« Si, destiné pour être votre époux,
« Je meurs, au moins, sans être haï de vous !

MADAME DE CRÉCY, se retournant.

Quel est ce passage ?

GABRIEL.

C'est de Voltaire ! *l'Enfant prodigue*... lorsque Euphémon revient auprès de Lise...

(Continuant.)

« Ne cachez point à mes yeux pleins de larmes
« Ce front serein, brillant de nouveaux charmes ;
« Regardez-moi, tout changé que je suis,
« Voyez l'effet de mes cruels ennuis.
« De longs regrets, une horrible tristesse,
« Sur mon visage ont flétri ma jeunesse.
« Je fus peut-être autrefois moins affreux,
« Mais voyez-moi, c'est tout ce que je veux.

MADAME DE CRÉCY, l'interrompant.

Assez, monsieur, assez.

GABRIEL.

Le reste de la scène est pourtant bien plus intéressant ; surtout le moment où elle lui pardonne.

MADAME DE CRÉCY.

Oui, mais parlons d'autre chose.

GABRIEL, vivement.

Mon Dieu, madame, comme vous voudrez ; d'autant que, pendant notre séjour en ces lieux, nous avons beaucoup de choses à régler; d'abord, l'emploi de notre journée; moi, j'aime l'ordre avant tout.

MADAME DE CRÉCY.

Vraiment !

GABRIEL.

Oui, madame, j'ai comme cela quelques bonnes qualités qu'on ne me connaît pas. Dans le monde, on préfère les avantages extérieurs, on se laisse séduire par des dehors aimables ou brillans ; mais comment connaître le caractère de celui avec qui l'on doit habiter? Comment savoir s'il aura les soins, les égards, la complaisance, qui font un bon mari?... De là, les illusions détruites, les plaintes, les regrets, les mauvais ménages... Pour obvier à tout cela, il n'y aurait qu'un moyen que j'aurais envie de proposer : ce serait d'établir, avant d'arriver au port de l'hymen, une espèce de quarantaine conjugale. (A madame de Crécy qui sourit.) Je vois que ce projet vous sourit, et pour vous développer mon idée, vous sentez bien qu'un mariage à l'essai, une communauté anticipée...

MADAME DE CRÉCY.

C'est inutile, monsieur, je comprends parfaitement. Mais revenons à ce que nous disions tout à l'heure, où en étions-nous ?

GABRIEL.

Sur un chapitre qui ne vous tiendra pas bien long-temps, sur celui de mes bonnes qualités.

MADAME DE CRÉCY.

Ah! je me rappelle, vous me disiez que vous avez de l'ordre.

SCÈNE XIV.

GABRIEL.

Oui, madame, j'en ai toujours eu, même quand j'étais garçon ; et si jamais j'étais assez heureux pour entrer en ménage, j'ai d'avance un plan tout tracé, dont je ne m'écarterais pas d'une ligne. D'abord, madame, comme je n'aime pas la médisance, je n'habiterais pas une petite ville.

MADAME DE CRÉCY.

Ah! monsieur préfère la capitale!

GABRIEL.

Oui, madame; j'aurais dans la chaussée d'Antin, et non loin du boulevard, un joli hôtel pour moi et ma femme; ça ne serait pas bien grand; mais le bonheur tient si peu de place... Nous aurions ensuite un joli équipage...

MADAME DE CRÉCY.

Comment, monsieur!

GABRIEL.

Est-ce que vous croyez que je laisserai ma femme aller à pied, en hiver surtout, pour qu'elle se fatigue, qu'elle s'enrhume? Pauvre petite femme! ah! bien oui.

Air de Voltaire chez Ninon.

Nous aurons le brillant landau,
Ou le coupé fait à la mode;
Un landau, c'est vraiment fort beau,
Mais un coupé, c'est bien commode!
Lequel choisirais-je des deux ?
Mon seul embarras est d'apprendre
Celui qu'elle aimera le mieux.
(Se retournant vers madame de Crécy.)
Que me conseillez-vous de prendre?

MADAME DE CRÉCY, souriant.

Un instant, monsieur... Il me semble que pour quelqu'un qui a de l'ordre et de l'économie, vous voilà déja avec un hôtel à la chaussée d'Antin, un landau...

GABRIEL.

Je vois que vous préférez le landau, et vous avez raison, parce que, dans la belle saison, il nous mènera à une jolie maison de campagne, sur le bord de la Marne ou de la Seine; un beau pays, un air pur... Il faut bien penser à la santé de ma femme... Mais nous sommes encore dans Paris; n'en sortons pas... Le matin nous irions faire nos visites, courir les promenades, le bois de Boulogne, ensemble; toujours ensemble; le soir, nous aurions notre loge à tous les spectacles; car je veux que ma femme s'amuse.

MADAME DE CRÉCY.

Une loge à tous les spectacles!... Ah çà monsieur, prenez garde, vous allez vous ruiner.

GABRIEL.

N'ayez pas peur... Mais il ne s'agit pas ici de ma fortune; il s'agit de mon bonheur; revenons à ma femme. Nous voyez-vous tous les deux, assis l'un près de l'autre, écoutant les beaux vers de Racine ou de Voltaire, et nous attendrissant sur des amours qui nous rappellent les nôtres. Me voyez-vous, le soir, ramenant ma femme chez moi, ou plutôt chez elle, dans cette maison que le luxe et les arts ont parée pour la recevoir? Ah! quel bonheur d'enrichir ce qu'on aime, d'embellir son existence par les trésors qu'on a acquis aux périls de la sienne! (Madame de Crécy se lève, et Gabriel continue en la suivant.) Oui, madame, oui, dans les mers du Nouveau-Monde, lorsqu'un bâtiment ennemi se présentait, quand nous sautions à l'abordage, quand une riche part du butin venait augmenter ma fortune, je me disais : « C'est pour « elle, je pourrai le lui offrir; je pourrai l'entourer « de tous les plaisirs de l'opulence; ce que le com-« merce, les arts, l'industrie, auront créé de plus « riche et de plus élégant, je pourrai le lui prodi-« guer, non qu'elle en ait besoin pour être plus « jolie, ni moi pour l'aimer davantage, mais en « amour, le bonheur qu'on partage est doublé de « moitié. » Telles étaient mes espérances, tels sont les plans que j'ai formés, et qu'un mot de vous, madame, peut réaliser ou détruire à jamais.

MADAME DE CRÉCY.

Que dites-vous?

GABRIEL.

Que malgré votre ressentiment, que, malgré mes nouveaux torts, vous ne pouvez douter de mon amour, et que cette ruse même en est une nouvelle preuve! mon imprudence vous a compromise, mais pour vous faire connaître celui que vous me préfériez.

Air de la Sentinelle.

Oui, maintenant prononcez entre nous :
A son rival le lâche qui vous livre,
Celui qui craint de mourir avec vous,
Pour vous, madame, est-il digne de vivre?

Qu'un tel destin n'est-il venu s'offrir
A moi, moi, votre amant fidèle !
J'aurais dit, heureux de mourir :
« Seule elle eut mon premier soupir,
« Et mon dernier sera pour elle. »

Vous m'aimiez autrefois, vous me l'avez dit.

MADAME DE CRÉCY, se retournant.

Ah ! mon Dieu ! qui vient-là ?

GABRIEL.

Peut-être vient-on nous rendre la liberté.

MADAME DE CRÉCY, involontairement.

Déja !

GABRIEL, à ses genoux.

Ah ! je n'en demande pas davantage.

SCÈNE XV.

Les précédens; LAVENETTE, JONATHAS.

(Madame de Crécy est à droite, au coin du théâtre assise, et Gabriel est près d'elle à genoux, continuant à lui parler bas. Lavenette et Jonathas entrent par la porte à gauche ; ils ont à la main des flacons, et portent à leur figure des mouchoirs imprégnés de vinaigre.)

JONATHAS, les apercevant de loin.

Dieux ! que vois-je ! (Il fait un pas et recule.)

LAVENETTE.

Eh bien ! avancez donc.

JONATHAS.

Parbleu ! c'est à vous, puisqu'en votre qualité de médecin de la ville, on vous a ordonné de faire le

SCÈNE XV.

rapport; cette fois-ci, il n'y a pas à aller en mer, et vous ne pouvez pas refuser.

LAVENETTE.

Je le crois bien, sans cela je perdrais ma place; mais ce ne sera pas long. (Il se met à la table qui est à l'extrême gauche, en face de Gabriel et de madame de Crécy, et se met à écrire en tremblant.)

JONATHAS, au milieu du théâtre, et regardant madame de Crécy.

Ah çà, mais... ils n'ont pas l'air de m'apercevoir. (Appelant de loin.) Hem! hem! madame! mon ami Gabriel!...

MADAME DE CRÉCY.

Ah! vous voilà, monsieur! approchez-vous donc?

JONATHAS, reculant.

Vous êtes trop bonne; il n'est pas nécessaire. Il me semble que mon ami Gabriel vous parle de bien près.

MADAME DE CRÉCY.

Nous nous occupions de vous, monsieur, et nous disions qu'il faudra déchirer le contrat, et plaider de nouveau, à moins que vous ne préfériez vous arranger à l'amiable.

JONATHAS.

Qu'est-ce que cela signifie?

GABRIEL, se levant.

Je vais te l'expliquer.

JONATHAS, s'éloignant.

Du tout, ne vous dérangez pas, ce n'est pas la peine.

GABRIEL.

Air des Filles à marier.

Tu nous as mis tous deux en quarantaine,
Et victime d'un sort cruel,
Madame va, malgré sa haine,
S'unir à moi par un nœud éternel :
Il l'a fallu... c'était tout naturel.
Que n'eût pas dit votre ville indiscrète?
Ensemble ici rester quarante jours!
Nous ne pouvions, craignant les sots discours,
Légitimer un si long tête-à-tête,
Qu'en le faisant durer toujours.

JONATHAS.

A la bonne heure : mais tu sens bien, mon ami Gabriel, que ça ne peut pas se passer ainsi.

GABRIEL.

Comme tu voudras ; je suis à toi.

JONATHAS, se reculant.

Pas maintenant, nous nous battrons dans six semaines, quand il n'y aura plus de danger; voilà comme je suis, la santé avant tout.

SCÈNE XVI.

Les précédens; GIROFLÉE, *tenant à la main un porte-manteau et une malle sur son dos.*

GIROFLÉE.

Monsieur, voici vos effets.

JONATHAS.

D'où vient cet imbécille?

GIROFLÉE.

Des messageries, où j'ai attendu pendant deux heures.

SCÈNE XVI.

LAVENETTE.

Que dites-vous? cette malle est à monsieur. Qui vous l'a donnée?

GIROFLÉE.

Le conducteur.

LAVENETTE.

D'où vient-elle?

GABRIEL.

De Paris, d'où je l'ai apportée.

LAVENETTE.

Par le *Philopœmen?*

GABRIEL.

Non, monsieur, par la diligence de la rue du Bouloy.

JONATHAS et LAVENETTE.

Il se pourrait! c'était donc une ruse?

GIROFLÉE.

Parbleu! ils sont une douzaine de voyageurs qui ont fait route avec monsieur.

GABRIEL.

Si vous en doutez encore, (fouillant dans sa poche.) voici des gants et un éventail qui appartiennent à une jolie voyageuse dont j'ai été cette nuit le cavalier.

LAVENETTE.

L'éventail et les gants de ma femme!

GABRIEL.

Que je comptais avoir l'honneur de rapporter moi-même à madame Lavenette.

LAVENETTE.

Je m'en charge, monsieur, car je n'aime pas ces

histoires de diligence. Dans notre ville du Havre, il n'en faudrait pas davantage pour faire croire que...

JONATHAS.

C'est juste; mais convenez, docteur, que s'il avait voulu, il aurait pu s'en donner les gants.

LAVENETTE.

Jonathas!...

JONATHAS.

Encore une. C'est la dernière.

VAUDEVILLE.

Air nouveau de M. Adam.

LAVENETTE.

Tous leurs désirs sont exaucés,
Prions qu'autant nous en advienne,
Ici-bas vous qui dispensez
Les plaisirs ainsi que les peines,
Daignez mettre, ô Dieu de bonté,
Pour le bien de l'espèce humaine,
Tous les plaisirs en liberté,
Et les chagrins en quarantaine.

JONATHAS.

Vins étrangers, ah! s'il est vrai
Qu'à la frontière on vous condamne,
Vins du Rhin, et vins de Tokai,
Tâchez d'échapper à la douane!
Mais vous qui du Pinde français
Osez envahir le domaine,
Vers allemands, drames anglais,
Restez toujours en quarantaine.

GIROFLÉE.

Qu'est qu'c'est qu'l'Institut? il paraît
Que d'esprit on y fait la banque;

SCÈNE XVI.

On s'moqu' d'eux s'ils sont au complet,
On les cajol' dès qu'il en manque.
Cet usag'là me semble neuf,
Ils ont donc, ça me met en peine,
Plus d'esprit quand ils sont trent'neuf,
Que lorsqu'ils sont la quarantaine.

GABRIEL.

Exilé du palais des grands,
Que le mensonge et son escorte,
Que les flatteurs, les intrigans,
Demeurent toujours à la porte;
Mais jusqu'au trône, en liberté,
Que la voix du malheur parvienne,
Et surtout que la vérité
Ne soit jamais en quarantaine!

MADAME DE CRÉCY, au public.

Quelquefois les pièces, chez nous,
Meurent le jour qui les vit naître;
Mais souvent aussi, grace à vous,
Cent fois on les voit reparaître.
Les auteurs sont moins exigeans,
Ils accepteraient la centaine;
Mais je crois qu'ils seront contens,
S'ils vont jusqu'à la quarantaine.

FIN DE LA QUARANTAINE.

LE PLUS BEAU JOUR

DE LA VIE,

COMÉDIE-VAUDEVILLE EN DEUX ACTES;

Représentée, pour la première fois, sur le théâtre de Madame, le 22 février 1825.

EN SOCIÉTÉ AVEC M. VARNER.

PERSONNAGES.

M. BONNEMAIN, receveur général.
M. DE SAINT-ANDRÉ.
Madame DE SAINT-ANDRÉ, sa femme.
ANTONINE, } ses filles.
ESTELLE,
FRÉDÉRIC, amant d'Estelle.
JULES, cousin de M. de Saint-André.
Parens et amis de M. de Saint-André.

La scène se passe à Paris, dans la maison de M. de Saint-André.

Le théâtre représente un salon. Porte au fond, et sur le premier plan, deux portes latérales. La porte à droite de l'acteur est celle de l'appartement de madame de Saint-André et d'Antonine; la porte à gauche est celle qui conduit aux autres appartemens de la maison. Du côté gauche, une Psyché, et sur le devant, une petite table où sont les bijoux de la mariée. De l'autre cô[té], petit bureau élégant; et sur le devant, une table à écrire.

ANTONINE,

MAMAN! MAMAN! IL EXIGE!....

Le plus beau jour de la vie. Acte I Sc.

LE PLUS BEAU JOUR DE LA VIE.

ACTE PREMIER.

SCÈNE PREMIÈRE.

BONNEMAIN, *entrant par la porte du fond, et s'arrêtant pour parler à la cantonnade.*

Vous êtes trop bons, je vous remercie. Daignez prendre la peine d'attendre au salon. La mariée n'est pas encore prête. Comment donc! Certainement, j'apprécie les vœux que vous faites pour mon bonheur. (Descendant le théâtre.) Au diable les complimens! Je ne peux pas ignorer que c'est aujourd'hui le plus beau jour de ma vie; tout le monde prend plaisir à me le répéter, c'est comme un écho. Les gens de la maison en me faisant leurs révérences, les fournisseurs, en présentant leurs mémoires; et les dames de la halle en m'apportant leurs bouquets. Dieu! que le bonheur coûte cher!

AIR : De sommeiller encor ma chère.

A la fin, mes poches s'épuisent;
Car depuis ce matin, d'honneur,

Je ne vois que gens qui me disent :
« Je prends part à votre bonheur. »
Sur le point d'entrer en ménage,
Mon bonheur est très grand, je croi;
Mais tant de monde le partage,
Qu'il n'en restera plus pour moi.

Nous ne sommes qu'au milieu de la journée, et je n'en puis plus; j'ai déjà fait vingt courses pour le moins, en voiture, il est vrai; mais l'ennui de monter et de descendre, et de crotter ses bas de soie... (Regardant la pendule.) Deux heures! voyez si ma belle-mère et si ma future en finiront. (Apercevant Estelle qui entre par la porte à droite.) Eh bien! ma belle-sœur, où en sommes-nous?

SCÈNE II.

BONNEMAIN, ESTELLE.

ESTELLE.

Rassurez-vous, mon cher beau-frère, dans l'instant, ma sœur va paraître; la toilette avance, car M. Plaisir, le coiffeur, a presque fini.

BONNEMAIN.

C'est heureux! Depuis midi qu'il tient ma femme par les cheveux... Quel terrible homme que ce Plaisir! on ne peut pas dire qu'il ait des ailes; j'en sais quelque chose.

Air : Ces postillons sont d'une maladresse.

Pour être beau, pour plaire à ma future,
Moi, ce matin, je me suis immolé;

Car mes cheveux rétifs à la frisure,
Sans son secours n'auraient jamais bouclé :
Pendant une heure on souffre le martyre,
Pour qu'à la mode ils soient ébouriffés.
Cent fois heureux, c'est le cas de le dire,
Ceux qui sont nés coiffés !

ESTELLE.

Ne vous impatientez pas, je vais vous tenir compagnie, et m'acquitter de la commission dont vous m'aviez chargée. Je sais enfin pourquoi depuis hier ma sœur vous boudait.

BONNEMAIN.

Vraiment ? vous l'avez deviné ?

ESTELLE.

Oh, mon Dieu! non; elle me l'a dit; c'est que vous ne lui avez donné que des cachemires longs.

BONNEMAIN.

Et elle exige peut-être...

ESTELLE.

Du tout, elle n'exige pas, mais elle est de mauvaise humeur, parce que ses bonnes amies lui avaient fait espérer qu'elle en aurait aussi un cinq quarts.

AIR des Maris ont tort.

Qu'un mari donne un cachemire,
On commence à croire à ses feux;
En donne-t-il deux, on l'admire;
On dit qu'il est bien amoureux.

BONNEMAIN.

Il nous faut donc, mesdemoiselles,
De notre ardeur quand vous doutez,
En chercher des preuves nouvelles
Chez les marchands de nouveautés.

Savez-vous, petite sœur, que ma corbeille me coûtera près de trente mille francs?

ESTELLE.

Qu'importe? quand on est amoureux et receveur général...

BONNEMAIN.

Raison de plus. Par état, je reçois et ne donne pas... D'ailleurs, ce cachemire cinq quarts, je l'ai bien acheté; mais c'était à vous que je comptais l'offrir.

ESTELLE.

Eh bien! donnez-le à ma sœur, et qu'aucun nuage ne vienne obscurcir le plus beau jour de votre vie.

BONNEMAIN.

Quoi! vraiment vous n'y tenez pas?

ESTELLE.

Moi! nullement.

BONNEMAIN.

Dieu! quelle femme j'aurais eue là! si notre mariage n'avait pas été rompu!

ESTELLE, souriant.

Comment! vous y pensez encore?

BONNEMAIN.

C'est que je ne puis moi-même m'expliquer comment cela s'est fait. C'est vous qui êtes la sœur aînée; c'est vous que j'ai demandée en mariage; je crois même que c'est vous que j'aimais; et puis on m'a persuadé que j'aimais votre sœur, et si bien persuadé que je suis maintenant réellement amoureux.

ESTELLE.

Et vous avez eu raison. Antonine est bien plus gaie et bien plus aimable que moi.

BONNEMAIN.

Mais elle est passablement coquette ; elle fait des frais pour tout le monde.

ESTELLE.

Eh bien ! vous voilà sûr qu'elle en fera pour vous.

BONNEMAIN.

Oh! certainement; mais elle a une vivacité, une inégalité de caractère, tandis que vous... vous êtes si bonne, si indulgente... et puis d'autres qualités; vous ne tenez pas aux cachemires, vous entendez l'économie d'un ménage.

ESTELLE.

Avec un époux millionnaire, c'est une qualité inutile, et je n'aurais su que faire de votre fortune; tandis que ma sœur vous en fera honneur; et votre maison sera tenue à merveille. Un financier et une jolie femme, c'est là recette et la dépense.

BONNEMAIN.

Eh, sans doute; mais...

ESTELLE.

Allons, mon cher beau-frère, vous êtes un ingrat, vous ne sentez pas tout votre bonheur.

SCÈNE III.

Les précédens; UN DOMESTIQUE.

LE DOMESTIQUE, à Bonnemain.

Monsieur, voici une lettre qui arrive.

BONNEMAIN.

Encore un autre inconvénient. Depuis hier, la petite poste me ruine; passe encore si ce n'était que des complimens, mais des lettres anonymes qu'on me fait payer comme des lettres de félicitations, c'est le même prix.

ESTELLE.

C'est qu'elles ont souvent la même valeur; mais vous êtes bien bon de faire attention à cela.

BONNEMAIN, qui a lu sa lettre.

Qu'est-ce que je disais?... encore une... (Lisant.) « Monsieur, j'apprends en province, où je suis en ce moment, que vous allez épouser mademoiselle de Saint-André... J'espère, si vous êtes homme d'honneur, que vous suspendrez ce mariage jusqu'à l'explication que je désire avoir avec vous... Si j'emprunte une main étrangère, et si je ne signe point ce billet, c'est à cause de votre beau-père, dont je ne veux pas être connu; mais je pars, presque en même temps que ma lettre; et je serai à Paris le 8. » Qu'est-ce que cela veut dire?

ESTELLE.

C'est une plaisanterie, une mystification.

BONNEMAIN.

Je l'ai bien vu tout de suite; mais voilà une plaisanterie de bien mauvais genre; ça sent bien la province, et cela me ferait croire...

ESTELLE.

Allons donc! n'allez-vous pas y penser? est-ce que ça en vaut la peine?

BONNEMAIN.

Non, certainement. (réfléchissant) Le huit, c'est le huit qu'il doit arriver; par bonheur, nous sommes aujourd'hui le sept; mais c'est égal, cette lettre-là va me tourmenter toute la journée. Et ma femme qui ne se dépêche pas; on nous attend à la municipalité; le maire va s'impatienter, et nous courons risque de n'être mariés que par l'adjoint.

ESTELLE.

Air: Tenez, moi, je suis un bon homme.

Pourvu qu'enfin on vous marie.

BONNEMAIN.

Mais dans le salon d'où j'accours,
On fait mainte plaisanterie,
On fait même des calembours.
(A part.) « Pour l'époux quel fâcheux présage,
 « Disaient tout bas quelques témoins,
 « De commencer son mariage,
 « Avec le secours des adjoints! »

Ah! voici enfin madame de Saint-André, ma belle-mère.

SCÈNE IV.

Les précédens; madame DE SAINT-ANDRÉ, *sortant de la chambre à droite.*

MADAME DE SAINT-ANDRÉ.

Eh bien! Estelle, que faites-vous là? allez donc retrouver votre sœur: ne la laissez pas seule. Pauvre enfant! dans un jour comme celui-ci, elle a besoin d'être entourée de sa famille.

ESTELLE.

Oui, maman. (*Elle rentre dans la chambre à droite.*)

MADAME DE SAINT-ANDRÉ, d'un air mélancolique.

Bonjour, mon cher Bonnemain; vous me voyez dans un état...je conçois votre bonheur, votre ivresse; mais moi, je ne peux pas m'habituer à l'idée de cette séparation; je suis sûre que j'ai les yeux rouges.

BONNEMAIN.

Du tout, ils sont vifs et brillans; et vous avez un teint charmant.

MADAME DE SAINT-ANDRÉ.

C'est qu'il faut bien prendre sur soi; mais c'est égal, pour une mère, il est si terrible de quitter son enfant... ah! mon cher ami! c'est le jour le plus malheureux de ma vie!

BONNEMAIN.

C'est agréable pour moi; ça et les lettres anonymes...

MADAME DE SAINT-ANDRÉ.

Je ne dis pas cela pour vous, mon gendre; certainement ma fille aura une existence superbe; une voiture, de la considération, l'amour que vous avez pour elle, un hôtel à la Chaussée-d'Antin, et une loge à tous les théâtres; mais c'est moi qui suis à plaindre!

BONNEMAIN.

Du tout, belle-mère, du tout, vu que vous ne quitterez pas votre fille, et que vous partagerez son bonheur.

MADAME DE SAINT-ANDRÉ.

Ah! oui, n'est-ce pas? promettez-moi de la rendre bien heureuse, je vous confie son avenir.

Air : Il me faudra quitter l'empire.

Elle est naïve autant qu'elle est jolie;
Ménagez-la, que sur ses volontés
Jamais chez vous rien ne la contrarie,
Que ses désirs soient toujours écoutés :
Qu'en tous vos soins la complaisance brille,
Que jamais rien ne lui soit reproché,
Soyez sans cesse à lui plaire attaché,
Car avant tout le bonheur de ma fille.

BONNEMAIN.
Et puis le mien, par dessus le marché.

A propos de cela, belle-mère, sauriez-vous ce que veut dire cette lettre que je viens de recevoir à l'instant?

MADAME DE SAINT-ANDRÉ, la parcourant.

Moi, nullement! une lettre anonyme! songe-t-on à cela? si je vous montrais celles qu'on m'a écrites sur vous.

BONNEMAIN.

Sur moi! je voudrais bien savoir...

MADAME DE SAINT-ANDRÉ.

J'ai bien d'autres choses à vous dire. Avez-vous été chez madame de Versec?

BONNEMAIN.

Et pourquoi?

MADAME DE SAINT-ANDRÉ.

Parce qu'elle ne viendra pas, si l'on ne va pas la chercher.

BONNEMAIN.

N'y a-t-il pas les garçons de la noce?

MADAME DE SAINT-ANDRÉ.

Il faut que ce soit vous-même; vous-même, entendez-vous; c'est ma sœur, la tante de votre femme.

BONNEMAIN.

Vous ne vous voyez jamais!

MADAME DE SAINT-ANDRÉ.

Dans le courant de l'année, c'est vrai; mais aux solemnités de famille, aux mariages et aux enterremens, c'est de rigueur; mais allez donc, allez donc.

SCÈNE V.

Les précédens; M. DE SAINT-ANDRÉ, *entrant par le fond.*

M. DE SAINT-ANDRÉ.

Eh bien! mon gendre, voici bien une autre affaire! vous avez si mal pris vos mesures que Collinet nous fait dire qu'il ne pourra venir ce soir, et que nous n'aurons pas d'orchestre.

MADAME DE SAINT-ANDRÉ.

Comment! on ne danserait pas?

M. DE SAINT-ANDRÉ.

A moins que nous ne trouvions des amateurs parmi les convives.

BONNEMAIN.

C'est ça, une musique d'amateurs, le jour de ses noces! joli commencement d'harmonie!

M. DE SAINT-ANDRÉ.

Mais allez donc, prenez une voiture, courez au Conservatoire, s'il le faut; on fait ces choses-là soi-même.

BONNEMAIN.

Encore un voyage! Dites-moi, ma belle-mère, ne pourriez-vous pas vous occuper de la partie musicale?

MADAME DE SAINT-ANDRÉ.

Qui? moi! dans l'état où je suis, est-ce que je le peux? est-ce que je songe à rien? est-il convenable que je quitte ma fille?

BONNEMAIN.

Dites donc; si on ne dansait pas du tout! la noce serait plus tôt finie.

M. DE SAINT-ANDRÉ.

Y pensez-vous?

MADAME DE SAINT-ANDRÉ.

Et ma fille qui a une toilette de bal délicieuse! j'aimerais mieux qu'on remît la noce à demain.

BONNEMAIN.

A demain! non pas; c'est demain le huit.

M. DE SAINT-ANDRÉ.

Et puis, la grande raison; c'est que sur les billets d'invitation que j'ai composés moi-même il est question d'un bal; c'est imprimé.

BONNEMAIN.

Eh bien! est-ce une raison pour que cela soit vrai?

M. DE SAINT-ANDRÉ.

Oui, sans doute; et moi, qui tiens scrupuleusement à la règle et à l'étiquette, vous m'avez fait commettre, depuis huit jours, plus de fautes...

BONNEMAIN.

Moi!

M. DE SAINT-ANDRÉ.

Certainement. D'abord il est question de votre mariage avec ma fille aînée; et je m'empresse d'envoyer à tous mes parens, amis et connaissances, la circulaire de rigueur, annonçant que mademoiselle Estelle de Saint-André va épouser M. Bonnemain, receveur-général; j'en ai envoyé jusqu'à Lyon et à Bordeaux. Hé bien! pas du tout, monsieur n'était pas sûr.

BONNEMAIN.

Tiens! qui est-ce qui est sûr de rien? Comme si je pouvais prévoir un changement d'inclination!

AIR des Scythes et des Amazones.

C'est une chose à présent fort commune :
Ne voit-on pas chez nous, dans tous les rangs,
Pour l'amitié, les plaisirs, la fortune,
Changer d'idée ou bien de sentiments,
L'ambition fait tourner bien des têtes;
Enfin, pourquoi voulez-vous, de nos jours,
Lorsque partout on voit des girouettes, ⎫
N'en pas trouver aussi chez les amours, ⎬ (*bis*)
N'en pas voir aussi chez les amours? (*bis*)

MADAME DE SAINT-ANDRÉ.

Vous perdez là un temps précieux; partez donc.

BONNEMAIN.

Oui, ma belle-mère; oui, mon beau-père. (Allant vers la porte du fond.) Faites avancer ma voiture; il est bien temps que le mariage vienne me fixer; car depuis ce matin... (Il va à la porte de la chambre, à droite.)

MADAME DE SAINT-ANDRÉ, à Bonnemain.

Que faites-vous donc?

BONNEMAIN.

C'est que je voudrais, avant de partir, savoir où en est la toilette de ma femme.

(Il frappe à la porte.)

JULES, en dedans.

Qui est là?

BONNEMAIN, prenant une petite voix.

C'est le marié.

JULES, en dedans.

Tout à l'heure, on n'entre pas.

BONNÉMAIN.

Qu'est-ce que cela signifie? ma femme n'est pas seule.

MADAME DE SAINT-ANDRÉ.

Eh! non, elle est avec sa sœur, ses femmes de chambre, et Jules, un de nos parens.

BONNEMAIN.

Qu'est-ce que c'est que M. Jules?

MADAME DE SAINT-ANDRÉ.

C'est son cousin. Quel regard vous venez de me lancer; est-ce que vous seriez jaloux? jaloux d'un enfant qui fait encore sa logique!

BONNEMAIN.

La logique!... la logique!... qu'est-ce que cela prouve? (A part.) Si cette lettre anonyme était de lui! je me défie des cousins; comme l'a dit un savant : l'hymen est un mélodrame à fracas où les petits cousins jouent le rôle de traîtres.

MADAME DE SAINT-ANDRÉ, pleurant.

Et le mari le rôle de tyran.

M. DE SAINT-ANDRÉ, à Bonnemain.

Allons donc, mon gendre, qu'est-ce que vous faites là? Je ne vous quitte pas que vous ne soyez en voiture.

BONNEMAIN.

C'est ça; le beau-père qui s'impatiente, la belle-mère qui pleure; je suis entre le feu et l'eau; allons, belle-maman, essuyez vos beaux yeux; je cours vous obéir; mais que de choses à faire!

AIR du vaudeville du petit Courrier.

Nous avons d'abord Collinet;
Puis la visite à la grand'tante;
Le maire qui s'impatiente;
Et le glacier qu'on oubliait.
Ah! grand Dieu! quel ennui j'éprouve!
Dans ce jour qu'on semble envier,
Il n'est pas bien sûr que je trouve
Un instant pour me marier.

(Il sort par le fond, M. de Saint-André sort avec lui.)

SCÈNE VI.

Madame DE SAINT-ANDRÉ, ANTONINE, ESTELLE.

MADAME DE SAINT-ANDRÉ.

Je suis pour ce que j'ai dit : je crains qu'il ne soit un peu tyran. (Allant vers l'appartement à droite, dont elle ouvre la porte.) Ma fille, ma fille, je suis seule ici; tu peux y venir achever ta toilette.

ANTONINE, allant se placer devant la glace.

Si vous saviez, maman, combien je suis malheureuse! mon voile ne va pas bien du tout; il fait trop de plis...

ESTELLE.

Nous faisons cependant notre possible.

ANTONINE.

J'ai envie de n'en pas mettre.

MADAME DE SAINT-ANDRÉ, arrangeant le voile.

Impossible, le voile est indispensable, c'est l'emblème de l'innocence, de la modestie, qui convient à une jeune personne... A propos, ton mari sort d'ici.

ANTONINE, sans l'écouter.

Ah! je crois qu'il faudrait une épingle.

MADAME DE SAINT-ANDRÉ.

Il était désolé de ne pas te voir, et si tu avais été témoin de sa colère, de son impatience...

ANTONINE, sans l'écouter.

Dis donc, ma sœur, je crois que ma ceinture ne serre pas assez la taille.

ESTELLE.

Attends, je vais voir; regardez donc, maman, comme ma sœur est bien.

ANTONINE.

Ce n'est pas sans peine.

MADAME DE SAINT-ANDRÉ, tout en arrangeant sa toilette.

Je n'ai pas besoin, ma chère amie, de te tracer la conduite que tu auras à suivre aujourd'hui : un air affable et attendri avec nos amis et nos parens, un maintien modeste et réservé avec ton mari, si cependant tu peux y mettre une nuance d'affection, cela ne sera pas mal; mais c'est comme tu voudras, parce que quelquefois la froideur sied bien à une jeune mariée; c'est meilleur ton.

ANTONINE.

Oui, maman.

MADAME DE SAINT ANDRÉ.

Si par hasard, et comme cela arrive un jour de noce, quelques personnes t'adressaient des plaisanteries qui ne fussent pas convenables, ne t'avise pas de rougir et de baisser les yeux; c'est une grande imprudence parce qu'on a l'air de comprendre, regarde-les au contraire d'un air étonné; cela déconcerte sur-le-champ les mauvais plaisans, et leur donne la meilleure opinion d'une jeune personne.

ANTONINE.

Ah, maman! c'est toujours ce que je fais.

MADAME DE SAINT-ANDRÉ.

Cette chère enfant !... du reste j'ai étudié le caractère de ton mari; c'est par la douceur qu'il faudra le prendre; tu en feras ce que tu voudras avec les moindres prévenances, c'est bien facile.

ANTONINE.

Oh! oui; mais vous, maman, quelle manière avez-vous prise avec mon père?

MADAME DE SAINT-ANDRÉ, baissant la voix à cause d'Estelle qui est occupée à regarder la corbeille.

Mauvaise, les attaques de nerfs.

ANTONINE.

Comment?

MADAME DE SAINT-ANDRÉ.

Moyen très fatigant qu'on ne peut guère employer que tous les deux jours.

Air : Femmes, voulez-vous éprouver?

> Les nerfs n'ont jamais profité
> Qu'aux gens d'une faiblesse extrême;
> J'ai par malheur une santé
> Peu favorable à ce système :
> Mon époux d'abord affecté,
> Rien qu'en me voyant se rassure.

ANTONINE.

> Moi, je n'ai pas votre santé,
> Et j'en rends grace à la nature.

MADAME DE SAINT-ANDRÉ.

Mais viens, passons au salon.

ANTONINE.

Vous ne sauriez croire ce qu'il m'en coûte d'aller recevoir tant de félicitations à la fois, et puis il y a peut-être des personnes qui ne sont pas encore arrivées.

MADAME DE SAINT-ANDRÉ.

C'est juste, je vais voir auparavant si tout le monde y est, afin que ton entrée fasse plus d'effet.

ANTONINE, bas.

Et moi, pendant ce temps, je vais préparer mes cadeaux pour ma sœur et tous nos parens.

MADAME DE SAINT-ANDRÉ.

A merveille. Tenez-vous droite.

Air de Voltaire chez Ninon.

Prends le maintien, la dignité,
Que ton nouvel état réclame;
Plus de vaine timidité,
Car, à présent, te voilà femme :
J'abjure mes droits aujourd'hui.

ANTONINE.

Quoi! sur moi votre pouvoir cesse?

MADAME DE SAINT-ANDRÉ.

Tu ne dépends que d'un mari.

ANTONINE.

Enfin, me voilà ma maîtresse.

(Madame de Saint-André passe dans l'appartement à gauche.)

SCÈNE VII.

ANTONINE, ESTELLE.

ESTELLE.

Que je suis heureuse, au milieu du fracas de cette journée, de me trouver seule un instant avec toi!

ANTONINE.

Ma bonne sœur, toi à qui je dois tout, car enfin,

c'est un sacrifice que de me laisser marier la première ; ton mariage était arrêté avec M. Bonnemain, les billets de part envoyés, je crois même qu'un journal l'avait annoncé.

ESTELLE, riant.

C'est pour cela que ça n'a pas eu lieu ; mais tu ne me dois pas de reconnaissance, car, s'il faut te dire la vérité, ce mariage-là m'aurait rendu bien malheureuse. Je te remercie de m'avoir enlevé ma conquête ; c'est un service d'amie.

ANTONINE.

Qui ne m'a rien coûté. Il est si joli de porter des diamans pour la première fois !

ESTELLE.

AIR : Voulant par ses œuvres complètes.

Dans une heure l'hymen t'engage,
Tu m'oublieras près d'un époux.

ANTONINE.

Peux-tu tenir un tel langage ?
Quelle différence entre vous !
Songe donc qu'en cette demeure,
Toujours auprès de toi, voici
Dix-huit ans que je t'aime, et lui,
Je vais commencer dans une heure.

ESTELLE.

Pauvre sœur ! Fasse le ciel que cela dure long-temps !

ANTONINE.

Et pourquoi pas ? avec un mari qui est riche, et qui ne me refuse rien. Je ferai des toilettes magnifiques, j'irai dans le monde, je serai admirée, enviée :

est-ce qu'il est d'autres plaisirs? Quant à moi, dans mes rêves, je me suis toujours représenté le bonheur entouré de cachemires et étincelant de pierreries.

ESTELLE.

C'est singulier, ce n'est pas l'idée que je m'en faisais.

ANTONINE.

Oh! toi, tu n'as pas d'ambition, c'est une qualité qui te manque, et puis une tête trop romanesque; tu t'imagines qu'il faut être folle de son mari.

ESTELLE, souriant.

Chacun a ses travers.

ANTONINE.

Tu me rendras la justice de dire que j'ai respecté tes erreurs, et si jamais Frédéric reparaît... il faudra bien qu'il t'épouse... Un jeune homme charmant... je ne dis pas non... l'ami de notre enfance, mais qui n'a pas de fortune, et puis qui demeure à Bordeaux. Comment veux-tu qu'on se marie par correspondance? Mais sois tranquille; je lui ferai avoir une place à Paris, par le crédit de mon mari, et un receveur doit en avoir.

ESTELLE, l'embrassant.

Que tu es bonne!

ANTONINE.

Pauvre sœur! ça ne sera jamais bien considérable, tu ne seras pas heureuse, tandis que moi :

Air de la Robe et les bottes.

J'aurai toujours un brillant entourage.

ESTELLE.

Moi, le bruit n'est pas de mon goût.

ANTONINE.
J'aurai des gens, un superbe équipage.
ESTELLE.
Moi, l'amour qui tient lieu de tout.
ANTONINE.
Sans mon époux, au bal j'irai sans cesse.
ESTELLE.
Moi, je serai près du mien, nous aurons
Moi, le bonheur;
ANTONINE.
Moi, la richesse.
ESTELLE.
Dans quelque temps nous compterons.

ANTONINE, lui donnant un écrin.

En attendant, reçois ce gage d'amitié et de souvenir, c'est mon présent de noces.

ESTELLE.

C'est trop beau; tu t'es ruinée.

ANTONINE.

Oh! c'est avec l'argent de mon mari. Je suis bien fâchée de ne te donner qu'une parure en turquoises; mais tu sais que, vous autres demoiselles, ne portez pas de diamans.

ESTELLE, souriant.

C'est juste; il n'y a que vous autres femmes mariées.

ANTONINE.

Fais-moi le plaisir d'avertir mes petits cousins, mes cousines, j'ai aussi des cadeaux pour eux.

ESTELLE.

Voici déjà notre cousin Jules, et je vais t'envoyer nos bonnes amies.

(Elle entre dans la chambre à gauche.)

SCÈNE VIII.

JULES, *sortant de l'appartement à droite*, ANTONINE.

ANTONINE, toujours devant la glace, et se regardant avec complaisance.

Ah! vous voilà Jules, approchez... Je n'ai jamais eu de robe aussi bien faite.

JULES.

C'est donc aujourd'hui, ma cousine, que l'on va vous marier?

ANTONINE, de même.

Dans une heure je vais jurer à M. Bonnemain de l'aimer toute la vie, et si mes parens l'avaient voulu je l'aurais juré à un autre. Dites-moi, Jules, comment me trouvez-vous?

JULES.

Mais très bien, ma cousine, comme à l'ordinaire.

ANTONINE.

Rien de plus! Je suis bien bonne de lui demander... comme si un petit garçon s'y connaissait. Je ne sais pas ce que vous avez fait aujourd'hui de votre goût et de votre amabilité; mais vous êtes d'un maussade...

JULES.

C'est que j'ai du chagrin.

ANTONINE.

Aujourd'hui, c'est très mal; vous auriez bien pu remettre à un autre jour, par amitié pour moi... (*Gaîment et en confidence.*) Dites donc, Jules... j'espère que vous avez fait des couplets pour mon mariage.

ACTE I, SCÈNE VIII.

JULES.

Non, ma cousine.

ANTONINE.

C'est joli; comment! vous en avez chanté à la noce de madame Préval! et pour la mienne... c'est bien la peine d'avoir un poëte dans sa famille. Qu'est-ce que vous faites donc au collége? mais si vous voulez, il est encore temps, mettez-vous à l'ouvrage, vite un impromptu.

Air : *Comme il m'aimait.*

Dépêchez-vous, (*bis*).
Car déja la journée avance.

JULES.

Que dire?

ANTONINE.

Ce qu'ils disent tous.
Comme eux, célébrez mon époux,
Son bonheur et son opulence,
Ma candeur et mon innocence...
Dépêchez-vous. (*bis*)

JULES.

Moi, célébrer ce mariage! ça me serait impossible.

ANTONINE.

Et pour quelle raison?

JULES.

Je ne sais, je ne puis vous dire... mais je suis au désespoir.

ANTONINE.

Comment, vous pleurez?

JULES.

C'est plus fort que moi, ça m'étouffe...

ANTONINE, avec douceur.

Il se pourrait! Allons, Jules, vous êtes un enfant; et je ne suis pas contente de vous : aussi je ne devrais pas vous donner ce cadeau que je vous destinais.

JULES.

Un présent de vous, oh dieu! Qu'est-ce que c'est? Une montre!

ANTONINE.

Oui, monsieur, à répétition, et j'espère que vous la garderez toujours.

JULES.

Ah! oui, toujours; elle m'aidera à compter les instans que vous passerez près d'un autre.

ANTONINE.

Encore! Jules, Jules, je vous en prie, quittez cet air triste et sentimental; voulez-vous donc être remarqué et me causer du chagrin?

JULES, essuyant ses yeux.

Moi! plutôt mourir, et je m'efforcerai pour vous faire plaisir. (A part.) Allons, il faut encore que je sois gai, est-on plus malheureux!

SCÈNE IX.

Les précédens; parens et amis *arrivant par le fond;* monsieur et madame DE SAINT-ANDRÉ, *sortant de l'appartement à gauche, pour les recevoir.*

CHOEUR.

Air de Léocadie.

Pour célébrer l'hymen qui vous engage,
Nous venons tous, en bons parens;
Ah! quel beau jour qu'un jour de mariage,
Quand l'amour reçoit nos sermens!

SCÈNE X.

Les précédens; BONNEMAIN, *arrivant par le fond.*

BONNEMAIN.

Eh bien, éh bien! qu'est-ce que vous faites donc? on nous attend... j'ai cru que je n'en finirais pas! la rue est encombrée de voitures et de curieux. (A part.) A chaque personne qui me saluait, je croyais voir mon jeune homme, d'autant plus qu'en bas on vient de me remettre une seconde lettre de la même écriture... maintenant il arrive le sept... suite de la mystification, qu'est-ce que cela signifie?

M. DE SAINT-ANDRÉ, qui, pendant cet *a parte*, a salué tous les gens de la noce.

Eh bien! mon gendre, on peut donc partir?

BONNEMAIN.

Oui, sans doute, tout est terminé, ce n'est pas

sans peine; nous aurons ce soir notre grande'tante; quant à l'orchestre, ce n'est pas sûr; mais on me fait espérer un suppléant de Collinet, un galoubet adjoint.

ANTONINE.

Comment, monsieur! pas d'orchestre?

BONNEMAIN, avec satisfaction.

Qu'est-ce que je vois?

MADAME DE SAINT-ANDRÉ.

Vous êtes ébloui.

JULIEN, à part.

C'est un fait exprès; elle n'a jamais été plus jolie.

BONNEMAIN.

Oui, certainement, tant d'attraits, de graces, de diamans!

ANTONINE.

Pas d'orchestre! et vous n'y avez pas couru sur-le-champ.

BONNEMAIN.

Comme si je pouvais être partout! Tout à l'heure encore, le maire m'a fait dire qu'il allait s'en aller.

MADAME DE SAINT-ANDRÉ.

Eh bien! partons à l'instant même. (Aux personnes de la noce.) Messieurs, la main aux dames.

BONNEMAIN.

Un instant, beau-père, et le déjeuner! moi qui meurs de faim, après l'exercice que j'ai fait.

M. DE SAINT-ANDRÉ.

Y pensez-vous? un jour de noce, le marié ne mange jamais... ce n'est même pas convenable.

ACTE I, SCÈNE X.

BONNEMAIN.

Et on appelle cela le plus beau jour de la vie!

MADAME DE SAINT-ANDRÉ.

Occupons-nous de notre départ... Il faut que rien ne gêne la mariée, pour qu'elle puisse déployer de l'aisance et des graces. (A Bonnemain.) Prenez son schall, son mouchoir, son éventail...

BONNEMAIN.

Avec tout cela il me sera impossible de donner la main à ma femme.

FINAL.

Quatuor du Barbier de Séville, de Rossini.

M. ET MADAME DE SAINT-ANDRÉ.

Suivant l'ordre ordinaire,
A ma fille d'abord $\begin{Bmatrix} \text{je dois} \\ \text{il doit} \end{Bmatrix}$ donner la main;
Vous, mon gendre, à la belle-mère :
Allons, partons soudain.

BONNEMAIN.

Attendez, quelle erreur!
Il manque à la future
La fleur d'oranger de rigueur.

ANTONINE.

Mais, à quoi bon? pour gâter ma coiffure!
Cela sied mal, c'est une horreur!

MADAME DE SAINT-ANDRÉ.

C'est un emblème utile et nécessaire.

ANTONINE.

Qui ne dit rien; c'est bon pour le vulgaire.

M. DE SAINT-ANDRÉ.

Vous vous trompez, ça dit beaucoup, ma chère;
Et je le veux.

ANTONINE.

Dieu! que c'est ennuyeux!

MADAME DE SAINT-ANDRÉ.

Allons, ma fille, obéis à ton père.

ENSEMBLE.

ANTONINE, pleurant de dépit.

Il faut donc se taire,
Hélas! hélas! ma mère!

MADAME DE SAINT-ANDRÉ, arrangeant sa coiffure.

Mais je vais ici l'arranger de manière,
Que, je t'en réponds, on ne le verra pas.

ANTONINE.

Je suis en colère.

BONNEMAIN, s'avançant près d'elle.

Permettez, ma chère...

ANTONINE, à Bonnemain.

Vous voyez, c'est vous qui seul en êtes cause.

MADAME DE SAINT-ANDRÉ, de même.

Vous auriez bien pu vous taire, je suppose,

BONNEMAIN.

C'est aussi trop fort, tout le monde m'accable.

ENSEMBLE.

ANTONINE ET MADAME DE SAINT-ANDRÉ.

Non, je n'eus jamais plus d'ennui
Q'aujourd'hui.
Ce bruit, ce fracas, c'est si désagréable.
Quel ennui
Qu'un jour pareil à celui-ci!

M. DE SAINT-ANDRÉ ET ESTELLE.

Dieu! quel doux moment! comme c'est agréable!
Quel beau jour qu'un jour pareil à celui-ci!

BONNEMAIN.

Dieu, quel doux aveu! pour moi c'est agréable.
Non, je n'eus jamais plus d'ennui
Qu'aujourd'hui.

ACTE I, SCÈNE X.

TOUS.

C'est donc aujourd'hui que l'hymen vous engage,
L'amour vous promet les plus heureux instans;
Ah! quel heureux jour qu'un jour de mariage,
Surtout quand l'amour a reçu nos sermens!
Partons, on attend, partons à l'instant même,
Partons, en chantant et l'hymen et l'amour.

ENSEMBLE.

LE CHOEUR, M. DE SAINT-ANDRÉ, ESTELLE.
Quel bonheur suprême!
Ah! pour vous quel beau jour!

JULES, MADAME DE SAINT-ANDRÉ, ANTONINE, BONNEMAIN.
Quel dépit extrême!
Mais il faut se contraindre, il faut sourire même;
Non, je n'eus jamais plus d'ennui qu'en ce jour.
Pour nous quel beau jour!

(M. de Saint-André donne la main à Antonine, M. Bonnemain la donne à madame de Saint-André; Jules prend celle d'Estelle : ils sortent par la porte du fond; toute la noce les suit et défile après eux.)

FIN DU PREMIER ACTE.

ACTE II.

SCÈNE PREMIÈRE.

FRÉDÉRIC, *seul, entrant par le fond.*

Toutes les portes ouvertes, et voici trois pièces que je traverse sans trouver personne; toute la société est donc établie ailleurs, car il règne ici un air de fête : des arbres verts sur l'escalier, des voitures dans la cour; et le concierge lui-même a un bouquet à la boutonnière.

(On entend chanter en chœur dans l'appartement à gauche.)

Sans l'hymen et les amours,
Franchement la vie
Ennuie;
Sans l'hymen et les amours,
Peut-on passer d'heureux jours?

Justement, on est dans la salle à manger, et il faut qu'il y ait quelque repas de famille; car, Dieu me pardonne, on chante des couplets.

(On entend encore chanter : Sans l'hymen, etc. A la fin, on crie : Bravo! à la santé de la mariée! et on applaudit.)

SCÈNE II.

FRÉDÉRIC, M. DE SAINT-ANDRÉ, *sortant de l'appartement à gauche.*

M. DE SAINT-ANDRÉ.

Je ne sais pas ce que je fais aujourd'hui, oublier mes couplets; je les ai laissés sur la table, et tous les convives qui m'attendent; c'est d'une inconvenance.
(Il va les chercher sur une petite table qui est de l'autre côté du théâtre.)

FRÉDÉRIC.

Que vois-je! Monsieur de Saint-André!

M. DE SAINT-ANDRÉ.

Je ne me trompe pas, c'est ce cher Frédéric, mon ancien pupille! Tu arrives donc de Bordeaux?

FRÉDÉRIC.

A l'instant-même, et je viens de descendre ici en face, à l'hôtel d'Espagne.

M. DE SAINT-ANDRÉ.

Cela se trouve à merveille, je t'invite, tu seras des nôtres.

FRÉDÉRIC.

Que voulez-vous dire?

M. DE SAINT-ANDRÉ.

Nous sortons de l'église et de la municipalité.

FRÉDÉRIC.

O ciel! il se pourrait! la noce a donc été avancée?

M. DE SAINT-ANDRÉ.

Sans doute, j'ai brusqué les choses; nous épousons

une recette générale, on n'avait pas envie de manquer cela, nous sommes encore à table. (On entend dans la coulisse appeler Monsieur de Saint-André, Monsieur de Saint-André!) Et l'on m'attend; mais dans l'instant je suis à toi. Voilà, voilà.

(Il rentre dans l'appartement à gauche.)

SCÈNE III.

FRÉDÉRIC, *seul*.

Il est donc vrai! il n'y a plus de doute; et j'aurai fait deux cents lieues pour arriver au moment où la perfide s'unit à un autre. Monsieur de Saint-André m'avait bien écrit que sa fille aînée allait épouser, à la fin du mois, M. Bonnemain, un receveur général.

AIR : Depuis long-temps j'aimais Adèle.

A cette funeste nouvelle,
Dont mon cœur, hélas! a frémi,
Pour réclamer la main d'Estelle,
J'ai tout quitté, je suis parti.
Mais, malgré ma course rapide,
Pour arriver j'aurai mis plus de temps
Qu'il n'en fallut à la perfide
Pour oublier tous ses sermens.

Et dans quel moment viens-je d'apprendre sa trahison? lorsque la fortune me souriait, lorsqu'un opulent héritage me permettait de rendre heureuse celle que j'aimais. Amour, richesses, j'apportais tout à ses pieds : et je la trouve au pouvoir d'un autre! elle qui avait juré de m'aimer toujours, de résister même aux ordres de sa famille. Mais que dis-je! peut-être a-t-elle été contrainte; peut-être la violence seule a pu la décider! Ah! s'il en est ainsi! Je trouverais bien encore le moyen de la soustraire à mon rival; il a dû recevoir deux lettres de moi; et puisqu'il n'en a tenu compte, aujourd'hui même, sa vie ou la mienne... Qui vient là? modérons-nous, et tâchons de savoir la vérité.

SCÈNE IV.

FRÉDÉRIC, *à l'écart;* BONNEMAIN, *sortant de l'appartement à gauche.*

BONNEMAIN.

Ah! j'ai besoin de prendre l'air; la fatigue, le vin de Champagne et le bonheur, tout ça porte à la tête; et puis à table, nous sommes si serrés! il a fallu faire place à douze convives inconnus, tous parens, sur lesquels on ne comptait pas; on est obligé de manger de côté, je ne vois ma femme que de profil, et je tourne le dos aux trois quarts de la famille.

FRÉDÉRIC.

C'est quelqu'un de la noce, prenons des informations.

BONNEMAIN, apercevant Frédéric.

Ah, mon Dieu! encore un convié du côté de ma femme.

FRÉDÉRIC.

Il paraît, monsieur, qu'on sort de table?

BONNEMAIN.

Ce n'est pas sans peine; il y a quatre heures que

nous y sommes. Le père de la mariée, qui, au dessert, a chanté à sa fille une chanson en douze couplets sur l'air : *Femmes, voulez-vous éprouver?* Et quelle chanson! de la poésie de famille. Dieu! quelle journée! Et madame de Saint-André qui, au premier couplet, s'est mise à pleurer, croyant qu'il n'y en aurait que deux ou trois; mais comme ça se prolongeait indéfiniment et que la position n'était pas tenable, elle a jugé à propos de se trouver mal; et dans ce moment on est occupé à la desserrer; ça été le bouquet, et j'en ai profité pour sortir un instant.

FRÉDÉRIC.

J'étais absent lorsque ce mariage a été arrangé; et comme vous me semblez être au fait, dites-moi un peu, quelle espèce d'homme est-ce que le marié?

BONNEMAIN, embarrassé.

Monsieur, c'est un homme qui... que... certainement... enfin, un homme de mérite; et, quant à ses qualités, vous les trouverez dans l'Almanach royal, pag. 390.

FRÉDÉRIC.

Et croyez-vous que la jeune personne ait consenti de son plein gré à cette alliance?

BONNEMAIN.

Oui, monsieur, oui, sans doute; mais oserais-je vous demander, monsieur, pourquoi toutes ces questions?

FRÉDÉRIC.

Pourquoi? Je n'y tiens plus! Apprenez, monsieur, que je l'aimais, que je l'adorais, qu'elle avait juré de me garder sa foi.

BONNEMAIN, stupéfait.

Comment !

FRÉDÉRIC.

Air du Ménage de Garçon.

Voulant d'abord chercher querelle
A cet époux qu'on lui donnait,
J'allais lui brûler la cervelle.

BONNEMAIN, à part.

C'est cela seul qui me manquait,
Et c'est mon jeune homme au billet.

FRÉDÉRIC.

Mais je renonce à cette envie.

BONNEMAIN, à part.

Ah ! pour moi, quel joli métier,
Si le plus beau jour de ma vie
Allait en être le dernier !

SCÈNE V.

Les précédens ; UN DOMESTIQUE.

LE DOMESTIQUE.

Monsieur le marié ! monsieur le marié !

BONNEMAIN.

Veux-tu te taire !

LE DOMESTIQUE.

Monsieur le marié, on vous attend.

FRÉDÉRIC.

Qu'entends-je ? quoi ! monsieur, vous seriez...

BONNEMAIN, à Frédéric.

Oui, monsieur, c'est moi qui suis le marié. (A part.)
Voilà un monsieur que je ne recevrai jamais chez moi,

et je suis bien aise d'être averti ; c'est le premier bonheur qui m'arrive aujourd'hui.

LE DOMESTIQUE.

Monsieur, madame vous attend pour commencer le bal.

BONNEMAIN.

J'y vais, j'y vais. (On entend les violons qui jouent la walse de Robin des bois.) Aussi bien, j'entends les violons ; c'est étonnant comme j'ai envie de danser !

(Il rentre dans l'appartement à gauche, dont il ferme la porte ; et l'air de walse qu'on entend du salon continue pendant toute la scène suivante.)

SCÈNE VI.

FRÉDÉRIC, seul.

Il faut partir, et sans lui avoir dit adieu ; mais je veux qu'elle sache tout ce que j'avais fait pour mériter sa main. (Il se met à une table, qui se trouve à la droite du théâtre, et écrit.) Apprenons-lui que ma fortune, mon rang dans le monde... c'est cela. Mais comment lui faire remettre ce billet ? (Apercevant Antonine qui sort de l'appartement à gauche.) Quel bonheur ! voici sa sœur. (Il ploie vivement son billet.)

SCÈNE VII.

FRÉDÉRIC, *à la table*, ANTONINE.

ANTONINE, d'un air de mauvaise humeur.

Je suis d'une colère! j'étais dans le grand salon à attendre, et la contredanse a commencé sans que mon mari vînt m'offrir la main; de dépit je me suis levée, et je suis sortie, d'autant que toutes ces demoiselles avaient un air enchanté, et jouissaient de mon embarras. (Apercevant Frédéric.) Il se pourrait! monsieur Frédéric! que je suis contente de vous voir! nous parlions de vous ce matin; et quelle sera la surprise de ma sœur! sait-elle que vous êtes ici?

FRÉDÉRIC, vivement.

N'en parlons plus. J'ai à réclamer de votre amitié un dernier service.

ANTONINE.

Quel est-il?

FRÉDÉRIC.

Dans quelques instans, j'aurai quitté Paris, et pour toujours... Je ne reverrai plus ni vous, ni votre sœur; mais daignez vous charger pour elle de ce billet.

ANTONINE.

Mais qu'avez-vous donc? pourquoi ne pas rester?

FRÉDÉRIC.

Pourquoi?... (Apercevant Bonnemain qui sort de l'appartement à gauche.) Adieu, adieu, je suis le plus malheureux des hommes.

(Il sort par le fond.)

SCÈNE VIII.

ANTONINE, BONNEMAIN.

BONNEMAIN, à part, en entrant.

Et moi donc!... qu'est-ce que je suis? je vous le demande.

ANTONINE, l'apercevant.

Ah! vous voilà, monsieur! vous êtes bien aimable. (Elle serre dans son corset le billet qu'elle tenait à la main.) Vous venez enfin me chercher pour danser, il est temps, au moment où la contredanse finit.

BONNEMAIN.

Madame, il ne s'agit pas de cela. Quelle est, s'il vous plaît, cette lettre que vous venez de recevoir?

ANTONINE, étonnée.

Comment!

BONNEMAIN.

Oui, que je vous ai vue cacher avec tant de soin.

ANTONINE.

Ah!... ce billet que m'a remis Frédéric?

BONNEMAIN, cachant sa colère.

Précisément... (A part.) Je ne sais comment m'y prendre... Quand on entre en ménage, et qu'on n'est pas encore fait aux explications conjugales... Ma chère amie, ne pourrais-je pas savoir ce qu'il contient?

ANTONINE, froidement.

Impossible, il n'est pas pour vous.

BONNEMAIN, toujours avec une colère concentrée.

Je m'en doute bien, mais n'importe, je voudrais le voir.

ANTONINE.

Je voudrais le voir!... Qu'est-ce que c'est que ce ton-là? Un jour comme celui-ci!... Sachez, monsieur, que je ne vous laisserai point prendre de mauvaises habitudes; et puisque vous parlez ainsi, vous ne le verrez pas.

BONNEMAIN.

Vous ne pensez pas, ma chère amie, que je pourrais l'exiger.

ANTONINE.

Maman! maman! il exige!...

SCÈNE IX.

LES PRÉCÉDENS; MADAME DE SAINT-ANDRÉ, M. DE SAINT-ANDRÉ, JULES.

MADAME DE SAINT-ANDRÉ, avec indignation.

Déja!... et tu pleures!

JULES.

Ma cousine qui pleure! qu'est-ce qu'elle a donc?

ANTONINE, pleurant.

C'est monsieur.

BONNEMAIN.

C'est madame.

M. DE SAINT-ANDRÉ, à Bonnemain.

Comment, mes enfans! vous commencez votre bonheur par une querelle.

BONNEMAIN.

Mais, beau-père!

M. DE SAINT-ANDRÉ.

Y pensez-vous, mon gendre? le premier jour? ce n'est pas l'usage.

ANTONINE.

C'est monsieur qui, au lieu de m'offrir sa main pour la première contredanse, m'a laissée toute seule; moi, qui avais refusé trente invitations.

MADAME DE SAINT-ANDRÉ.

C'est affreux!

JULES.

C'est indigne!

MADAME DE SAINT-ANDRÉ.

Ma pauvre fille! devais-tu t'attendre à ce manque d'égards?

BONNEMAIN.

Mais permettez donc; j'ai couru dans tous les salons.

M. DE SAINT-ANDRÉ.

Fi! mon gendre, cela ne se fait pas.

ANTONINE.

Et quand je suis assez bonne pour lui pardonner, monsieur a des procédés affreux; il prétend voir un billet qu'on vient de me remettre.

MADAME DE SAINT-ANDRÉ.

J'espère que tu n'as pas cédé.

ANTONINE.

Oh! non, maman.

MADAME DE SAINT-ANDRÉ.

C'est bien, il ne faut pas compromettre son avenir; mais moi, c'est différent, tu vas me confier cette lettre.

ANTONINE.

Non, maman; je ne puis la donner qu'à ma sœur.

MADAME DE SAINT-ANDRÉ.

C'est la même chose, allons la trouver. Pauvre enfant! c'est un ange de douceur! et quelle tenue! quels principes! (A Bonnemain.) Et vous avez eu le cœur de la chagriner? (Pleurant.) Dieu! quel avenir pour une mère!

ANTONINE, pleurant aussi.

Maman, calmez-vous.

BONNEMAIN.

Ma belle-mère, si vous ne pleuriez qu'après...

MADAME DE SAINT-ANDRÉ.

Fi! monsieur, vous êtes un tyran.

BONNEMAIN.

Allons, la voilà partie.

MADAME DE SAINT-ANDRÉ.

Viens, ma chère Antonine; certainement, si j'avais pu prévoir... mais il te reste l'amitié et les conseils d'une mère. (Elle emmène Antonine, elles entrent ensemble dans l'appartement à droite.)

BONNEMAIN, les regardant sortir.

Ses conseils! c'est fini, elle va tout brouiller. (A M. de Saint-André.) J'espère au moins, beau-père, que vous me rendrez justice.

M. DE SAINT-ANDRÉ.

Écoutez, mon gendre, je suis là dedans tout-à-fait désintéressé; mais franchement vous avez tort, je dirai même plus, tous les torts sont de votre côté.

(Il rentre dans l'appartement.)

SCÈNE X.

JULES, BONNEMAIN.

BONNEMAIN.

Est-ce que ce sera toujours comme ça ? Autant qu'on peut juger d'un livre par la première page, en voici un qui s'annonce d'une manière... J'aimerais mieux que ma femme n'eût pas de dot, et fût orpheline ! J'y gagnerais cent pour cent, j'aurais la famille de moins.

JULES, qui a regardé autour de lui si personne ne venait, s'approche de Bonnemain, et lui dit, à voix basse :

Monsieur, ça ne se passera pas ainsi.

BONNEMAIN.

Hein ! que me veut encore celui-là ?

JULES.

Apprenez, monsieur, que, parmi ses parens ma cousine trouvera des défenseurs ; et je vous demanderai pourquoi vous vous permettez de la chagriner ainsi.

BONNEMAIN.

Il faut peut-être que je la remercie de ce qu'elle ne m'aime pas.

JULES, avec joie.

Comment, monsieur, il serait possible ! ce serait pour cela !

BONNEMAIN.

Précisément.

JULES, cherchant à cacher sa joie.

Eh! mais il n'y a pas de quoi vous fâcher ni vous mettre en colère. Voyez-vous, mon cher cousin, il ne faut pas vous décourager; cela viendra peut-être, sans compter que les apparences sont trompeuses.

BONNEMAIN.

Ah! vous appelez cela des apparences! Un jeune homme qui l'aimait avant son mariage, et qui ici, devant moi, lui a remis un billet.

JULES.

Que dites-vous?

BONNEMAIN.

J'étais là, je l'ai vu.

JULES, vivement.

Il se pourrait! et vous êtes resté aussi calme! aussi tranquille! A votre place, je l'aurais tué.

BONNEMAIN.

A la bonne heure, au moins, en voilà un qui prend mes intérêts.

AIR de l'Artiste.

Beau-père, belle-mère,
M'en veulent, je le croi;
Et la famille entière
Se ligue contre moi.
Lorsque chacun me blâme,
Quel serait mon destin,
Si par bonheur ma femme
N'avait pas un cousin!

JULES.

Non, je n'aurais jamais pensé que ma cousine fût capable d'une telle perfidie. Certainement, je croyais, comme vous me le disiez tout à l'heure, qu'elle ne vous aimait pas, qu'elle n'aimait personne; mais supposer qu'elle a une autre inclination, c'est une horreur, c'est une indignité.

BONNEMAIN.

N'est-ce pas? c'est le seul de la famille. Allons, allons, jeune homme, calmez-vous. (A part.) En voilà un du moins que je peux recevoir chez moi sans danger. (Lui prenant la main.) Mon cousin, mon cher cousin, vous êtes le seul qui m'ayez témoigné une amitié véritable, et j'espère bien que vous me ferez le plaisir de venir souvent chez nous, et de regarder ma maison comme la vôtre. Vous me le promettez?

JULES.

De tout mon cœur.

SCÈNE XI.

Les précédens; madame DE SAINT-ANDRÉ, ANTONINE, ESTELLE, *qui tient la lettre de Frédéric à la main. Ils sortent tous de l'appartement à droite.*

MADAME DE SAINT-ANDRÉ, ESTELLE et ANTONINE.

Où est-il? où est-il? ce cher Frédéric!

BONNEMAIN.

Et de qui parlez-vous donc?

MADAME DE SAINT-ANDRÉ.

De cet estimable, cet excellent jeune homme; celui qui tout à l'heure a remis ce billet à Antonine.

ESTELLE.

Ce cher Frédéric !

ANTONINE.

Ce pauvre garçon !

BONNEMAIN.

Eh bien, par exemple !

MADAME DE SAINT-ANDRÉ.

Par malheur il n'a pas laissé son adresse.

ESTELLE.

Eh, mon dieu ! non, et comment lui faire savoir...

MADAME DE SAINT-ANDRÉ.

Mon gendre l'a vu, il lui a parlé, peut-être sait-il où il demeure.

BONNEMAIN.

Et pourquoi faire, s'il vous plaît ?

ANTONINE.

Il doit être si malheureux dans ce moment !

MADAME DE SAINT-ANDRÉ.

Il faut que nous le voyions.

BONNEMAIN, à Jules.

C'est fini, la famille est timbrée.

SCÈNE XII.

Les précédens; M. DE SAINT-ANDRÉ.

M. DE SAINT-ANDRÉ.

Eh bien ! vous ne l'avez pas trouvé ; mais, par bonheur, je me rappelle maintenant qu'en arrivant, il m'a dit qu'il venait de descendre à l'hôtel d'Espagne.

MADAME DE SAINT-ANDRÉ.

C'est ici en face; il faut y envoyer.

ANTONINE.

Jules nous rendra ce service.

JULES.

Du tout, madame.

ANTONINE.

Est-il peu obligeant!

M. DE SAINT-ANDRÉ.

Eh bien, mon gendre, courez-y sur-le-champ.

BONNEMAIN.

Celui-là est trop fort; se moquer de moi à ce point!

M. DE SAINT-ANDRÉ.

Vous ne savez donc pas ce qui arrive? Frédéric était chez un négociant de Bordeaux, qui n'avait pas d'enfans.

ESTELLE.

Et qui l'avait pris en amitié.

M. DE SAINT-ANDRÉ.

Car, ce cher Frédéric, tout le monde l'aime.

MADAME DE SAINT-ANDRÉ et ANTONINE.

C'est bien vrai.

ESTELLE.

Et en mourant il lui a laissé toute sa fortune.

M. DE SAINT-ANDRÉ.

Cinquante mille livres de rente; le voilà plus riche que vous.

BONNEMAIN.

Eh bien, par exemple! n'allez-vous pas lui donner votre fille?

M. DE SAINT-ANDRÉ.

Oui, sans doute.

BONNEMAIN.

La tête n'y est plus ; et lui qui ce matin parlait de girouettes! a-t-on jamais vu un beau-père l'être à ce point là ?

ESTELLE.

Vous perdez là du temps, il est peut-être parti; je vais envoyer un domestique.

(Elle sort par le fond.)

M. DE SAINT-ANDRÉ.

Ou plutôt j'y vais moi-même, et je vous l'amène; ce sera encore plus dans les convenances.

(Il sort par le fond.)

SCÈNE XIII.

Madame DE SAINT-ANDRÉ, BONNEMAIN, JULES, ANTONINE.

BONNEMAIN, élevant la voix.

J'espère qu'à la fin on daignera m'expliquer cette étrange démarche, à moins que décidément on ne regarde un mari comme rien, et un receveur général comme zéro.

JULES, bas à Bonnemain.

Bien, bien.

ANTONINE, s'avançant.

Je me suis justifiée aux yeux de ma famille, et je pourrais m'en tenir là; mais je n'abuserai point de ce que ma position a de favorable; votre colère était absurde, vos soupçons ridicules; ils ne valent pas la peine d'être réfutés.

BONNEMAIN.

C'est égal, essayez toujours, ça ne peut pas faire de tort.

ANTONINE.

Apprenez, monsieur, que ce n'est pas moi, mais ma sœur; c'est-à-dire, c'était bien moi, puisque c'est moi que vous avez épousée; mais c'est justement à cause de cela, parce qu'il a cru un moment, et c'est si naturel quand on aime bien!... C'est ce qui vous prouve qu'il n'y a de la faute de personne, et que c'est vous seul qui êtes coupable.

MADAME DE SAINT-ANDRÉ.

C'est clair comme le jour, et vous devez voir...

BONNEMAIN.

C'est-à-dire, j'y vois... j'y vois de confiance.

ANTONINE, bas à sa mère.

Maman, si, pour achever de le convaincre, j'essayais de me trouver mal.

MADAME DE SAINT-ANDRÉ, bas.

Impossible avec ta toilette. (Haut.) Et tenez, tenez, les voici.

SCÈNE XIV.

Les précédens; M. DE SAINT-ANDRÉ, ESTELLE, FRÉDÉRIC, *et toutes les personnes de la noce.*

CHOEUR.

Air : Dans cet asile (des Eaux du Mont-d'Or.)

> Ah! quelle ivresse!
> De sa tendresse
> Ce jour heureux
> Comble les vœux;

ACTE II, SCÈNE XIV.

Le mariage
Ici l'engage :
Quel moment
Pour le sentiment !

ANTONINE, à Bonnemain.

Aux noirs soupçons votre ame était en proie,
Vous le voyez, il adore ma sœur.

JULES.

Il aime Estelle ! ah ! pour moi quelle joie !

BONNEMAIN, regardant Jules.

Dieu, comme il m'aime, et comme il a bon cœur !

(Les acteurs sont rangés dans l'ordre suivant, le premier désigné tient la droite de l'acteur : M. de Saint-André, Frédéric, Estelle, madame de Saint-André, à qui on approche un fauteuil, Antonine, Bonnemain, Jules.)

BONNEMAIN.

Tout est expliqué; et cette fois, j'en suis quitte pour la peur. Pendant qu'ils sont dans les reconnaissances, j'ai bien envie d'enlever ma femme impromptu; car, grace au ciel, il est près de minuit, et nous touchons au lendemain du plus beau jour de ma vie. (Appelant.) Baptiste, les voitures de noce sont-elles là ?

LE DOMESTIQUE.

Non, monsieur, M. Jules les a renvoyées.

BONNEMAIN.

Encore un contre-temps ! Est-ce que nous pouvons nous en aller à pied ? en bas de soie, dans la neige; il ne manquerait plus que cela pour réchauffer l'hymen. Tâche de rattraper ma voiture, et avertis-moi sur-le-champ.

MADAME DE SAINT-ANDRÉ, qui, pendant ce tems, a causé avec Frédéric, son mari et ses deux filles.

J'ai peine à me remettre de mon émotion. Voilà

donc mes deux filles établies. Quelle perspective douloureuse pour une mère! car enfin, je vais me trouver seule avec mon mari; sans compter que, dans huit jours, j'aurai encore une noce à subir, le spectacle d'un mariage.

ESTELLE.

Non, ma mère, si vous le permettez, nous nous marierons à la campagne, sans bruit, sans apprêts.

MADAME DE SAINT-ANDRÉ.

Et pourquoi donc cela?

FRÉDÉRIC.

Une noce à huis clos, au profit seulement des mariés.

M. DE SAINT-ANDRÉ.

Je ne sais pas si c'est dans les convenances.

BONNEMAIN, à voix basse.

Belle-mère, belle-mère, nous allons partir.

MADAME DE SAINT-ANDRÉ.

Quoi! déja?

CHOEUR GÉNÉRAL.

Air du Calife de Bagdad.

ENSEMBLE.

JULES, à part.

Ah! je sens là battre mon cœur,
Et de dépit et de douleur!

BONNEMAIN.

Oui, je sens là battre mon cœur,
C'est donc fini; Dieu, quel bonheur.

ANTONINE.

Ah! je sens là battre mon cœur
D'émotion et de frayeur!

M. ET MADAME DE SAINT-ANDRÉ.

Ah! je sens là battre mon cœur
D'émotion et de frayeur!

ACTE II, SCÈNE XIV.

FRÉDÉRIC et ESTELLE.
Ah! je sens là battre mon cœur
Et d'espérance et de bonheur!

LE CHOEUR.
Chacun d'eux sent battre son cœur
Et d'espérance et de frayeur!

ESTELLE, au public.
Ma sœur aujourd'hui se marie,
Mais de vous dépend son destin;
Ah! tâchez, je vous en supplie,
Que le plus beau jour de sa vie
Ait encore un lendemain.

LE DOMESTIQUE, annonçant.
La voiture de la mariée!

ANTONINE, courant à sa mère.
Ah! mon Dieu!

MADAME DE SAINT-ANDRÉ.
Allons, ma fille, qu'est-ce que cela signifie?

(On reprend le chœur général.)

Ah! je sens là battre, etc. etc. etc.

(Chacun se range pour laisser passer les deux époux. Bonnemain prend le bras de sa femme. Estelle pose un schall sur les épaules d'Antonine. Sa mère lui parle bas à l'oreille. Le père lève les yeux au ciel, et fait respirer un flacon de sels à madame de Saint-André qui est près de se trouver mal. Antonine, en s'éloignant, jette un dernier regard sur le petit cousin, qui, placé dans un coin, porte un mouchoir à ses yeux.)

FIN DU PLUS BEAU JOUR DE LA VIE.

LA DEMOISELLE A MARIER,

OU

LA PREMIÈRE ENTREVUE,

COMÉDIE-VAUDEVILLE EN UN ACTE;

Représentée, pour la première fois, sur le théâtre de Madame, le 18 janvier 1826.

EN SOCIÉTÉ AVEC M. MÉLESVILLE.

PERSONNAGES.

M. DUMESNIL.
Madame DUMESNIL.
CAMILLE, leur fille.
ALPHONSE DE LUCEVAL, prétendu de Camille.
DUCOUDRAI, ami de M. Dumesnil.
BAPTISTE, domestique de M. Dumesnil.

La scène se passe en province, dans la maison de M. Dumesnil.

Le théâtre représente un salon de campagne ; porte au fond, deux latérales sur le premier plan; sur le dernier plan, deux autres portes latérales, dont l'une est celle de la salle à manger, et l'autre celle d'un appartement. A gauche du spectateur, une table et tout ce qu'il faut pour écrire; du même côté, une harpe et des livres de musique; à droite, une table sur laquelle se trouvent du canevas, de la broderie et autres ouvrages de femmes.

CAMILLE,

APPUYEZ BIEN SUR CETTE PHRASE-LÀ.

(*La Demoiselle à Marier, Sc. XVI.*)

LA DEMOISELLE A MARIER

OU

A PREMIÈRE ENTREVUE.

SCÈNE PREMIÈRE.

M. ET MADAME DUMESNIL : *le mari est en robe de chambre et la femme en habit du matin.*

M. DUMESNIL.

Oui, ma chère amie, ce n'est qu'à dix heures qu'il doit venir, ainsi ne vous pressez pas.

MADAME DUMESNIL.

Comment ne pas me presser! une affaire de cette importance! à peine ai-je eu le temps de tout ordonner dans la maison.

M. DUMESNIL.

Ma femme, ma femme, vous allez faire trop de préparatifs, et, aux yeux de M. de Luceval, ça aura un air de cérémonie.

MADAME. DUMESNIL.

Du tout, monsieur, vous pouvez vous en rapporter à moi; mais quand il y aurait un peu d'apparat, où serait le mal? le jour où l'on attend un gendre... un gendre! ce mot-là est si doux pour une mère, et quel plaisir j'aurai à dire : Mon gendre, donnez la main à ma fille; mon gendre, asseyez-vous là.

M. DUMESNIL.

Justement, c'est qu'il ne faudra pas dire cela.

MADAME DUMESNIL.

Et pourquoi donc?

M. DUMESNIL.

C'est qu'il n'est pas encore notre gendre.

MADAME DUMESNIL.

Puisqu'il se présente aujourd'hui, puisque c'est la première entrevue.

M. DUMESNIL.

Peut-être sera-ce la dernière, si nous ne lui convenons pas. Cependant, d'après ce qu'on m'a dit du jeune homme, je t'avouerai que j'ai bon espoir.

Air : Du partage de la richesse.

Il est seul et n'entre en ménage
Que pour avoir des amis, des parens.

MADAME DUMESNIL.

Voyez pour lui quel avantage!
Nous sommes sept en comptant nos enfans.
Il ne tient pas à la naissance.

M. DUMESNIL.

D'un bon bourgeois je suis le fils.

MADAME DUMESNIL.

Il ne tient pas à l'opulence.

M. DUMESNIL.

Depuis vingt ans je suis commis.

Avec de bons appointemens, il est vrai, mais ce n'est pas une fortune,

MADAME DUMESNIL.

Il est de fait que, sous tous les rapports, c'est pour lui un mariage superbe; et puis notre fille Camille est si douce, si aimable... de l'esprit, des talens; et pour ce qui est d'être bonne ménagère, elle a été élevée par moi, c'est tout dire, et il n'y a personne qui nous vaille, à dix lieues à la ronde, pour l'ordre, l'économie, et les confitures de groseilles.

DUCOUDRAI, en dehors.

La la, ma bonne grisette; non, non, ne lui ôtez pas la bride, je repars dans l'instant.

M. DUMESNIL.

C'est notre cher Ducoudrai, que nous n'avions pas vu depuis trois jours, l'ami de la famille.

MADAME DUMESNIL.

Et le parrain de Camille; il faut lui faire part de cette bonne nouvelle : lui, qui depuis un an, se donne tant de mal pour nous trouver un gendre, il ya être enchanté.

SCÈNE II.

Les mêmes; DUCOUDRAI.

DUCOUDRAI, en bottes et la cravache à la main.

Air : Vivent les amours.

A travers les champs et les bois,
De l'amitié n'écoutant que la voix,
J'arrive en chevalier courtois
Et n'ai, je crois,
Embourbé qu'une fois.

Le trajet devient des plus beaux ;
On n'en a plus qu'au ventre des chevaux,
Depuis que nos municipaux
Font réparer les chemins vicinaux.
A travers les champs et les bois, etc.

M. DUMESNIL.

En effet, te voilà en courrier.

DUCOUDRAI.

Je suis comme cela, moi, toujours en poste, quand il s'agit d'obliger mes amis; et j'apporte de bonnes nouvelles, des nouvelles de mariage.

MADAME DUMESNIL.

Nous allions vous en parler.

DUCOUDRAI.

C'est ça, vous parlez, et moi j'agis. Tu sais, mon vieil ami, que nous ne nous sommes jamais quittés; et que déjà, dès le collége de Montereau, nous faisions des châteaux en Espagne pour nous et pour les nôtres. Nous étions millionnaires, sénateurs, généraux d'armées, et nous épousions des duchesses. Il est arrivé de tout cela que tu as épousé une bonne bourgeoise, que je suis resté garçon, et, quant à la fortune, que nous avons tous les deux une bonne place à l'enregistrement, et que nous n'en sommes pas plus malheureux. N'est-il pas vrai?

DUMESNIL.

Non, morbleu.

DUCOUDRAI.

Moi surtout, qui, comme garçon, dîne toujours en ville; qui vais à mon bureau dans la semaine; à la chasse le dimanche, et qui mène, quoique citadin, la vie d'un gentilhomme campagnard. C'est là mon bonheur, et je n'en veux pas d'autre. Mais ces idées d'ambition, que je n'ai plus pour moi, je les ai conservées pour tes enfants, pour Camille surtout, que je regarde comme ma fille, car je n'ai point oublié que je suis son second père, son parrain; et comme, grace à mes habitudes un peu dépensières, il m'était plus facile de lui donner un mari que de lui donner une dot, depuis un an je me suis mis en campagne, et d'aujourd'hui seulement j'ai réussi.

MADAME DUMESNIL.

Que dites-vous ?

DUCOUDRAI.

Que vous n'avez pas perdu pour attendre. Un parti superbe. Parce que moi, quand je me mêle de quelque chose... j'y ai mis un zèle, une adresse, en un mot, c'est le fils de notre inspecteur général.

DUMESNIL.

Ah, mon Dieu! monsieur de Géronville!

DUCOUDRAI.

Il te demande ta fille en mariage, et voici la lettre que j'apporte. Tenez, tenez, mes amis. Eh bien! qu'est-ce que vous avez donc? moi, qui croyais que vous alliez me sauter au cou, et qui craignais d'avance les effets de la suffocation.

DUMESNIL.

Mon cher ami, mon bon Ducoudrai! nous sommes bien sensibles à ton amitié. Mais nous avons un autre parti en vue.

DUCOUDRAI.

Un autre parti! Est-ce qu'il peut valoir le mien? le fils de M. de Géronville, notre inspecteur.

AIR du Vaudeville du Charlatanisme.

Le chef de l'enregistrement!
Te voilà dans ses bonnes grâces...

DUMESNIL.

Oh! je n'en demande pas tant.

DUCOUDRAI.

Eh quoi! tu ne veux pas de places?

DUMESNIL.

Point de faveurs; mais seulement
De la justice...

DUCOUDRAI.

Quel caprice!
Songe donc que précisément
En fait de places... c'est souvent
Une faveur que la justice.

MADAME DUMESNIL.

Mais notre gendre n'en a pas besoin. Trente mille livres de rente et un château.

DUCOUDRAI.

Ça n'est pas possible.

MADAME DUMESNIL.

C'est ce qui vous trompe.

DUCOUDRAI.

Fortune mal acquise. Quelque nouveau parvenu... (D'un air piqué.) Du reste, vous êtes bien les maîtres; vous ferez ce que vous voudrez, qu'est-ce que ça me fait à moi?... Camille est votre fille.

DUMESNIL.

Eh bien! vois un peu ce que c'est que l'amour pro-

SCÈNE II.

pre : toi, le meilleur des hommes ! toi, notre ami intime ! te voilà fâché que ma fille fasse un superbe mariage ; et pourquoi ? parce qu'il n'est pas de ton choix.

DUCOUDRAI.

Moi !

DUMESNIL.

Mais nous allons parler de cela dans mon cabinet. Je ne veux pas que devant Camille il soit question de rien. Toi surtout, ma femme, ne la préviens pas de l'arrivée de M. de Luceval ; il ne veut pas être connu, et je lui en ai donné ma parole.

DUCOUDRAI.

A merveille. Il paraît que le jeune prince veut garder l'incognito, c'est charmant ; des manières de grand seigneur.

DUMESNIL.

Eh ! non, c'est au contraire pour en agir plus simplement qu'il doit se trouver ici par hasard ; et pour marchander quelques arpens de terre.

DUCOUDRAI.

Encore mieux, c'est un petit roman qui commence. Il paraît que votre gendre futur est un jeune homme à sentimens.

DUMESNIL, l'emmenant.

Tiens, tu as beau faire, tu es piqué contre lui.

DUCOURAI.

Moi ! si l'on peut dire !.. (On entend la ritournelle de l'air suivant.)

MADAME DUMESNIL.

Eh ! partez donc, car voici ma fille.

SCÈNE III.

Madame DUMESNIL, CAMILLE.

CAMILLE, avec un panier sous le bras.

Air de la walse de Léocadie.

L'amour,
Un jour,
Te prendra Nicette;
L'amour,
Un jour,
Te jouera d'un tour.
Jusqu'ici, coquette,
Tu te ris de nous;
Bientôt, ta défaite
Nous vengera tous.
L'amour,
Un jour, etc.

J'rirai bien, j'espère;
S'il a ce pouvoir!
Tu pleureras, ma chère;
C'est c'que j'voudrais voir.
Vraiment,
Comment
Craindre sa colère?
Vraiment,
Comment
Redouter un enfant?

MADAME DUMESNIL.

Eh! mais, d'où viens-tu donc?

CAMILLE.

De la ferme où j'ai déniché des œufs, et j'en ai plein ce panier, où ils sont tout chauds; comme c'est gentil, tiens, maman.

(Elle le pose sur la table.)

SCÈNE III.

MADAME DUMESNIL, à part.

A merveille, cela servira pour mon déjeûner; (Haut.) mais courir ainsi le matin, au soleil, pour se gâter le teint.

CAMILLE.

Oh! je n'y tiens pas; c'est si amusant de courir dans la campagne, par une belle matinée de printemps. J'ai respiré le bon air; j'ai cueilli des bleuets, et j'étais heureuse... je ne sais pourquoi; mais enfin, je me trouvais heureuse.

MADAME DUMESNIL.

De sorte que tu ne désires rien.

CAMILLE.

Rien que de rester auprès de toi, auprès de mon père, et de ne jamais vous quitter; je viens d'avoir un si grand bonheur. Imagine-toi, maman, qu'en arrivant à la ferme, j'ai demandé une jatte de lait et un grand morceau de pain bis.

MADAME DUMESNIL.

Comment! est-ce que tu aurais déjeuné?

CAMILLE.

Juste, c'est si bon du pain bis et de la crême.

MADAME DUMESNIL, à part.

Ah, mon Dieu! ce jeune homme qui va arriver; quelle mine fera-t-elle à table? (Haut.) Je vous demande de quoi vous allez vous aviser?

CAMILLE.

Tu as peur que ça ne me fasse mal; mais sois tranquille, je vais faire d'ici au dîner une promenade à âne; déja j'ai donné mes ordres.

MADAME DUMESNIL, à part.

Il ne manquait plus que cela; s'en aller au moment où son futur... (Haut.) Non, mademoiselle, vous resterez; je le veux. Mais comme te voila faite! Pourquoi n'as-tu pas mis une robe qui fût mieux que celle-là?

CAMILLE.

A quoi bon? c'est celle de tous les jours, et vous m'avez dit qu'il ne fallait pas être coquette.

MADAME DUMESNIL.

Tu as raison : c'est-à-dire, cependant... il y a des occasions... Dis donc, Camille, on a porté dans ta chambre une robe rose que tu devrais bien essayer, pour que je voie comment elle te va.

AIR du vaudeville des Amazones.

En même temps, si j'étais à ta place,
Moi, je mettrais tes souliers de satin ;
Ils vont si bien, ils donnent de la grace.

CAMILLE, étonnée.

On attend donc du monde ce matin?

MADAME DUMESNIL.

Non pas vraiment, mais vous devez m'entendre ;
En général, je vous fais observer
Qu'à dix-sept ans on doit toujours attendre :
On ne sait pas ce qui peut arriver.

CAMILLE.

Qu'est-ce qu'il va donc m'arriver?... Je ne sais pas ce que maman a ce matin.

SCÈNE IV.

Les mêmes; BAPTISTE.

BAPTISTE.

Madame, madame.

MADAME DUMESNIL.

Qu'est-ce que c'est?

BAPTISTE.

Monsieur vous demande tout de suite, tout de suite; il ne peut pas trouver son jabot brodé.

MADAME DUMESNIL.

Là! je l'avais mis à côté de ses bas de soie; mais M. Dumesnil a une tête... je vais lui donner ce qu'il faut; car, en causant avec ce Ducoudrai, il aura tout bouleversé.

CAMILLE, à part.

Et mon père aussi qui fait une toilette!

BAPTISTE.

Je vais mettre au feu les rognons et les côtelettes, je n'attends plus que du linge. Je ne sais pas combien il faut mettre de couverts.

MADAME DUMESNIL, bas.

Veux-tu bien te taire? Je vais sortir les serviettes ouvrées. (A Camille.) Toi, mon enfant, ne te tourmente pas, et songe à ce que je t'ai dit. Sois toujours bonne fille, douce, modeste; et va mettre ta robe neuve... que tu sens bien que l'amitié... et la bénédiction de tes parens... Embrasse-moi, et surtout tâche de te tenir droite.

(Elle sort.)

SCÈNE V.

CAMILLE, BAPTISTE.

CAMILLE.

Qu'est-ce qu'ils ont donc tous? Ces préparatifs, ce déjeûner, cet air de joie et de mystère...

BAPTISTE.

Comment, mademoiselle, vous ne devinez pas?

CAMILLE.

Eh! non, sans doute; et si tu le sais, dis-le-moi vite.

BAPTISTE.

On m'a bien défendu d'en parler; mais comme ça vous regarde, et qu'on ne peut rien sans vous, faudra toujours que vous le sachiez. (A demi-voix.) On va vous marier.

CAMILLE.

Moi! ah, mon Dieu! qu'est-ce que tu me dis là? Je n'y avais jamais pensé. Et pourquoi me marier, et à quoi bon?

BAPTISTE.

Comment! ça ne vous fait pas plaisir!

CAMILLE.

Au contraire; ça me fait peur, et me voilà toute tremblante. Pourquoi m'en as-tu parlé? pourquoi m'as-tu dit cela?

BAPTISTE.

Parce que le prétendu va arriver. Un beau jeune homme qui est bien aimable; car on dit qu'il est joliment riche, et il faut vous préparer d'avance pour tâcher de lui plaire tout naturellement.

SCÈNE V.

CAMILLE.

Ah, mon Dieu! voilà qui est encore pire; et je devine maintenant les recommandations de ma mère, la toilette qu'elle m'a préparée, la harpe qu'on a accordée ce matin; on va me faire chanter devant lui.

Air du vaudeville de Oui et Non.

Dieu! quelle gêne, quel ennui!
C'est mon parrain qui le protège;
Un ami: c'est bien mal à lui.
A ce jeune homme que dirai-je?
Sans le voir je le hais déjà.

BAPTISTE.

C'est par trop tôt. Un jour, peut-être,
De soi-même cela viendra;
Mais faut au moins l' temps d' se connaître.

CAMILLE.

Quelle contenance aurai-je en présence de cet étranger?

BAPTISTE.

Comme disait madame votre mère, il faut d'abord vous tenir droite, et puis lui faire des petits airs, des mines en dessous, comme font toutes les demoiselles qui veulent devenir des madames.

CAMILLE.

Jamais! ça m'est impossible, j'aime mieux retourner à la ferme.

BAPTISTE.

Ne vous en avisez pas, mademoiselle, ça romprait le mariage, et ça ne ferait pas notre compte, à moi, surtout, qui ai depuis si long-temps un fameux projet.

CAMILLE.

Et quoi donc?

BAPTISTE.

Vous savez, mademoiselle, que je suis la sagesse et la sobriété en personne, et que je ne vais jamais au cabaret, pas même le dimanche.

CAMILLE.

Oui, après, je sais qu'on ne peut que te louer.

BAPTISTE.

Eh bien! au contraire; les autres se moquent de moi, et parce que je ne vais pas boire avec eux, ils m'appellent cafard, ce qui est désagréable; aussi pour rétablir ma réputation, j'ai là une idée.

Air du vaudeville de l'Écu de six francs.

Je puis me vanter qu'elle est bonne;
Le jour où l'on vous mariera
C'est décidé, faut que j' m'en donne.
Oh! oui, mamzell', j' vous dois bien ça.
Pour vos bontés j' vous dois bien ça.
Depuis long-temps... v'là que j' m'apprête,
Et c'est en fidèl' serviteur,
L' jour où vous perdrez votre cœur,
Que moi, je veux perdre la tête.
L' jour où vous perdrez votre cœur,
Oui, moi, je veux perdre la tête.

(On sonne au dehors.)

Oh, mon Dieu! on sonne à la grille. Un jeune homme à cheval, c'est lui; c'est le prétendu.

CAMILLE.

C'est fait de moi.

(On sonne dans l'intérieur.)

BAPTISTE.

Voilà monsieur qui sonne. (On entend en dehors : Baptist! Baptiste!) Voilà madame qui m'appelle.

(On sonne encore.)

CAMILLE.

Et moi je m'enfuis.

(Elle sort.)

SCÈNE VI.

Madame DUMESNIL, ENTRANT PAR LA PORTE A GAUCHE ;
BAPTISTE, M. DUMESNIL, M. DUCOUDRAI.

MADAME DUMESNIL, en peignoir.

Baptiste, Baptiste ; mais allez donc ouvrir, ne faites pas attendre. (Baptiste sort.) Mon mari, mon mari... monsieur Dumesnil ; il devrait être là pour recevoir.

M. DUMESNIL, sans habit, et paraissant à droite.

Ma femme, ma femme, c'est lui ; il est entré dans la cour.

MADAME DUMESNIL.

Hé bien ! vous n'êtes pas plus avancé que cela ?

M. DUMESNIL.

J'étais avec Ducoudrai à composer cette lettre... Mon habit qui n'est pas brossé.

MADAME DUMESNIL.

Et moi, le déjeûner... et tout mon monde à surveiller ; est-ce que j'ai eu le temps de songer à ma toilette ?

M. DUMESNIL.

Je ne peux pourtant pas recevoir ainsi mon gendre.

MADAME DUMESNIL.

Ni moi non plus.

DUCOUDRAI.

C'est ça, il ne trouvera personne à qui parler.

M. DUMESNIL.

Si, mon ami, mon cher Ducoudrai, je t'en prie, tiens-lui compagnie pour un instant; toi qui as du sang-froid et un habit.

M. et MADAME DUMESNIL.

Air : Dans la paix et l'innocence.

ENSEMBLE.

Dis-lui bien de nous attendre.
Dites-lui de nous attendre.

DUCOUDRAI.

C'est moi qui fais tout ici.
Il faut recevoir ce gendre
Et rester auprès de lui.

M. et MADAME DUMESNIL.

Le voilà, le voilà; je m'enfuis.

(Ils rentrent chacun dans leur appartement.)

DUCOUDRAI, seul.

Il faut dans cette demeure
Et lui plaire et l'amuser,
Je vais être tout à l'heure
Obligé de l'épouser.

Ces braves gens-là n'ont pas plus de tête...

SCÈNE VII.

ALPHONSE, DUCOUDRAI.

ALPHONSE, au fond.

Qu'on ne se dérange pas; j'attendrai tant qu'on voudra: Je ne suis pas fâché de me remettre un peu; car c'est un enfantillage dont je ne puis me rendre compte; l'aspect seul de cette maison m'a causé une émotion : ici, me disais-je, habite ma compagne, mon amie, celle à qui je vais devoir une nouvelle existence. (Se retournant et saluant Ducoudrai qui s'est retiré pour l'observer à l'écart.) Pardon, monsieur, de ne pas vous avoir aperçu, je désirais parler à M. Dumesnil.

DUCOUDRAI, le regardant.

Il va paraître, monsieur, et je suis chargé de le représenter momentanément.

ALPHONSE.

Monsieur est un de ses parens?

DUCOUDRAI, de même.

Mieux que cela, monsieur, je suis un ami! un ami intime de la famille, et de plus le parrain de la jeune personne.

ALPHONSE, à part.

Je vois que le parrain de la jeune personne est dans la confidence, rien qu'à la manière dont il me regarde.

DUCOUDRAI, à part.

Ils ont beau dire, je ne lui trouve rien de merveilleux; ça rentre dans la catégorie ordinaire des prétendus... l'air gauche, et les gants blancs.

ALPHONSE.

C'est bien indiscret à moi de me présenter de si bonne heure; mais à la campagne, et surtout en ma qualité de voisin, j'ai pensé que je pouvais... (A part.) ah çà, l'ami intime ne m'aide pas du tout, il devrait sentir cependant que mon entrée est assez embarrassante.

DUCOUDRAI.

Monsieur, à ce qu'il paraît, habite les environs.

ALPHONSE.

Oui, monsieur...

DUCOUDRAI.

Il n'y a donc pas long-temps, car moi qui connais tout le monde.

ALPHONSE.

Je suis arrivé il y a huit jours de Paris où j'habite six mois de l'année...

DUCOUDRAI.

Fort bien : je vois que monsieur a maison à la ville, maison à la campagne; ce qui suppose une fortune assez agréable.

ALPHONSE.

Mais oui, monsieur.

DUCOUDRAI.

Je pense qu'elle est également solide.

ALPHONSE.

Mais, monsieur... (A part.) ils ont dû prendre d'avance leurs informations, et l'on ne fait pas subir ainsi un interrogatoire détaillé...(Haut.) Il paraît que monsieur

SCÈNE VII.

Dumesnil est sorti, mais madame est peut-être visible?

DUCOUDRAI.

Non, monsieur, ils sont tous deux ici à leur toilette.

ALPHONSE.

A leur toilette! de la toilette pour moi, (à part.) des gens que l'on m'avait dit sans façon. (Haut.) Je suis fâché qu'un pareil motif retarde le plaisir que j'aurais à les voir, car on m'en a dit tant de bien dans le pays; on m'a parlé surtout de M. Dumesnil comme d'un parfait honnête homme.

DUCOUDRAI.

Et l'on a eu raison. (A part.) Il ne faut pas que ma mauvaise humeur m'empêche de servir mes amis. (Haut.) Voilà quarante ans que je le connais, et c'est un homme d'honneur; esclave de ses devoirs et de sa parole, à laquelle rien au monde ne le ferait manquer; du reste, bon époux, bon père, adorant ses enfans et surtout sa fille, qui a été élevée comme chez madame Campan : c'est moi qui suis son parrain, et vous pouvez m'en croire.

Air : L'amour qu'Edmond a su me taire.

On lui donna, dès sa plus tendre enfance,
Des principes purs, excellens ;
On lui donna la grace, la décence,
On lui donna l'esprit et les talens ;
On lui donna l'horreur de la toilette...

ALPHONSE, à part, et impatienté.

Ma foi, puisqu'on était en train,
On aurait dû, pour la rendre parfaite,
Lui donner un autre parrain.

DUCOUDRAI.

Et certainement celui qui l'aura pour femme ne sera pas à plaindre.

ALPHONSE, à part.

Comme c'est adroit de venir tout de suite me jeter cela à la tête! J'arrivais ici dans les meilleures dispositions, et depuis qu'il m'a fait l'éloge de la famille me voilà prévenu contre elle... Au reste, je vais en juger par moi-même. Les voici.

SCÈNE VIII.

LES MÊMES; MADAME DUMESNIL, EN GRANDE TOILETTE; M. DUMESNIL, EN CULOTTE COURTE, BOUCLES, BAS DE SOIE, LE CHAPEAU SOUS LE BRAS; CAMILLE, COIFFÉE EN CHEVEUX, AVEC UNE ROBE NEUVE, UN COLLIER.

Air: Ma Fanchette est charmante.

ENSEMBLE.

M. et MADAME DUMESNIL.

Viens donc qu'on te présente;
Grand Dieu! quel embarras!
Elle est toute tremblante
Et n'ose faire un pas.

DUCOUDRAI.

L'entrevue est touchante;
Voyez quel embarras,
Elle est toute tremblante;
Ils n'osent faire un pas.

SCÈNE VIII.

CAMILLE.

Grand Dieu ! quel embarras !
Je suis toute tremblante
Et n'ose faire un pas.

ALPHONSE, sur le devant de la scène, à gauche.

Grand Dieu ! quel embarras !
Elle est toute tremblante
Et n'ose faire un pas.

TOUS.

Grand Dieu ! quel embarras !

M. DUMESNIL, à sa femme.

Hé bien ! avance donc.

MADAME DUMESNIL.

Ah çà, Camille, ne te tiens donc pas dans ma poche.

(Ils s'avancent tous trois, Alphonse va au-devant d'eux en saluant.)

ALPHONSE.

Mille pardons de vous avoir dérangés ; et vous surtout, madame, combien je vous dois d'excuses !

MADAME DUMESNIL.

C'est M. Alphonse de Luceval, notre nouveau voisin.

M. DUMESNIL.

C'est nous qui sommes confus ; vous nous surprenez dans un négligé...

DUCOUDRAI, à part.

Qu'est-ce qu'il dit donc ? ils sont superbes.

M. DUMESNIL.

Mais à la campagne, on agit sans façons ; et vous nous pardonnerez de vous avoir fait attendre.

ALPHONSE.

Le temps ne m'a pas paru long, car je causais avec monsieur, qui me faisait votre éloge.

M. DUMESNIL.

Cet excellent ami..... Permettez que je vous présente ma fille.

ALPHONSE.

Mademoiselle.

MADAME DUMESNIL, bas à Camille.

Air de Paris et le village.

Allons, tenez-vous comme il faut,
Levez la tête davantage.

CAMILLE, bas.

Mais ma robe me gêne trop.

ALPHONSE, à part, en regardant Camille.

Quelle parure ! c'est dommage !

MADAME DUMESNIL, bas à son mari.

Déjà je le vois enchaîné.

ALPHONSE, la regardant toujours.

Elle serait mieux, je parie,
Sans tout le mal qu'on s'est donné
Pour l'empêcher d'être jolie.

ALPHONSE, à part.

Et moi qui avais demandé qu'elle ne fût pas prévenue ; allons, on m'a manqué de parole.

(Ils sont rangés dans l'ordre suivant ; Alphonse le premier à droite du spectateur, Camille loin de lui au milieu du théâtre, entre monsieur et madame Dumesnil, et Ducoudrai à gauche.)

M. DUMESNIL, bas à sa femme.

Maintenant, pour l'achever, tâche donc de faire parler ta fille, car elle n'a pas encore dit un mot.

MADAME DUMESNIL.

Elle qui d'ordinaire est d'une gaîté... (Bas, s'approchant de sa fille.) Allons, ma fille, allons, mademoiselle, tâchez donc d'être aimable.

SCÈNE VIII.

CAMILLE, de même.

Je ne peux pas quand on me regarde.

M. DUMESNIL, bas à Ducoudrai.

Soutiens un peu la conversation, toi qui es le parrain, et qui n'as rien à faire.

DUCOUDRAI, à part.

Ils ont raison; si je ne m'en mêle pas, ils ne s'en tireront jamais; le prétendu surtout, qui a raison d'être riche, car il a l'air de n'être pas fort..... (Traversant le théâtre et passant entre Alphonse et Camille.) Eh bien! jeune homme, comment trouvez-vous notre pays?

ALPHONSE, à part.

En voilà un qui, avec son ton protecteur, me déplaît souverainement.

DUCOUDRAI.

Un bon pays, n'est-il pas vrai? un air pur; et puis, vous qui êtes connaisseur..... (Regardant Camille.) on y trouve de jolis points de vue.

ALPHONSE, froidement.

Superbes, comme vous dites; ceux surtout dont la nature a fait tous les frais.

DUCOUDRAI, à part.

Est-il bête! il ne comprend pas. (Haut.) Mais il me semble que seul, à votre âge, dans votre château, vous devez bien vous ennuyer?

ALPHONSE.

Je ne m'ennuie jamais... quand je suis seul.

MADAME DUMESNIL.

C'est comme ma fille; c'est ce qu'elle me disait encore ce matin, parce qu'une bonne femme de ménage trouve toujours à s'occuper; et vous ne croiriez pas, monsieur, que cette chère enfant fait tout dans la maison.

CAMILLE, bas à sa mère.

Mais tais-toi donc.

DUCOUDRAI.

Et puis quelqu'un qui, comme vous, a été élevé à Paris, doit aimer les arts, doux charme de la vie..... Monsieur joue peut-être du violon ou de la flûte?

ALPHONSE.

Fort mal, mais je cultive les arts pour moi, et non pour les autres.

MADAME DUMESNIL.

C'est comme ma fille. Je lui ai toujours dit : Il faut avoir des talens, et ne jamais les montrer. Aussi, monsieur, elle a dessiné dernièrement une tête de Romulus; une tête admirable, qui mériterait l'exposition. Eh bien! personne ne l'a encore vue que moi, son père et ses quatre frères; car son parrain même n'en a pas eu connaissance.

DUCOUDRAI.

C'est, ma foi, vrai; et c'est très-mal à toi.

MADAME DUMESNIL.

Allons, Camille, va donc chercher ton portefeuille, pour montrer à ton parrain.

ALPHONSE, à part.

J'y suis, c'est le parrain qui est le compère.

MADAME DUMESNIL.

Et puis, monsieur qui est connaisseur te donnera son avis.

SCÈNE VIII.

CAMILLE.

Mais non, maman, y pensez-vous?

MADAME DUMESNIL.

Mais si, mademoiselle. Je le veux; allez chercher votre dessin, cette tête de Romulus.

CAMILLE.

Elle était affreuse, je l'ai déchirée.

MADAME DUMESNIL, bas à son mari.

Elle a déchiré sa tête de Romulus.

M. DUMESNIL, croisant ses mains d'un air de désespoir.

Allons!

MADAME DUMESNIL.

Mais au moins tu pourrais nous faire entendre cet air nouveau; justement on est venu hier par hasard accorder ta harpe.

DUCOUDRAI.

Ça se trouve à merveille.

CAMILLE.

Ah! mon parrain, je vous en prie.

ALPHONSE.

Je serai enchanté de juger des talens de mademoiselle; je suis seulement fâché qu'elle n'ait point en moi un auditeur plus digne de l'apprécier.

CAMILLE, à part.

Dieu! qu'il a l'air moqueur! je n'y tiens plus; je suffoque. (Bas à sa mère.) Par grace, ne me fais pas chanter, c'est capable de me faire pleurer.

MADAME DUMESNIL.

Allons, rien ne nous réussit. (Voyant Baptiste qui arrive.) Par bonheur, voilà le déjeûner; je les mettrai à côté l'un de l'autre.

SCÈNE IX.

Les mêmes; BAPTISTE, la serviette sous le bras.

BAPTISTE.

Madame, vous êtes servie.

M. DUMESNIL.

J'espère que M. de Luceval voudra bien partager le déjeûner de famille.

MADAME DUMESNIL.

C'est sans façons, ce qu'il y aura.

BAPTISTE.

Marguerite dit qu'on ne fasse pas attendre, parce que le soufflé va tomber.

MADAME DUMESNIL, bas.

Veux-tu te taire?

ALPHONSE.

Je venais seulement pour causer avec M. Dumesnil de ces quatre arpens qu'il veut bien me céder.

DUCOUDRAI.

Hé bien! nous en parlerons à table, c'est là qu'il faut parler d'affaires.

ALPHONSE.

Impossible, car je vous avouerai franchement que j'ai déjà déjeûné.

M. et MADAME DUMESNIL.

Il a déjeûné!

MADAME DUMESNIL, à part.

Et tous mes préparatifs! Voilà le dernier coup....

SCÈNE IX.

Je n'y suis plus, mes idées se brouillent. (Haut à Alphonse.) Comment, monsieur, vous avez déjeûné?

ALPHONSE.

Oui, madame, avant de partir, une tasse de lait.

MADAME DUMESNIL.

C'est comme ma fille, ce matin, à la ferme.

ALPHONSE, à part.

Comme sa fille! parbleu, celui-là est trop fort!

DUCOUDRAI.

Hé bien, il n'y a pas de mal. (Bas à monsieur et à madame Dumesnil.) Ne vous en mêlez plus, car depuis une heure vous ne faites que des sottises.

M. DUMESNIL.

C'est bien possible; le manque d'habitude...

DUCOUDRAI.

Allons vite nous mettre à table.

M. et MADAME DUMESNIL, bas.

C'est fini! je n'ai plus faim.

DUCOUDRAI.

N'importe, venez toujours. (A Alphonse.) Mille pardons, mon jeune ami, de vous laisser ainsi! Ma filleule, qui a aussi déjeûné, voudra bien vous tenir compagnie.

CAMILLE.

Ah, mon Dieu! comment vous voulez?

DUCOUDRAI, bas à M. Dumesnil.

Comme ça, voyez-vous, ça n'a pas l'air d'une entrevue.

Air du vaudeville des Deux Matinées.

Nous allons nous mettre à table,
Et nous revenons ici.

M. DUMESNIL, bas.

Oui, l'idée est admirable!
Quel bonheur qu'un tel ami!

MADAME DUMESNIL, bas.

Oui, c'est un moyen honnête.

M. DUMESNIL.

Quand nous perdons tous l'esprit,
Lui seul conserve la tête.

DUCOUDRAI.

Et surtout mon appétit.
Je conserve mon appétit.

ENSEMBLE.

Nous allons nous mettre à table,
Et nous revenons ici.
Oui, l'idée est admirable!
Quel bonheur qu'un tel ami!

(Ils entrent dans la salle à manger.)

SCÈNE X.

CAMILLE, ALPHONSE.

ALPHONSE, à part.

Allons, ils s'en vont, et ils nous laissent ensemble; c'était arrangé d'avance; jusqu'à présent, c'est ce qu'ils ont fait de mieux, car, au moins je pourrai juger par moi-même.

CAMILLE, à part.

Ah, mon Dieu, que j'ai peur! qu'est-ce qu'il va me dire? je donnerais tout au monde pour que ce fût fini, et qu'il s'en allât.

SCÈNE X.

ALPHONSE, de même.

Comment entamer l'entretien? c'est fort embarrassant.

CAMILLE, de même.

Il fera comme il voudra, mais ce n'est pas moi qui commencerai la conversation.

ALPHONSE, timidement à Camille, et après un moment de silence.

Il paraît, mademoiselle, que.... que vous déjeûnez de bonne heure.

CAMILLE, de même.

Oui, monsieur.

ALPHONSE.

Je m'en félicite, puisque cela me procure l'occasion...

CAMILLE.

Vous êtes bien honnête.

ALPHONSE.

L'occasion de causer un instant avec une personne qu'on dit aussi aimable que spirituelle.

CAMILLE, à part.

Il ne me manquait plus que cela; si on lui a donné de ces idées-là, je ne dirai pas un mot.

ALPHONSE, à part.

Elle se tait! il me semble cependant que mon compliment méritait une réponse; essayons encore. (Haut.) D'après ce que j'ai pu voir, mademoiselle, vous aimez beaucoup la peinture.

CAMILLE.

Non, monsieur.

ALPHONSE.

Du moins, la musique.

CAMILLE.

Non, monsieur. (A part.) Est-ce qu'il voudrait me faire chanter?

ALPHONSE.

On assure cependant que vous y excellez.

CAMILLE.

Non, monsieur, au contraire.

ALPHONSE, à part.

Elle est plus franche que sa famille. (Haut.) Je vois que les soins intérieurs du ménage occupent vos instans, et vous vous plaisez beaucoup dans cette maison?

CAMILLE.

Oui, monsieur.

Air des Maris ont tort.

Je n'ai qu'un seul désir; j'espère
Y rester avec mon parrain,
Mes frères, mon père et ma mère.

ALPHONSE, à part.

Pour un prétendu, c'est divin,
Et grace à l'agrément précoce
Que promet cet aveu civil,
Je vois qu'elle irait à la noce
Comme l'on part pour un exil.

CAMILLE, à la fin de ce couplet, cherche à s'en aller; mais au moment où elle s'aperçoit qu'Alphonse la regarde, elle lui dit.

Pardon, monsieur, mais il me semble qu'on sort de table.

ALPHONSE.

Un mot encore, car je ne vous ai rien dit du motif qui m'amenait en ces lieux.

SCÈNE X.

CAMILLE, à part.

Ah, mon Dieu! est-ce qu'il va me parler d'amour? et maman qui n'est pas là!

ALPHONSE.

Il est des projets qu'on aurait dû peut-être vous laisser ignorer; du moins, c'était mon désir; mais d'après ce que je viens d'entendre, je vois que vous les connaissez, et qu'ils n'ont pas votre aveu.

CAMILLE, qui l'a écouté à peine.

Moi, monsieur!

ALPHONSE.

Du moins, j'ai cru le comprendre; je me reprocherais toute ma vie d'avoir pu vous causer un seul instant de chagrin; oui, mademoiselle, (à part.) car il faut bien la rassurer. (Haut, et cherchant à lui prendre la main.) Croyez que désormais mes intentions...

CAMILLE.

Hé bien! monsieur, qu'est-ce que ça signifie? je vous prie de laisser ma main.

ALPHONSE.

Quoi! vous pourriez supposer?

CAMILLE.

Du tout, monsieur, je ne suppose rien; mais je vous prie de croire que je ne suis point habituée à ces manières-là.

ALPHONSE, à part.

Allons, décidément c'est une petite sotte; je vais trouver monsieur le parrain et lui dire ce que j'en pense; fiez-vous donc aux réputations de province, et épousez des demoiselles sur parole.

(Il salue Camille et entre dans la salle à gauche.)

SCÈNE XI.

CAMILLE, madame DUMESNIL, entrant par le fond.

MADAME DUMESNIL.

Eh bien?

CAMILLE.

Ah! maman, que je suis contente de te voir! il me semblait qu'il y avait si long-temps... (Lui prenant la main.) mais te voilà, je me retrouve.

MADAME DUMESNIL.

Eh bien! ce jeune homme, il est parti?

CAMILLE.

Grace au ciel!

MADAME DUMESNIL.

Comment, grace au ciel! et tu as l'air si heureuse!

CAMILLE.

C'est que c'est fini; nous nous déplaisons tous deux, je l'espère du moins.

MADAME DUMESNIL.

C'est ce qui te trompe; tiens, le voilà qui parle avec mon mari et M. Ducoudrai; c'est sans doute pour faire la demande.

CAMILLE.

Ah, mon Dieu! tant pis; car je ne pourrai jamais l'aimer; d'abord il me fait peur, et rien que cette idée-là...

MADAME DUMESNIL.

Qu'est-ce que ça signifie, mademoiselle? qu'est-ce

que c'est que de pareils enfantillages? taisez-vous : voici votre parrain qui sans doute nous apporte de bonnes nouvelles.

SCÈNE XII.

Les mêmes, DUCOUDRAI.

MADAME DUMESNIL.

Eh bien! parlez vite.

DUCOUDRAI, d'un air composé.

Eh bien! c'est manqué.

MADAME DUMESNIL.

Comment!

CAMILLE.

Il serait vrai!

DUCOUDRAI.

Il m'a chargé, en termes très-honnêtes, de vous exprimer tous ses regrets, de vous présenter ses excuses; enfin, il paraît que ce mariage ne lui convient pas, et il va repartir dès que son cheval sera prêt.

MADAME DUMESNIL.

Quel coup de foudre!

CAMILLE, sautant de joie.

Ah! que je suis contente! Maman, je vais ôter ma belle robe, n'est-il pas vrai?

MADAME DUMESNIL.

Comme tu voudras, mon enfant.

CAMILLE, sortant.

Dieu, quel bonheur! ce ne sera pas long.

SCÈNE XIII.

Madame DUMESNIL, M. DUMESNIL, DUCOUDRAI, BAPTISTE.

M. DUMESNIL, tenant une lettre à la main.

(A Ducoudrai.) Tiens, mon ami, puisque tu le veux absolument.

MADAME DUMESNIL.

Qu'est-ce donc ?

M. DUMESNIL.

La réponse à M. de Géronville, que Ducoudrai m'a forcé d'écrire.

MADAME DUMESNIL.

Est-ce que vous acceptez ?

DUCOUDRAI.

Oui, morbleu, pour montrer à ce monsieur qu'on peut se passer de lui. (Parcourant la lettre.) « Très honoré de votre demande que j'accueille avec grand plaisir. » — C'est cela même. (Appelant.) Baptiste !

MADAME DUMESNIL.

Mais songez donc qu'en envoyant cette lettre, c'est une promesse sacrée, irrévocable.

DUCOUDRAI.

C'est ce qu'il faut ; sans cela, vous ne vous décideriez jamais. (Achevant la lettre.) Fort bien, tu y as joint l'invitation pour venir passer la soirée ?

MADAME DUMESNIL.

Comment, encore une entrevue ?

SCÈNE XIII.

DUCOUDRAI.

C'est moi qui l'ai voulu; pendant qu'on y est, voilà comme il faut mener les affaires; un gendre de perdu, un autre de retrouvé. (A Baptiste qui est entré un peu auparavant, lui remettant la lettre qu'il vient de cacheter.) Tiens, Baptiste, vite à cheval, et porte cette lettre à la ville, chez monsieur l'inspecteur général.

BAPTISTE.

M. de Géronville, je le connais bien; mais dites-moi, monsieur Ducoudrai, est-ce bien vrai ce que l'on dit dans la maison que Mamzelle ne se marie plus?

DUCOUDRAI.

Rassure-toi, cette lettre est pour un autre mariage, qui ne peut pas manquer.

BAPTISTE.

A la bonne heure! je pars à l'instant. (Il va pour sortir et revient.) A propos, l'autre est là, qui demande à prendre congé de monsieur et de madame.

M. DUMESNIL.

L'autre?

BAPTISTE.

Oui, celui qui n'épouse plus; il peut attendre, n'est-ce pas?

M. DUMESNIL.

Au contraire, qu'il entre sur-le-champ; parce qu'il n'est pas notre gendre, il ne faut pas pour cela se quitter brouillés. (Baptiste introduit Alphonse, et il sort.)

SCÈNE XIV.

Les mêmes ; ALPHONSE, la cravache a la main.

ALPHONSE, un peu embarrassé.

Monsieur, je ne voulais pas m'éloigner sans vous exprimer ainsi qu'à madame combien je...

M. DUMESNIL, d'un air ouvert.

Tenez, mon cher monsieur, point d'excuses; vous avez dû, ce matin, nous trouver bien ridicules.

ALPHONSE.

Comment, monsieur ?

M. DUMESNIL.

Que voulez-vous ! cette idée de mariage, d'un gendre que nous ne connaissions pas, nous avait tous troublés, et nous n'étions plus nous-mêmes; maintenant qu'il n'est plus question de rien, et que nous nous sommes expliqués, nous en agirons sans façon, sans cérémonie ; ne voyez en nous que de bons voisins qui vous estiment, qui vous aiment et qui seront charmés de vous le prouver.

ALPHONSE, étonné.

Eh ! mais, quel changement ! ce langage franc et cordial. Monsieur... vous me voyez pénétré...

M. DUMESNIL.

Ce n'est pas cela que je vous demande ; restez-vous à dîner avec nous ?

ALPHONSE.

Quoi, vous voulez !...

SCÈNE XIV.

DUCOUDRAI.

Air : Il me faudra quitter l'empire.

Eh! oui, morbleu! c'est la règle commune,
On trinque ensemble, et l'on reste garçon.

M. DUMESNIL.

Oui, nous croirons qu'on nous garde rancune
Si vous n'acceptez sans façon.

MADAME DUMESNIL.

Oui, sur le champ et sans façon.

ALPHONSE.

Ah! dans ce cas je dois me rendre.

M. DUMESNIL.

A merveille! je suis ravi...

(Lui serrant la main.)

Et si la main que vous m'offrez ainsi
N'est plus pour moi la main d'un gendre,
Que ce soit celle d'un ami,
Que ce soit la main d'un ami.

ALPHONSE, à part.

Ce sont vraiment d'excellentes gens.

M. DUMESNIL.

Et puis, mon cher voisin, vous nous aiderez de votre présence; nous avons encore pour ce soir une autre entrevue.

ALPHONSE, souriant.

Ah, une autre entrevue!

M. DUMESNIL, riant.

Oui, le fils de M. de Géronville, qui, en même temps que vous, s'était mis sur les rangs.

MADAME DUMESNIL.

Nous ne perdons pas de temps, n'est-ce pas? que

voulez-vous, quand on a une fille à marier; vous saurez cela un jour.

M. DUMESNIL.

Vous avez pu voir que nous n'étions pas très au fait; moi, je n'y entends rien, ma femme perd la tête, au lieu que vous, qui êtes de sang-froid, et qui avez l'usage du monde, vous nous aiderez. Ah çà! c'est arrangé, n'est-ce pas?

ALPHONSE.

De tout mon cœur.

MADAME DUMESNIL.

Et quant à la pièce de terre que vous désirez, tout ce que vous voudrez, monsieur, elle est à vous.

ALPHONSE.

Ah! ce ne serait qu'autant qu'il vous conviendrait de la vendre, car je n'y tenais que parce que l'on m'a dit qu'elle faisait partie autrefois de la propriété de M. de Saint-Rambert, mon oncle.

DUCOUDRAI.

M. de Saint-Rambert! Qu'est-ce que vous dites donc, jeune homme? M. de Saint-Rambert, le capitaine de vaisseau?

ALPHONSE.

Oui, monsieur.

DUCOUDRAI.

C'était votre oncle?

ALPHONSE.

Sans doute.

DUCOUDRAI.

Eh! mais c'était mon camarade de collège; comment, vous êtes le neveu de ce pauvre Saint-Rambert!

un diable, un écervelé, un excellent cœur, qui m'a donné plus de tapes... il a dû vous parler de moi, Ducoudrai, Ducoudrai d'Epernay.

ALPHONSE.

M. Ducoudrai! oh! mais très souvent; il vous aimait beaucoup.

DUCOUDRAI.

Et moi donc? mais où diable avais-je la tête? Luceval, Luceval, je disais aussi : je connais ce nom-là; c'était sa sœur qui avait épousé un Luceval, avocat général.

ALPHONSE.

Justement, mon père.

DUCOUDRAI.

Parbleu, je connais tout cela.

ALPHONSE.

Que je suis heureux! un ami de mon oncle.

M. et MADAME DUMESNIL.

C'est charmant! quelle rencontre !

DUCOUDRAI.

Un gaillard que j'ai vu pas plus haut que ça, eh bien! ce que c'est que de ne pas s'expliquer pourtant, concevez-vous? à la première vue; vous ne me plaisiez pas, oh! mais du tout.

ALPHONSE, *souriant.*

Eh! mais, franchement, ni vous non plus.

DUCOUDRAI, *riant.*

Vraiment! c'est très drôle; d'anciens amis.

ALPHONSE.

Mais j'espère maintenant que nous nous verrons

souvent avec mes bons voisins. (A Ducoudrai.) Vous êtes chasseur ?

DUCOUDRAI.

Oui, le dimanche.

ALPHONSE.

J'ai six cents arpens de bois à votre disposition.

DUCOUDRAI, lui donnant une poignée de main.

Six cents arpens ! c'est qu'il est très aimable ce jeune homme-là.

ALPHONSE.

Air de Préville et Taconnet.

D'excellens vins ma cave est bien fournie ;
Venez souvent.

DUCOUDRAI.

Quel espoir m'est offert !

ALPHONSE.

Et j'ai de plus un homme de génie,
Un cuisinier, élève de Robert.

DUCOUDRAI.

Un cuisinier, élève de Robert !
C'est une existence de prince !
Dans son château je nous vois réunis ;
Et quel bonheur, mes chers amis,
De nous aimer comme en province,
Et de dîner comme à Paris ?

M. DUMESNIL.

Ce sera charmant ! mais en attendant, chacun a ses affaires. (A Ducoudrai.) Car j'ai ma recette d'aujourd'hui, à laquelle tu vas m'aider. Ma femme a ses occupations de ménage. (A Alphonse) Vous voyez que nous vous traitons en ami ; et pour commencer, ne vous gênez plus avec nous ; voilà des crayons, de la musique ;

faites un tour de jardin, prenez un livre, liberté tout entière; nous nous reverrons à dîner.

(Il sort avec madame Dumesnil et Ducoudrai.)

SCÈNE XV.

ALPHONSE, SEUL.

Ma foi, ce sont de braves gens; quelle simplicité ! quelle bonhomie! on ne m'avait pas trompé sur leur compte, et moi, qui les avais trouvés sots, et prétentieux; j'avais tort de les juger d'abord si sévèrement; ils ne sont pas brillans, (il prend un livre sur la table à droite.) mais ce sera un voisinage très agréable; et moi, qui suis seul, je les verrai souvent; car, après tout, ce n'est pas leur faute si leur fille est une petite sotte, sans tournure et sans grace. (On entend Camille qui chante en dehors.) Eh! mais, c'est elle-même, elle a quitté sa belle robe; eh bien! elle n'en est pas plus mal pour cela, au contraire.

SCÈNE XVI.

ALPHONSE, CAMILLE.

CAMILLE entre en sautant et chantant.

    L'amour
    Un jour...

(Apercevant Luceval.) Ah, pardon, monsieur.

ALPHONSE.

Je conçois, mademoiselle, que ma présence doit vous étonner.

CAMILLE.

Nullement. Mon père m'a dit que vous vouliez bien nous traiter en voisins, et que vous restiez à dîner ; c'est un beau trait, et cela prouve que vous n'avez pas de rancune.

ALPHONSE.

Moi, de la rancune ! et de quoi ?

CAMILLE.

De l'ennui que vous avez éprouvé ce matin ; et je m'en veux, pour ma part, d'y avoir contribué.

ALPHONSE, un peu troublé.

Comment, mademoiselle.... (A part.) Maintenant qu'elle sait que je l'ai refusée, ma position est très désagréable. (Haut.) Je vous prie de croire que des raisons qui me sont personnelles...

CAMILLE, à part.

Ah, mon Dieu! le voilà comme j'étais ce matin, embarrassé, mal à son aise. (A Alphonse.) Rassurez-vous, monsieur, et remettez-vous bien vite ; je ne suis point fâchée, je ne vous en veux point, au contraire ; et la preuve, c'est que je venais de moi-même vous remercier, et vous tenir compagnie.

ALPHONSE.

De vous-même ?

CAMILLE.

Eh ! oui, me voilà sûre que vous ne m'épouserez pas ; alors je n'ai plus peur ; d'ailleurs, mon parrain

SCÈNE XVI.

m'a dit que vous étiez son ami; et ses amis deviennent les nôtres : vous voilà donc de la maison. Mais que je ne vous dérange pas, monsieur, continuez votre lecture; je venais chercher mon ouvrage.

(Elle s'approche de la petite table à gauche.)

ALPHONSE, la regardant pendant qu'elle arrange son fauteuil et qu'elle prend son ouvrage.

Il est de fait que ma présence ne lui impose plus du tout, (Camille est assise et travaille.) et que la voilà aussi à son aise avec moi qu'avec une ancienne connaissance.

CAMILLE, levant les yeux, et le voyant debout devant elle.

Eh bien! monsieur, vous ne lisez pas?

ALPHONSE.

Non, je n'en ai plus envie : d'ici au dîner je n'ai rien à faire qu'à me promener; et si je ne vous gêne pas...

CAMILLE, à son ouvrage.

Moi! du tout, je travaille.

ALPHONSE, prenant une chaise et s'asseyant près d'elle, mais à une petite distance.

Tant mieux, car je serai enchanté de causer. (Après une pause.) Je vois, d'après ce que vous me disiez tout à l'heure, que l'entrevue de ce matin ne m'a pas été favorable.

CAMILLE.

Mais, monsieur...

ALPHONSE.

Allons, parlez franchement, je ne vous ai pas plu.

CAMILLE, doucement.

Très peu.

IV. 26

ALPHONSE.

C'est-à-dire pas du tout.

CAMILLE, baissant les yeux.

C'est vrai. (En souriant.) Vous voyez qu'il y avait de la sympathie.

ALPHONSE.

Je vois du moins que vous avez de la franchise; et en quoi vous ai-je déplu? Ce que je vous demande, c'est pour en profiter, c'est pour me corriger si c'est possible, et cela doit vous prouver...

CAMILLE.

Que vous avez un bon caractère, car la vérité ne vous fâche pas... Eh bien! monsieur, vous aviez avec moi un ton de protection, un air de supériorité, bien légitime sans doute, mais qui m'humiliait infiniment. C'était presque me dire : « Voyez comme je suis grand « et généreux; je suis plus riche que vous, plus in- « struit, plus spirituel, et cependant je vous fais la « grace de vous épouser. »

ALPHONSE, s'approchant.

Quoi! mademoiselle, vous aviez de pareilles idées?

CAMILLE.

Et comment ne pas les avoir? Vous ne savez pas ce que c'est que la situation d'une pauvre jeune personne à qui ses parens ont dit: « Soyez aimable... « soyez jolie... tenez-vous droite... c'est un prétendu, « donc vous devez l'aimer... donc il doit vous plaire, « car il est bien riche. » Ils n'ont jamais que cela à dire, et c'est là le terrible.

SCÈNE XVI.

ALPHONSE.

Terrible! en quoi?

CAMILLE.

Lorsqu'on est sans fortune, et qu'on épouse quelqu'un qui en a beaucoup, songez donc que de qualités il lui faut apporter en dot!

Air de la Robe et les Bottes.

Que de vertus il a le droit d'attendre!
Et quels devoirs on s'impose à jamais!
Oui, par les soins, par l'amour le plus tendre,
Il faut payer tous ses bienfaits.
On lui doit de son existence
Le sacrifice généreux;
Et l'on est, par reconnaissance,
Obligé de le rendre heureux.

ALPHONSE, à part.

Eh mais, c'est très bien raisonner.

CAMILLE.

Et en revanche, qu'est-ce qui vous en revient? et qu'est-ce qu'on gagne à se marier? d'être appelée *madame* et de porter un cachemire. La belle avance!

ALPHONSE, souriant.

Là-dessus il y aurait bien des choses à vous répondre; mais en admettant que ce raisonnement soit juste pour vous, du moins ne l'est-il pas pour moi, qui suis tout seul, qui n'ai aucun lien qui m'attache au monde, et qui cherchais à me marier, pour trouver dans ma femme une compagne, une amie, et surtout une famille.

CAMILLE.

Quoi! monsieur, vous avez perdu tous vos parens?

ALPHONSE.

Hélas! oui, et depuis long-temps. Orphelin, j'ai été élevé par un oncle, capitaine de vaisseau, qui avait plus de trente campagnes, et qui dernièrement est mort dans mes bras des suites de ses blessures. « Mon neveu, mon ami, m'a-t-il dit, je te laisse ma « fortune.... une fortune honorable, car je ne l'ai « acquise qu'aux dépens des ennemis de l'état. »

CAMILLE.

C'était là un brave marin.

ALPHONSE.

« C'est peu de chose que la richesse, a-t-il conti- « nué, mais avec elle on se procure l'indépendance, « et c'est beaucoup. Ne t'avise donc pas de vendre ta « liberté, soit en courant la carrière des places, soit « en cherchant quelque mariage opulent; choisis une « bonne femme, vis de tes rentes, élève tes enfans, « et parle-leur quelquefois de ton oncle. » Il m'a serré la main, et il est mort.

CAMILLE, émue.

Quel honnête homme! Moi, je l'aimais déjà.

ALPHONSE.

C'est alors que j'ai acheté dans ce pays le château de Luceval qui était en vente; mais quand je me suis vu seul dans ce domaine, au lieu d'éprouver le bonheur de la propriété, je trouvais que mes appartemens étaient immenses ; mon parc me semblait désert ; je n'avais autour de moi que des domestiques, des gens indifférens ; aucun sourire n'accueillait mon arrivée, car personne n'attendait mon retour ou ne s'était inquiété de mon absence.

CAMILLE, rapprochant son fauteuil d'Alphonse.

Pauvre jeune homme !

ALPHONSE.

Air d'Aristippe.

Il faut, dit-on, dans la jeunesse,
Pour voir son destin embelli,
Faire le choix d'une maîtresse,
Et surtout le choix d'un ami.
Maîtresse, ami... je sens au fond de l'ame
Que par eux seuls je pourrais être heureux ;
Et je voulais prendre une femme
Afin de les avoir tous deux.

CAMILLE, avec un peu d'attendrissement.

C'est donc pour cela, monsieur, que vous vouliez vous marier ? (Ils se lèvent tous deux gaiment.) Maintenant, vous n'en avez plus besoin, puisque vous trouverez ici des voisins et des amis.

ALPHONSE.

Oui, votre parrain me l'a dit : je serai celui de la maison ; mais le vôtre ?

CAMILLE.

Le mien aussi.

ALPHONSE.

Bien vrai !

CAMILLE.

Je dis toujours vrai, vous le savez.

ALPHONSE.

Je ne vous déplais donc plus autant?

CAMILLE.

Non, c'est fini. Et moi, monsieur? car ce matin, j'en suis sûre, j'ai dû vous paraître bien gauche, bien maussade...

ALPHONSE, souriant.

Mais... un peu.

CAMILLE.

Ah! monsieur, ça n'est pas bien... c'est une revanche; mais, grace au ciel, tout est fini, et d'ici à long-temps, j'espère, il ne sera plus question de mariage.

ALPHONSE.

Hé bien! c'est ce qui vous trompe; et, comme votre ami, je dois vous prévenir qu'on attend ce soir un nouveau prétendu.

CAMILLE.

Ah, mon Dieu! que me dites-vous?... Voilà toute ma frayeur qui me reprend... encore une entrevue!

ALPHONSE.

Vraiment, oui... c'est un M. de Géronville.

CAMILLE

Le fils de l'inspecteur! et c'est aujourd'hui même? J'étais si contente, si heureuse! Vous venez de troubler toute ma joie.

ALPHONSE.

Ce monsieur de Géronville vous déplaît donc beaucoup?

CAMILLE.

Je le connais à peine.

SCÈNE XVI.

ALPHONSE.

Et son âge, sa tournure?

CAMILLE.

A peu près comme vous... pas si bien... Mais ce soir il faudra encore paraître en grande parure et en cérémonie; et puis, devant tout le monde, j'en suis sûre, on va encore vouloir me faire chanter mon grand air; c'est de rigueur.

ALPHONSE.

Hé bien! que craignez-vous?

CAMILLE.

C'est qu'il est très difficile.... Je le sais bien par cœur; mais c'est l'expression... et cependant je voudrais bien ne pas paraître aussi ridicule que ce matin.

ALPHONSE.

Voulez-vous que je vous le fasse répéter?

CAMILLE.

Bien volontiers; tenez, voilà ma harpe.

ALPHONSE.

Avez-vous la musique?

CAMILLE.

La voilà. Vous me reprendrez si ça ne va pas bien.

(Alphonse va prendre la harpe et la met en place ; Camille s'assied, Alphonse prend la musique et se place à côté d'elle.)

Air: Viens, viens, viens (de M. Amédée de Beauplan).

(Après la ritournelle de harpe.)

ALPHONSE.

Ah! c'est bien, c'est très bien,
Allons, du courage;
Ah! c'est bien, c'est très bien,
Quel bonheur est le mien!

CAMILLE, chantant.

« Prêt à quitter la beauté qui l'engage,
« Un troubadour, fier de son doux servage,
« De son amour lui demandait un gage...

ALPHONSE.

Moi, j'appuierais sur cette phrase-là.
 La, la, la, la, la, la,
 Tra, la, la, la, la, la.

CAMILLE.

« Lors détachant sa modeste ceinture,
« En rougissant, la jeune et belle Irma...

ALPHONSE.

 Tra, la, la, la, la, la,
 Tra, la, la, la, la, la,

CAMILLE.

« Du chevalier, tendre et galant
« Décora la brillante armure.

ENSEMBLE.

La, la, la, la, la, la,
La, la, la, la, la, la,
C'est charmant! c'est charmant!

CAMILLE.

Cet air-là doit plaire.

ALPHONSE.

Quelle voix légère!
C'est beaucoup mieux, vraiment.

DEUXIÈME COUPLET.

ALPHONSE, chantant.

« Des chevaliers, alors le vrai modèle
« Lui répondit : « Rassure-toi, ma belle;
« Jusqu'au trépas je te serai fidèle. »

SCENE XVI.

CAMILLE.

Appuyez bien sur cette phrase-là.
 Tra, la, la, la, la, la,
 Tra, la, la, la, la, la,

ALPHONSE.

« Si je brûlais d'une flamme nouvelle...

CAMILLE.

Vous vous trompez ; je crois, ce n'est pas ça,
 Tra, la, la, la, la, la,
 Tra, la, la, la, la, la,

ENSEMBLE.

 « Toujours, toujours
 « Mêmes amours ;
« Je te serai toujours fidèle.

ALPHONSE.

Ah ! c'est fort bien, mademoiselle.

ENSEMBLE.

 La, la, la, la, la, la,
 La, la, la, la, la, la.

ENSEMBLE.

C'est charmant ! c'est charmant !
 Cet air-là doit plaire.
 Quelle voix légère !
C'est charmant ! c'est charmant !
C'est beaucoup mieux, vraiment.

SCÈNE XVII.

Les mêmes ; DUCOUDRAI.

DUCOUDRAI.

Eh bien ! jeunes gens, qu'est-ce que vous faites donc ?

CAMILLE.

Là... mon parrain qui vient nous déranger au plus beau moment... car monsieur, qui faisait le modeste, est excellent musicien.

ALPHONSE, remettant la harpe de côté.

C'est plutôt mademoiselle qui chante à merveille.

DUCOUDRAI, à Camille.

Il s'agit bien de chansons ! Ta mère demande pour l'aider à préparer son dessert ; puis on a besoin de ton avis pour placer l'orchestre.

ALPHONSE.

Comment, est-ce qu'il y aurait un bal ?

DUCOUDRAI.

Oui, un bal de famille.

CAMILLE.

Ah, mon Dieu ! (A Alphonse.) De crainte qu'on ne m'invite pour la première contredanse, je dirai que je suis priée par vous, n'est-il pas vrai ? c'est un service d'ami.

ALPHONSE.

Oui, sans doute.

CAMILLE.

Parce qu'avec vous je n'ai pas peur, maintenant

surtout que nous nous connaissons si bien. Adieu, mon parrain; adieu, monsieur Alphonse; je vais arranger le dessert, et puis après, j'irai reprendre ma belle robe. Est-ce ennuyeux !

ALPHONSE.

Vous êtes si bien ainsi !

(Camille sort.)

SCÈNE XVIII.

DUCOUDRAI, ALPHONSE.

DUCOUDRAI.

Ah çà, il me semble que maintenant vous êtes les meilleurs amis du monde.

ALPHONSE, la suivant des yeux.

Grace au ciel, car en honneur, elle est charmante.

DUCOUDRAI, froidement.

Oui, pas mal; elle est assez gentille ma petite filleule.

ALPHONSE, avec chaleur.

Assez gentille! La physionomie la plus piquante et la plus spirituelle, un œil vif et malin; et puis elle cause à merveille.

DUCOUDRAI, froidement.

Oui, oui... elle n'est pas bête.

ALPHONSE, vivement.

C'est-à-dire, la conversation la plus aimable et la plus amusante : de la gaîté, de la finesse; et puis, mieux que cela encore, il y a là des qualités solides.

DUCOUDRAI, avec indifférence.

Oui, c'est une assez bonne enfant.

ALPHONSE, plus vivement.

Vous appelez ainsi la réunion des sentimens les plus nobles et les plus généreux... de la bonté, de la franchise, de la sensibilité; c'est un ange.

DUCOUDRAI.

Ah çà! dites donc, mon jeune ami, comme vous prenez feu! Il me semble que depuis ce matin il y a du changement.

ALPHONSE.

Écoutez, monsieur Ducoudrai, vous étiez l'ami de mon oncle, vous êtes le mien.

DUCOUDRAI.

Oui, sans doute.

ALPHONSE.

Eh bien! promettez-moi d'abord de ne pas vous moquer de moi, ensuite de me servir.

DUCOUDRAI.

Et en quoi?

ALPHONSE.

Je vais passer à vos yeux pour un fou, pour un étourdi, pour une girouette, si vous voulez, ça m'est égal; quand il s'agit du bonheur on ne pense plus à l'amour-propre; je trouve Camille charmante, j'en suis amoureux, c'est la femme qu'il me faut, et je vous prie de la redemander pour moi à son père.

DUCOUDRAI.

La redemander! derechef! et en réitérant?

ALPHONSE.

Oui.

SCENE XVIII.

DUCOUDRAI.

Ça n'est plus possible, elle est promise et accordée à un autre ; il y a deux heures que la lettre est envoyée.

ALPHONSE.

Eh bien ! on rompra avec cet autre, comme j'ai rompu ce matin avec vous.

DUCOUDRAI.

La famille ne le voudra pas.

ALPHONSE.

Et pourquoi ?

DUCOUDRAI.

Parce que ce refus entraînerait les conséquences les plus graves, peut-être même la ruine de ce pauvre Dumesnil, qui n'a d'autre fortune que sa place de dix mille francs dans l'enregistrement ; et la colère de l'inspecteur général peut la lui faire perdre d'un instant à l'autre. Savez-vous ce que c'est, jeune homme, qu'un inspecteur général outragé ?

ALPHONSE.

Non, morbleu ; mais je sais bien que s'il n'y a pas d'autre obstacle, je vous invite d'avance à la noce, dans mon château de Luceval. Je cours trouver M. et madame Dumesnil, et je sais le moyen de les décider.

DUCOUDRAI.

Quel est-il ?

ALPHONSE.

Un moyen victorieux, auquel rien ne résiste, pas même les inspecteurs généraux. Adieu, adieu, mon cher Ducoudrai ; je vous aime, je vous remercie.

DUCOUDRAI.

Il n'y a pas de quoi.

ALPHONSE.

C'est égal, je reviens dans l'instant.

(Il entre dans la salle à gauche.)

SCÈNE XIX.

DUCOUDRAI, seul, CAMILLE, M. DUMESNIL.

DUCOUDRAI, seul.

A-t-on idée d'un amour pareil? Quand on la lui offrait, il la refuse; et depuis qu'elle est la femme d'un autre, il l'adore. Il me semble que de mon temps on n'était pas comme cela; on raisonnait ses extravagances.

M. DUMESNIL et CAMILLE entrent ensemble.
(Camille porte une assiette de fraises en pyramide.)

CAMILLE.

Mais, mon papa, ne vous donnez pas la peine; je vais écrire les cartes.

DUMESNIL.

Eh! non, morbleu; tu ne peux pas tout faire, et j'aurai fini dans l'instant.

(Il se met à table à la droite et écrit les cartes.)

CAMILLE.

A la bonne heure, d'autant que j'ai encore mon sucre à râper. (Elle dépose l'assiette de fraises sur la petite table à gauche.) Dieu, la belle pyramide! pourvu qu'elle ne renverse pas.

SCENE XIX.

DUCOUDRAI, debout entre Camille et M. Dumesnil.

Ah! ah! la femme de ménage qui s'occupe de son dessert.

CAMILLE.

Tiens, c'est vous, mon parrain! Où est donc M. Alphonse?

DUCOUDRAI.

Il est allé trouver ta mère, et je crois qu'en ce moment il s'occupe de toi.

CAMILLE.

De moi?

DUCOUDRAI.

Oui, (La prenant à part, et à voix basse.) et pour qu'il n'y ait pas encore de malentendu, dis-moi un peu, Camille, car je suis ton parrain, et tu dois tout me dire...

CAMILLE.

Oui, mon parrain.

DUCOUDRAI.

As-tu toujours autant d'antipathie pour M. de Luceval?

CAMILLE, baissant les yeux.

Mais... il me déplaisait ce matin.

DUCOUDRAI.

Et maintenant?

CAMILLE.

C'est l'autre, celui... qui va arriver.

DUCOUDRAI.

Et comment ça se fait-il?

CAMILLE.

Je n'en sais rien, c'est peut-être attaché au titre de prétendu.

DUCOUDRAI.

C'est juste. Mais sous prétexte que M. de Luceval n'est plus ton prétendu, est-ce que par hasard... la... au fond du cœur, tu ne l'aimerais pas un peu?

(Pendant ce temps, Alphonse est rentré et reste au fond ; M. Dumesnil, qui achève d'écrire ses cartes et qui a entendu les derniers mots, se lève de table et dit à part.)

DUMESNIL.

Hein! qu'est-ce que cela signifie?

CAMILLE.

Je n'en sais rien, mon parrain; quand ça viendra je vous le dirai. Pourquoi me demandez-vous cela?

DUCOUDRAI.

C'est que lui, de son côté, il t'aime, il t'adore à en perdre la tête.

M. DUMESNIL, à part.

Tant pis, morbleu, car voilà ce que je n'entends pas.

CAMILLE, à Ducoudrai.

Quoi, vraiment?

DUCOUDRAI.

Cela t'étonne?

CAMILLE, avec joie.

Oui.

DUCOUDRAI.

Et cela te fait peine?

CAMILLE.

Non, au contraire.

ALPHONSE, courant à Ducoudrai.

Dieu! que viens-je d'entendre!

CAMILLE.

Comment, monsieur, vous étiez là? Ah! que vous m'avez fait peur!

SCÈNE XIX.

ALPHONSE.

Rassurez-vous, je quitte votre mère, qui me pardonne, qui me rend son amitié et le titre de gendre.

DUMESNIL, froidement.

Ma femme a eu tort, car elle doit savoir que maintenant cette alliance n'est plus possible.

CAMILLE.

O ciel!

ALPHONSE.

Je conçois, j'ai prévu les objections que vous alliez me faire, un autre a votre parole, et en cas de rupture, son ressentiment peut vous enlever votre place; mais en épousant votre fille, ma fortune devient la vôtre, et j'acquiers le droit de la partager avec vous.

CAMILLE.

Ah! maintenant, mon parrain, je l'aime tout-à-fait. (Avec joie, à M. Dumesnil.) Eh bien, mon père?

DUMESNIL.

J'en suis désolé, mon enfant; mais je ne puis accepter.

Air : Connaissez mieux le grand Eugène.

Pour tenir toujours ma promesse
Je suis connu depuis long-temps;
Et je préfère à la richesse
L'estime des honnêtes gens.
Oui, peu m'importe une disgrace
Lorsque mes sermens sont tenus :
On peut toujours retrouver une place,
L'honneur perdu ne se retrouve plus.

ALPHONSE.

Quoi! monsieur, l'engagement que vous avez pris avec M. de Géronville?...

M. DUMESNIL.

Est sacré pour moi; et rien ne peut le rompre, par la même raison que pour vous, ce matin, j'aurais refusé les plus beaux partis de France.

CAMILLE.

Ah! mon Dieu, que je suis malheureuse!

ALPHONSE.

O ciel! elle pleure... vous le voyez, et vous ne vous laissez pas fléchir; mon ami, monsieur Ducoudrai, je vous en supplie, parlez pour moi.

CAMILLE.

Eh! oui, mon parrain, vous restez là sans rien dire, et cependant ça vous regarde aussi, car je suis votre filleule.

DUCOUDRAI.

C'est vrai, morbleu! et je me fâcherai aussi à mon tour.

M. DUMESNIL.

Ça ne servira à rien; car je n'ai pas l'habitude de transiger avec mes devoirs, et je sais ce qui me reste à faire. Camille, allez trouver votre mère. (Camille et Ducoudrai se retirent vers le fond à droite; M. Dumesnil s'approche d'Alphonse.) Et quant à vous, monsieur, je vous avais invité à passer la soirée avec nous; mais d'après ce qui arrive, vous sentez que cela n'est plus possible, et je vous prierai même, jusqu'au mariage de ma fille, de vouloir bien suspendre vos visites.

ALPHONSE.

O ciel! ne plus la voir!

CAMILLE.

Ah! je ne pourrai jamais m'y habituer.

SCÈNE XIX.

ALPHONSE, désolé, à Dumesnil.

Monsieur, rappelez-vous que vous m'avez réduit au désespoir.

M. DUMESNIL, lui prenant la main.

C'est malgré moi, malgré moi, monsieur; car maintenant vous devez me connaître, vous devez savoir... (Bas.) Allons, mon ami, vous, qui êtes homme, ayez de la force, du courage; ayez-en pour nous trois : (lui montrant Camille qui pleure) car vous voyez que cet enfant se désole.

DUCOUDRAI, avec colère.

Aussi c'est ta faute.

M. DUMESNIL.

Et toi, au lieu de me chercher querelle, reste avec lui; (montrant Alphonse) tâche de le soutenir, de le consoler; car je crois qu'ils me feront perdre la tête.

ALPHONSE.

Ah! que je suis malheureux!

M. DUMESNIL, allant à sa fille qu'il veut emmener.

Viens, viens, ma fille.

ALPHONSE, retenu par Ducoudrai.

Adieu, adieu, Camille.

CAMILLE.

Adieu, monsieur Alphonse.

ALPHONSE.

Ah ! je l'aimerai toujours.

CAMILLE, en pleurs, sortant avec son père.

Et moi aussi.

SCÈNE XX.

ALPHONSE, DUCOUDRAI.

ALPHONSE, se promenant avec agitation.

Je ne puis en revenir encore; a-t-on jamais vu une pareille tyrannie? C'est un cœur inflexible, c'est un père dénaturé, c'est... (Se reprenant.) c'est un honnête homme au fond, je ne puis dire le contraire; et moi qui, ce matin, le regardais comme un bon homme, comme un homme faible et sans caractère.

DUCOUDRAI.

Ah! bien oui; dès qu'il s'agit de l'honneur, c'est un obstiné : je vous en avais prévenu; et il tient surtout à sa parole avec un entêtement qui n'est plus d'usage.

ALPHONSE.

Ah! il y met de l'obstination; hé bien! et moi aussi, et nous verrons.

DUCOUDRAI.

Que voulez-vous faire?

ALPHONSE, avec désordre.

Je n'en sais rien; mais je ne peux pas vivre sans Camille : ça m'est impossible; et décidément je vais trouver M. de Géronville et me couper la gorge avec lui.

DUCOUDRAI.

Jeune homme, y pensez-vous?

SCÈNE XXI.

ALPHONSE.

Oui, morbleu! c'est le seul moyen raisonnable; et je vais lui écrire : c'est vous qui serez mon témoin.

(Il s'assied à la table.)

DUCOUDRAI.

Il ne manquait plus que cela, nous voilà bien; et vous croyez que je souffrirai... Holà! quelqu'un! (Baptiste paraît.) c'est Baptiste; d'où lui vient cette mine effrayée?

SCÈNE XXI.

Les mêmes; BAPTISTE, pale et défait.

BAPTISTE.

Vous voyez, monsieur, l'effet des passions.

DUCOUDRAI.

Qu'est-ce que ça signifie?

BAPTISTE.

Que je suis un malheureux qui ai mérité d'être chassé, si vous ne daignez pas parler pour moi, d'autant plus qu'il y a de votre faute.

DUCOUDRAI.

De ma faute?

BAPTISTE.

Oui, monsieur; vous saurez qu'en bon serviteur je m'étais fait depuis long-temps une promesse... c'était de me griser le jour où le mariage de mademoiselle serait décidé; car c'est la première fois de ma vie; et si l'on m'y rattrape... (Pendant ce temps Alphonse est à la table où il a écrit et déchiré deux billets.)

DUCOUDRAI.

Eh bien ! achève... tu viens de boire ?

BAPTISTE.

Non, monsieur, je viens de dormir ; mais c'est l'instant du réveil, quand je me suis dit : « Baptiste, tu « avais une commission d'où dépendait le mariage de « ta maîtresse ; cette commission, qui est-ce qui l'a « faite ? »

ALPHONSE, se levant et écoutant.

Grand Dieu !

BAPTISTE.

« Tu avais une lettre pour M. de Géronville, qu'est- « ce qu'elle est devenue ? »

ALPHONSE.

O ciel ! tu l'aurais perdue !

BAPTISTE.

Non, monsieur.

DUCOUDRAI.

Tu ne l'as point portée ?

BAPTISTE, tombant à genoux.

Non, monsieur, pardonnez-moi : la voilà.

ALPHONSE, lui sautant au cou pendant que Ducoudrai lui prend la main.

Ah ! tu es notre sauveur, mon ami, mon cher Baptiste ; je te dois la vie.

BAPTISTE.

Parce que je me suis grisé ?

ALPHONSE.

Tiens, voilà de l'argent, voilà ma bourse, voilà de quoi boire.

BAPTISTE.

Non, non, monsieur, j'en ai assez comme cela.

ALPHONSE, appelant au fond.

Mon beau-père! ma belle-mère! toute la famille!

SCÈNE XXII.

Les mêmes; M. DUMESNIL, entrant par la droite; madame DUMESNIL, par le fond; CAMILLE, par la gauche.

CAMILLE.

Ah, mon Dieu! qu'y a-t-il donc?

ALPHONSE.

Ce qu'il y a? Si vous saviez... quel bonheur! Camille, voulez-vous être ma femme?

CAMILLE.

Si je le veux!...

ALPHONSE, à M. Dumesnil.

Eh bien, rien ne peut plus s'y opposer : nous avons la lettre de l'inspecteur.

DUMESNIL.

Il a répondu?

ALPHONSE.

Non, il ne l'a pas reçue.

DUCOUDRAI.

Baptiste ne l'avait pas portée.

BAPTISTE; le tirant par son habit.

Ne dites donc pas cela à monsieur.

MADAME DUMESNIL.

Il serait vrai, ce cher Baptiste. Nous reconnaîtrons cela.

CAMILLE.

Va, je ne l'oublierai jamais.

BAPTISTE.

Et moi qui craignais d'être grondé. (A Camille.) Dès que ça vous est agréable, mamzelle, j'aurais voulu en boire davantage; mais ça n'était pas possible.

DUCOUDRAI, déchirant la lettre qu'il tient.

A merveille. Nous allons en écrire une autre bien honnête et bien respectueuse.

CAMILLE.

Par laquelle nous refusons.

MADAME DUMESNIL.

Et par laquelle nous annonçons que ma fille Camille...

DUCOUDRAI.

Épouse M. Alphonse de Luceval.

CAMILLE.

Ah ! ce n'est pas sans peine.

CHOEUR.

Air : Par l'amitié (de la Mansarde).

Toujours unis,
Toujours amis,
Passons ici notre existence;
Que tout chagrin soit oublié
Entre l'amour et l'amitié.

SCÈNE XXII.

CAMILLE, au public.

Air de la Sentinelle.

Cette entrevue, où je tremblais d'abord,
Doit vous prouver qu'en toute circonstance,
En mariage, et même ailleurs encor,
On ne saurait avoir trop d'indulgence.
    Quoiqu'ici vous connaissiez tous
    Les défauts de la prétendue,
    Montrez-vous complaisans et doux,
    Et n'en restez pas avec nous
    A cette première entrevue.

CHŒUR.

    Toujours unis,
    Toujours amis,
Passons ici notre existence;
Que tout chagrin soit oublié
Entre l'amour et l'amitié.

FIN DE LA DEMOISELLE A MARIER.

LA

LOGE DU PORTIER,

TABLEAU-VAUDEVILLE EN UN ACTE;

Représenté, pour la première fois, sur le théâtre du Gymnase dramatique, le 14 janvier 1823.

EN SOCIÉTÉ AVEC M. MAZÈRES.

PERSONNAGES.

M. SELMAR, négociant, maître de la maison.
Madame JACOB, la portière.
Petit JACOB, son fils.
PHILIPPE, valet de chambre.
ANNETTE, femme de chambre.
M. RAYMOND, propriétaire à Marseille.
ADOLPHE, son neveu.
MORODAN, cocher de M. Raymond.
PIED-LÉGER, facteur de la poste aux lettres.

Le théâtre représente le vestibule d'un hôtel. Au fond, la porte cochère. A gauche, sur le premier plan, la loge du portier. Sur le second, un escalier dérobé. A droite, sur le premier plan, le grand escalier d'honneur, avec une rampe en fer et en cuivre doré. Au coin de l'escalier et sur le devant du théâtre, un grand poêle. Une grande lampe non allumée descend de la voûte.

ADOLPHE.

PRENDS, ET TAIS-TOI.

(La Loge du Portier, Sc. XVII.)

LA LOGE DU PORTIER.

SCÈNE PREMIÈRE.

ADOLPHE, ENVELOPPÉ D'UN QUIROGA, ET DESCENDANT L'ESCALIER AVEC PRÉCAUTION.

Sept heures viennent de sonner, et je puis sortir, je crois, sans être aperçu. Comment! les portes de l'hôtel ne sont pas encore ouvertes! il me semblait de là haut avoir entendu; mais non, cette maudite portière est là qui dort tranquillement. Ces gens-là sont d'une paresse... et si les autres domestiques venaient à s'éveiller; je n'ose maintenant remonter par ce petit escalier que je connais si bien. Annette, la femme de chambre, n'aurait qu'à m'entendre, tout serait perdu. Quand j'y pense, quelle situation est la mienne! être obligé de me cacher, d'avoir recours au mystère; moi, avec les droits et le titre que j'ai. (On entend frapper.) Qui vient de si bon matin? (Il se cache contre la rampe de l'escalier. On frappe de nouveau.) Cette fois, il faudra bien que l'on ouvre.

JACOB, qu'on ne voit pas et qui est dans la loge.

Ma'mère, est-ce que vous n'entendez pas? voilà la seconde fois que l'on frappe.

MADAME JACOB, dans la loge.

Eh bien ! lève-toi, et va tirer les gros verrous.

JACOB.

Ce n'est pas la peine : il était si tard hier que je ne les ai pas mis, ça été plus tôt fait.

ADOLPHE.

Voilà une maison bien gardée... (On frappe de nouveau.) Allons, ils n'en finiront pas.

JACOB.

Mais tirez donc le cordon ; on fait un tapage qui va réveiller ces dames.

(On entend tirer le cordon, la porte du fond s'ouvre.

SCÈNE II.

PIED-LÉGER, AVEC SA BOÎTE AUX LETTRES ; ADOLPHE, TOUJOURS CACHÉ.

PIED-LÉGER, allant à la loge et frappant aux carreaux.

Mère Jacob, mère Jacob, c'est le facteur.

Air du ballet des Pierrots.

Eh bien ! quand serez-vous levée ?
Peut-on s'éveiller aussi tard !

ADOLPHE.

À merveille ! son arrivée
Pourra protéger mon départ.
Enfin, grace à lui, je m'esquive.
On voit souvent de ces jeux-là :
Et c'est parce que l'un arrive,
Que bien souvent l'autre s'en va.

(Il sort par la porte qui était restée ouverte.)

PIED-LÉGER, *se retournant et l'apercevant sortir.*

Voilà un des bourgeois de l'hôtel qui est matinal. (*Il frappe de nouveau à la loge.*) Eh bien! madame Jacob, vous réveillerez-vous! Elle ne répondra pas...... c'est pire que la Belle au bois dormant.

SCÈNE III.

PIED-LÉGER, MADAME JACOB, PARAISSANT, LE PETIT JACOB.

MADAME JACOB.

Eh bien! monsieur Pied-Léger, qu'y a-t-il?

PIED-LÉGER.

Il y a que, depuis une heure, vous me faites attendre à la porte; j'en ai l'onglée, et la distribution en souffre. Voilà d'abord vos journaux. (*Cherchant parmi ceux qu'il a.*) Monsieur Selmar, négociant, rue de la Chaussée-d'Antin.

MADAME JACOB.

Y sont-ils tous les trois?

PIED-LÉGER.

Eh! oui, y compris le Journal des modes. Mais savez-vous, madame Jacob, qu'excepté vous, on se lève de bon matin dans votre maison. Au moment où j'entrais, il y a un monsieur qui descendait l'escalier.

MADAME JACOB.

Monsieur Selmar serait déjà sorti! à cette heure, à pied, cela n'est pas possible.

PIED-LÉGER.

Je vous dis que je l'ai vu..... un petit, enveloppé dans un *quiroga*.

MADAME JACOB.

Un petit...... et M. Selmar est grand et puis, (à son fils) dis donc, Jacob, est-ce que monsieur a un *quiroga* ?

JACOB.

Est-ce que je le sais! ne me parlez pas de manteaux et de pelisse; moi, ça m'embrouille.

Air : Tenez, moi, je suis un bon homme.

> C'te mode nouvelle à moi m' semble
> Devoir produire des abus,
> Par ce moyen tout l' mond' se r'semble,
> Jeunes et vieux sont confondus :
> Et l'autre soir vous savez comme
> C'te jeun' dame en sortant d'ici,
> S'en allait avec un bel homme
> Qu'elle avait pris pour son mari.

MADAME JACOB.

Il faut cependant que ce soit monsieur; car il n'y a pas d'autre personne dans la maison, l'hôtel entier n'est habité que par M. Selmar et sa femme......... et mademoiselle Gabrielle, leur fille, pas d'autres locataires.

PIED-LÉGER.

Ce serait en effet assez bizarre. (Il regarde dans la loge.) Ah, mon Dieu! votre pendule va-t-elle bien? Ma levée de huit heures qui devrait être terminée. Voilà vos lettres, nous règlerons une autre fois.

MADAME JACOB.

Dites donc, monsieur Pied-Léger, vous viendr

de ces jours, faire la partie de *loto*... Lundi nous recevons; une soirée tranquille, sans cérémonie, le cidre et les marrons; et nous causerons des nouvelles du quartier.

PIED-LÉGER.

Justement j'en ai de bonnes : vous savez bien, la portière du numéro 9.

MADAME JACOB.

Cette jeune veuve!

PIED-LÉGER.

Ah! bien oui : je vous apporterai une lettre de faire part... la mère et l'enfant se portent bien. A ce soir, madame Jacob, à ce soir après la dernière levée.

(Il sort.)

SCÈNE IV.

Madame JACOB, JACOB, se mettant a déjeuner.

MADAME JACOB.

Voilà une aventure bien singulière, et qu'il faut absolument que j'éclaircisse.

(Elle cherche à entr'ouvrir les lettres, et à lire malgré le pli.)

SCÈNE V.

JACOB, DANS LA LOGE; MADAME JACOB, M. RAYMOND, COUVERT D'UNE REDINGOTE BRUNE.

MADAME JACOB, à M. Raymond qui entre.

Qu'y a-t-il? Que demandez-vous?

RAYMOND.

C'est une lettre qu'on m'a dit de remettre à M. de Selmar : on attend la réponse.

MADAME JACOB.

M. de Selmar n'y est pas. Quand je dis qu'il n'y est pas, c'est-à-dire qu'il pourrait bien y être, car moi je ne l'ai pas vu sortir. (A part.) Mais voilà un bon moyen pour connaître la vérité. (Haut.) Voulez-vous prendre la peine d'attendre? je vais porter moi-même la lettre à M. de Selmar. (A part.) S'il est là haut, il est bien évident que ce n'est pas lui qui tout à l'heure... Alors nous saurons peut-être quel est ce beau jeune homme qui ne demeure point ici, et qui sort de si bon matin. (Haut à Raymond.) Je suis à vous. (A son fils.) Jacob, reste là, et garde bien la porte.

JACOB, criant.

Oui, ma mère.

SCÈNE VI.

JACOB, DANS LA LOGE; RAYMOND.

RAYMOND.

Il paraît que madame Jacob, c'est la portière. Mais comment ne sait-elle pas si son maître est absent ou non? Je crains bien alors que mon plan ne réussisse pas, et que ce déguisement... Après tout, qu'est-ce que je risque? dans ma position...

Air de la Robe et les Bottes.

> Riche et garçon j'avais pour espérance
> Un seul neveu; mais l'ingrat m'a quitté;
> Et je me trouve au sein de l'opulence
> Sans nul parent, sans amis, sans gaîté.
> Être heureux seul, cela ne peut suffire!
> Il faut encor, pour contenter son cœur,
> Un autre cœur à qui l'on puisse dire :
> Je suis heureux, partagez mon bonheur.

On m'a écrit au fond de ma province pour me proposer une alliance honorable, une fortune solide, une jeune personne douce, aimable, modeste, enfin parfaite, comme toutes les demoiselles à marier; mais qui me prouvera qu'on m'a dit la vérité? Faut-il en croire mes correspondans ou aller aux informations?.. Moi j'ai toujours été un peu romanesque, un peu bizarre; j'aime mieux m'en rapporter à moi qu'aux autres; j'aime mieux écouter qu'interroger. Me voici dans l'hôtel du beau-père, et je pense que, pour la guerre d'observation que je médite, il n'y a pas de position plus favorable que la loge du portier : c'est le seul endroit où l'on sache fidèlement ce qui se passe au premier; c'est la partie officielle de la maison : aussi j'y établis pour aujourd'hui mon quartier-général, et, d'après les rapports favorables ou contraires, je formerai ma demande ou je reprendrai la poste... Qui descend le grand escalier?... C'est la femme de chambre : ce doit être, si je ne me trompe, un puissant auxiliaire.

SCÈNE VII.

RAYMOND, ANNETTE, descendant le grand escalier; JACOB.

ANNETTE, allant à la loge.

Jacob, les lettres de madame.

JACOB.

Voilà, mademoiselle Annette : ces gens-là sont bien heureux d'avoir appris l'écriture; si j'en savais autant, je vous écrirais tous les jours.

ANNETTE.

A moi, Jacob?

JACOB.

Mais c'est la faute de ma mère, qui ne veut pas que j'aille à la classe du soir.

ANNETTE.

Il me semble que vous pouvez vous en passer, puisque j'ai la complaisance de vous donner de temps en temps des leçons d'écriture.

SCÈNE VII.

JACOB.

Oui, mais c'est si rarement! je finirai par oublier.

ANNETTE.

Eh bien! tantôt, au boudoir de madame, où je travaille toute la matinée.

JACOB, avec joie.

Ah! oui, mademoiselle Annette.

ANNETTE.

Et surtout ne passez pas par le grand escalier et par l'antichambre; il y a toujours là Philippe, le valet de chambre et les autres domestiques. Ce n'est pas certainement qu'on fasse du mal; mais il n'est pas nécessaire que tout le monde sache... Ces gens-là sont si mauvaises langues!

JACOB.

Oui, surtout ce M. Philippe. Allez, j'ai de bons yeux, je suis sûr qu'il vous fait la cour, et qu'il ne vous est pas indifférent. Dieux! que je suis malheureux!

ANNETTE.

Allons, Jacob, vous êtes un enfant, vous n'êtes pas raisonnable.

RAYMOND, à part.

C'est clair, le fils de la portière aime la femme de chambre: intrigue subalterne qui ne me regarde pas.

JACOB.

Aussi, si ma mère l'avait voulu, il y a long-temps que j'aurais pris du service.

ANNETTE.

Du service, Jacob?

JACOB.

Oui, je voulais me faire jockei, pour rapprocher les distances; mais madame Jacob a des idées d'orgueil et de fierté; elle dit que quand, depuis cinquante ans, on est portier de père en fils, il ne faut pas déroger; elle fait des phrases; elle dit comme ça que la livrée ne vaut pas l'indépendance du cordon... est-ce que je sais? elle a un tas de raisonnemens qui seront cause que là devant mes yeux je vous verrai en épouser un autre. Dieux! ce M. Philippe, que je le déteste! Il est bien heureux d'être valet de chambre; si j'avais le bonheur d'être son égal!

ANNETTE.

Jacob, je vous ordonne d'être sage, de vous modérer. Déjà ce matin je n'ai pas été contente de vous; je vous défends bien de recommencer, et si ces enfantillages-là vous arrivent encore...

JACOB.

Comment! mademoiselle Annette, qu'est-ce que que j'ai donc fait?

ANNETTE.

Je vous ai bien entendu de grand matin dans le corridor; qu'est-ce que cela signifie? Vous savez bien que ma chambre est à côté de celle de ces dames, et vous allez marcher, vous arrêter devant ma porte, soupirer, et surtout vous faites un bruit en descendant le grand escalier...

RAYMOND.

Oh! oh!

SCÈNE VII.

JACOB.

Moi, mademoiselle!

ANNETTE.

Oui, sans doute: croyez-vous que je n'ai pas distingué les pas d'un homme?

JACOB.

Ce n'était pas moi, je vous le jure; et la preuve, c'est que je dormais, et je rêvais à vous.

ANNETTE.

Ce n'était pas vous?

JACOB.

Attendez, m'y voilà! il n'y a pas de doute, c'était le monsieur de ce matin, le jeune homme au beau manteau.

ANNETTE.

Un jeune homme qui sortait de chez nous, à une pareille heure!

RAYMOND, avançant.

Heim! qu'est-ce que cela signifie?

JACOB, à Annette.

C'est ma mère: taisez-vous, je vous raconterai tout cela.

RAYMOND.

Eh bien! à la bonne heure! voilà un commencement qui promet.

SCÈNE VIII.

Les précédens; madame JACOB, descendant le grand escalier.

MADAME JACOB.

Je n'ai pas pu entrer chez monsieur; mais il paraît que décidément il y est : car madame m'a dit positivement qu'elle venait d'entrer dans son cabinet, où il était à travailler; qu'il ne voulait recevoir personne ce matin, (A Raymond.) et que vous n'auriez de réponse que sur les dix heures. Ainsi, mon cher, repassez dans la matinée.

RAYMOND.

C'est qu'on m'a dit de ne revenir qu'avec la lettre de M. de Selmar.

MADAME JACOB.

C'est donc bien important! En ce cas, vous ne risquez rien d'attendre, si vous avez le temps.

RAYMOND.

Oh! je ne demande pas mieux.

JACOB.

Tenez, mettez-vous là, près du poêle, et puis, si vous savez lire, voilà les journaux pour vous amuser.

RAYMOND.

Pour m'amuser!

ANNETTE.

Ah! donnez-moi le Journal des Modes.

RAYMOND.

Mais ils ne sont pas décachetés.

SCÈNE VIII.

JACOB, les déployant.

Tiens, qu'est-ce que cela fait ? Ici, on les lit toujours avant les maîtres : ça, le sou pour livre et la bûche, c'est le fixe de notre état.

RAYMOND.

Air du vaudeville de l'Écu de six francs.

Voilà tout ce que je désire !
Ce journal me sert à souhaits ;
Avec soin feignons de le lire,
Et prêtons l'oreille aux caquets :
Pour s'instruire c'est la recette,
Et je vais, quelle rareté !
Apprendre ici la vérité
Tout en lisant une gazette.

ANNETTE, montrant Raymond.

Dites donc, madame Jacob, il a l'air d'un brave homme, il y aurait conscience à lui faire perdre son temps ; renvoyez-le.

MADAME JACOB.

Et pourquoi ?

ANNETTE.

C'est que monsieur ne lui donnera pas réponse aujourd'hui.

MADAME JACOB.

Puisque madame m'a dit...

ANNETTE.

C'est égal, je vous atteste, moi, que monsieur n'est pas ici ; et même je vous dirai plus, il n'y a pas couché.

RAYMOND, à part.

Comment ! mon beau-père !

MADAME JACOB.

Il se pourrait ! et d'où le savez-vous ?

ANNETTE.

De Philippe, qui est entré ce matin dans sa chambre, dont la porte était fermée à double tour; mais il avait sa double clef, et il m'a assuré que rien n'était dérangé dans l'appartement.

RAYMOND, ayant l'air de lire le journal, et avançant la tête.

Un instant, redoublons d'attention.

SCÈNE IX.

Les précédens ; PHILIPPE.

MADAME JACOB.

C'est M. Philippe. (Allant à lui.) Comment, mon cher ami, monsieur a passé la nuit dehors, et nous n'en savions rien?

PHILIPPE.

Chut! il y a là-dessous un mystère, mais nous le découvrirons.

RAYMOND, à part.

A merveille! voilà un autre corps d'armée qui vient au secours.

PHILIPPE.

D'abord, on fait tout au monde pour cacher le départ de monsieur.

MADAME JACOB.

Je crois bien, puisque madame m'a dit tout à l'heure qu'il s'était renfermé dans son cabinet.

PHILIPPE.

Et à moi, elle m'a dit qu'il était sorti, il y a un

SCÈNE IX.

quart d'heure, pour aller déjeûner en ville, rue Pigale; et, en ma présence, elle a donné l'ordre à Lafleur d'aller le prendre avec le cabriolet un peu avant dix heures.

MADAME JACOB.

C'est en effet à cette heure-là que madame m'a dit qu'il rendrait la réponse à ce brave homme (montrant Raymond.) qui est là pour une affaire très importante. (A Raymond.) N'est-ce pas?

PHILIPPE.

Un instant; procédons par ordre. Il y a quelques jours que j'ai porté une lettre à l'agent de change de monsieur qui, en la lisant, s'est écrié d'un air mécontent : « Attendre à aujourd'hui, lorsque nous sommes en baisse! » D'où j'ai conclu que monsieur faisait vendre ses rentes, et les faisait vendre avec perte.

MADAME JACOB.

C'est évident.

PHILIPPE.

Donc, il y était obligé : donc, il avait besoin d'argent.

ANNETTE.

Mais monsieur a donné un bal la semaine dernière.

PHILIPPE.

Raison de plus.

Air: Tout ça passe.

Telle est la règle aujourd'hui.
Un banquier dans la détresse
Annonce un grand bal chez lui,
A venir chacun s'empresse :

> Il s'esquive avec adresse
> Au doux bruit des instrumens :
> L'honneur, les danseurs, la caisse,
> Tout ça saute... en même temps.

Ce n'est rien encore ; je conduis monsieur hier matin en cabriolet chez un de ses amis ; je remarque dans la cour une chaise de voyage toute prête, et j'aperçois au bout de la rue des chevaux de poste, qu'on avait envoyé chercher, et qui arrivaient. « Philippe, me dit monsieur, vous ne viendrez pas me prendre, je vais faire des adieux à un ami qui part, je ne reviendrai à l'hôtel que pour dîner ; mais si je n'étais pas rentré à cinq heures, qu'on ne m'attende pas. » Je n'ai rien dit, parce que ce pouvait être vrai, mais maintenant je me rappelle son air un peu embarrassé, un passe-port qu'il y a quelques jours j'ai été faire viser pour Rouen ; son appartement où il n'a pas mis les pieds. Il n'y a plus de doute, monsieur n'était pas hier à Paris.

MADAME JACOB.

Donc, il a été à Rouen pour affaire de commerce.

PHILIPPE.

Il sera revenu cette nuit, et arrivé ce matin rue Pigale, où il est censé avoir déjeûné, et où Lafleur doit aller le reprendre. Voilà son itinéraire mot pour mot, et il est impossible que cela ait pu se passer autrement.

TOUS.

Il a raison.

SCÈNE IX.

RAYMOND, à part.

D'où je conclus que mon beau-père est mal dans ses affaires.

MADAME JACOB.

Ce n'est pas tout, et nous avons bien d'autres nouvelles; un jeune homme est sorti ce matin de l'hôtel.

TOUS.

Un jeune homme!

ANNETTE.

Un jeune homme! et comment?

JACOB.

Air : de Toberne.

Maintenant je devine.
Hier soir dans c' logis
On frappe à la sourdine;
Pour monsieur je l'ai pris :
J'avais cru reconnaître...

PHILIPPE.

A qui donc se fier?
Le prendre pour ton maître!

JACOB.

On s' tromp' quoique portier.
Qui sait! l'on s'est peut-être
Trompé d' même au premier.

TOUS, à voix basse.

Comment! il se pourrait!
Voilà, voilà tout le secret!

ANNETTE.

Justement. J'y suis à mon tour : c'est lui que j'aurai entendu ce matin dans le corridor, sur les sept heures; ce qui est très désagréable, parce qu'enfin, quoiqu'on ne soit qu'une femme de chambre, on tient à sa réputation.

PHILIPPE.

Attendez donc: un jeune homme d'une taille moyenne.

MADAME JACOB.

Précisément; le facteur l'a dit.

PHILIPPE.

M'y voilà peut-être.

MADAME JACOB.

Vous savez donc...

PHILIPPE.

Rien encore, mais nous n'en sommes pas loin.

TOUS, ensemble.

Écoutons tous.

RAYMOND.

C'est fini, ils vont trop m'en apprendre.

PHILIPPE.

Je revenais l'autre semaine, à pied, lundi dernier, le jour où j'avais été à cette noce; il était quatre heures du matin; en approchant des murs du jardin, j'aperçois un homme qui en descendait lestement. Je ne peux pas trop vous dire ce que j'éprouvai en ce moment; mais par un mouvement involontaire, j'ouvrais la bouche pour crier *au voleur*, lorsqu'un geste menaçant m'arrête juste à la première syllabe. « Tais-toi, je ne suis point un voleur; mais je t'as-« somme si tu parles. » Je ne réponds que par mon silence. « Tiens, voilà deux napoléons; prends, et, « sur ta tête, ne me suis pas. » A ces mots, il était déjà parti.

SCÈNE IX.

TOUS.

Eh bien?

PHILIPPE.

J'ai pris les deux napoléons; et je l'ai suivi, mais de loin; il s'est arrêté ici près, rue Saint-Lazare, maison du débit de tabac, a frappé à une allée; la porte s'est refermée, et quelques minutes après j'ai vu de la lumière au second.

RAYMOND, écrivant sur son calepin.

Rue Saint-Lazare, maison du débit de tabac, au second. C'est là qu'il faut maintenant établir mon quartier général. Diable, une allée. C'est fâcheux! il n'y aura pas de portière; mais il y a des voisins. (Il se lève, et dit) : Pardon, madame, je reviendrai dans une heure.

(Madame Jacob tire le cordon, il sort.)

ANNETTE.

Quelles pouvaient être les intentions de ce jeune homme?

PHILIPPE.

Il n'y a pas à hésiter; il venait pour madame, ou pour mademoiselle. Mais la circonstance d'aujourd'hui... Monsieur qui se trouve à Rouen, vous entendez... tandis qu'une autre personne se trouve ici; vous comprenez... Tout cela me fait croire que c'est pour madame.

MADAME JACOB.

Enfin, nous saurons bien.

PHILIPPE.

Sans doute, car c'est ici que s'éclaircissent tous les mystères.

<small>Air de la ronde du Solitaire.</small>

Qui connaît les nouvelles
De tout notre quartier?
Par des récits fidèles
Qui va les publier?
Qui sait que la lingère
Passe en cabriolet?
Qui sait que la laitière
Met de l'eau dans son lait?
C'est notre portière
Qui sait tout, qui voit tout,
Entend tout, est partout.

TOUS.

Oui, c'est la portière
Qui sait tout, qui voit tout,
Entend tout, est partout.

PHILIPPE.

Écoutez, le bruit d'un cabriolet ; il s'arrête. C'est monsieur qui rentre. (On entend au dehors : Porte, s'il vous plaît.)

JACOB.

Maman, je vais ouvrir la porte.

SCÈNE X.

Les précédens ; M. DE SELMAR, LAFLEUR.

M. SELMAR, parlant à Lafleur.

Non, ce n'est pas la peine de rentrer le cabriolet, qu'il attende à la porte, je ressortirai peut-être tout à l'heure. (Descendant le théâtre, et à part.) Tout s'est passé à merveille : parti hier pour Rouen, revenu ce matin ; et personne ne s'en est seulement douté. Quand on le veut bien, on est toujours maître de ses secrets.

SCÈNE X.

Moi je ne me confie jamais à mes domestiques; aussi, ils ne savent rien de mes affaires. Allons, la perte ne sera pas aussi considérable que je le croyais. Que je trouve ce matin seulement une soixantaine de mille francs, je fais face à tout, et mon crédit n'aura pas éprouvé la moindre atteinte.

Air des Habitans des Landes.

Qu'un négociant fléchisse,
Ou qu'un mari soit trompé!
Qu'un autre nous éblouisse
Par un crédit usurpé!
C'est du secret, du mystère
Que tout dépend dans Paris :
En amour, comme en affaire,
Pour les banquiers, les maris,
   Tout va bien, (*bis*).
Quand personne ne sait rien.
   Tout va bien
Quand personne ne sait rien.

TOUS LES DOMESTIQUES, à part.

   Tout va bien,
Il ne peut nous cacher rien.

M. SELMAR.

Bonjour, Annette; je ne t'ai pas vue ce matin, je suis sorti de bonne heure.

ANNETTE.

C'est vrai, monsieur.

M. SELMAR, à madame Jacob.

Mes journaux. (*Jacob les lui donne.*) Voyons la rente.

PHILIPPE, qu'on a vu causer avec Lafleur s'approchant d'Annette, lui dit tout bas.

Eh bien! tout s'est passé comme je vous l'avais dit; je ne me suis pas trompé d'une syllabe; mais les maîtres sont d'une confiance, d'une bonhomie!... Ce n'est pas nous qu'on abuserait ainsi.

ANNETTE.

Non, sans doute.

JACOB, bas à Annette.

Vous ne m'avez pas dit à quelle heure, au boudoir?

ANNETTE, vivement.

A trois heures, par le petit escalier, et taisez-vous.

M. SELMAR.

Il n'y a pas de lettres?

MADAME JACOB.

En voici une qu'un commissionnaire a apportée, et qui doit être importante, car il a attendu deux heures, et ne s'en est allé que quand il a eu perdu patience.

M. SELMAR, après avoir parcouru la lettre.

Ah, mon Dieu! c'est de la part de ce riche propriétaire de Marseille, celui qu'on nous a proposé pour gendre! (Haut.) Et il ne m'a pas trouvé, et on l'a fait attendre. (A madame Jacob.) S'il revenait quelqu'un de la part de M. Raymond, ou bien M. Raymond lui même, qu'on le fasse monter sur-le-champ, qu'on le conduise dans mon cabinet. Entendez-vous, Philippe, et avec les plus grands égards.

(Il sort par le grand escalier.)

SCÈNE XI.

Les mêmes, hors M. DE SELMAR.

PHILIPPE.

Monsieur Raymond! qu'est-ce que cela veut dire?

MADAME JACOB.

Connaissez-vous cela?

PHILIPPE.

Ah! mon Dieu! non.

JACOB.

Ni moi.

ANNETTE.

Ni moi; je n'en ai jamais entendu parler.

(Ils sont tous quatre réunis, et forment un groupe.)

SCÈNE XII.

Les précédens; M. RAYMOND, en habit de ville très-riche.

RAYMOND.

C'est bien, c'est bien, restez à vos chevaux; je n'ai pas besoin qu'on me suive, je m'annoncerai bien moi-même. (Aux quatre domestiques qui se retournent.) Monsieur de Selmar est-il rentré?

PHILIPPE.

Oui, monsieur. (Le regardant.) Ah, mon Dieu!

ANNETTE, de même.

Comment! il se pourrait?

MADAME JACOB.

C'est le monsieur de tout à l'heure.

JACOB.

C'est le commissionnaire!

RAYMOND, froidement.

Voulez-vous bien me conduire vers lui, et annoncer monsieur Raymond.

PHILIPPE.

Comment! vous êtes monsieur Raymond?

ANNETTE, aux deux autres.

C'est monsieur Raymond.

JACOB, et sa mère.

Monsieur Raymond!

RAYMOND.

Oui, lui-même. (A part.) Je conçois leur surprise; et voilà un événement qui ouvre un vaste champ aux conjectures. Heureusement je n'ai rien à craindre; je ne suis pas leur maître; et comme ils ne me connaissent pas, je puis, je crois, défier leur curiosité.

PHILIPPE, se rangeant, et montrant l'escalier.

Si monsieur veut prendre la peine de monter, Lapierre, qui est dans l'antichambre, annoncera monsieur.

(Raymond sort par le grand escalier.)

SCÈNE XIII.

Les précédens ; excepté RAYMOND.

PHILIPPE, les rassemblant tous autour de lui.

Eh bien! mes amis, concevez-vous ce que cela veut dire? Voilà bien une autre aventure?

MADAME JACOB.

Ce matin, en commissionnaire, et une heure après, en beau monsieur.

JACOB.

Je voudrais bien savoir s'il était déguisé ce matin, ou s'il l'est maintenant.

PHILIPPE.

Quel qu'il soit, nous découvrirons ce mystère, il y va de notre honneur; et, pour moi, je pense d'abord... (On entend une sonnette.) C'est monsieur qui m'appelle. Il n'y a rien d'insupportable comme les maîtres; ils vous sonnent toujours quand on est occupé.

ANNETTE.

C'est égal, ce monsieur Raymond avait des intentions; et puisqu'il est venu déguisé, mon avis est que... (On entend une autre sonnette.) C'est madame qui a besoin de moi. Là, c'est comme un fait exprès! je vous demande s'il y a moyen de rien savoir? (Les deux sonnettes se font entendre en même temps.)

MADAME JACOB.

Mais allez donc; monsieur et madame s'impatientent.

AIR : Quel carillon.

> Quel carillon
> Dans ces lieux se fait entendre !
> Quel carillon
> Retentit dans la maison !

JACOB.

> Il part, c'est bon !
> Au boudoir je vais me rendre,
> Attention,
> N'oublions pas la leçon.

TOUS.

> Quel carillon
> Dans ces lieux se fait entendre !
> Quel carillon
> Retentit dans la maison.

(Philippe et Annette montent par le grand escalier, Jacob se glisse par le petit.)

SCÈNE XIV.

MADAME JACOB, SEULE.

Je n'en reviens pas. Et comment pénétrer ce mystère ? Dire qu'il était là tantôt avec une simple redingote brune, et maintenant (Allant à la porte, et regardant dans la rue.) un bel équipage, deux chevaux gris, deux laquais et un cocher d'une ampleur ! il paraît qu'on ne maigrit pas à son service. Entrez donc, monsieur, entrez donc, vous devez avoir froid dans la rue ; et si vous vouliez vous chauffer un instant au poêle ?

SCÈNE XV.

Madame JACOB, MORODAN, en grosse redingote garnie de fourrure.

MORODAN.

Ma foi, madame, ce n'est pas de refus; mais c'est que j'ai là mes bêtes. Là, là, Petit-Gris! Saint-Jean, veillez un peu à mes chevaux.

MADAME JACOB.

Monsieur ne nous avait pas encore fait l'honneur de venir nous voir.

MORODAN, s'asseyant près du poêle.

Non, madame : nous sommes arrivés depuis peu de Marseille, et nous y retournons bientôt; car je crois que nous ne sommes ici que pour nous marier.

MADAME JACOB.

Vous marier!

MORODAN.

A ce que m'a dit Saint-Jean, le domestique de monsieur; car je ne suis à son service que depuis trois jours; il m'a pris dans les Petites Affiches, une feuille purement littéraire, avec laquelle je suis habituellement en rapport; oui, c'est là que monsieur a trouvé ma notice : « *Morodan; cocher-expert, connu pour* « *aller vite.* » Avec moi, il faut ou qu'on verse, ou qu'on arrive, je ne connais que cela.

MADAME JACOB.

Vous dites donc que vous allez vous marier? Monsieur Raymond, votre maître, est donc veuf?

MORODAN.

Non, nous sommes garçon, toujours à ce que m'a dit Saint-Jean. Monsieur avait un neveu avec qui il s'est brouillé, et qu'il est venu, je crois, chercher à Paris.

MADAME JACOB.

Vous y êtes donc établi dans ce moment?

MORODAN.

Oui, nous demeurons rue de Tournon, n° 32 ; la maison est à nous, et justement, dans ce moment nous avons besoin d'un portier.

MADAME JACOB.

Ah! vous avez besoin... (à part.) Maudit cocher! il n'arrivera pas.

MORODAN, parlant de sa place, aux chevaux.

Eh bien! eh bien! qu'est-ce que je vous disais! entendez-vous le démon? Ohé! oh! là, là. Ce Petit-Gris ne peut pas rester en place : aussi, c'est la faute de monsieur, qui ce matin nous fait attendre deux heures au détour de la rue.

MADAME JACOB.

Comment! ce matin vous l'avez attendu? Sur les neuf heures, n'est-ce pas?

MORODAN.

Oui ; mais c'est une aventure, un déguisement : il ne faut pas dire...

MADAME JACOB.

Je sais ce que c'est. Il est arrivé ici en redingote brune, en petite perruque.

SCÈNE XV.

MORODAN.

Je vois que vous êtes au fait. Eh bien! alors, dites-moi donc ce que cela veut dire?

MADAME JACOB, à part.

Il s'adresse bien.

MORODAN.

Il y avait une heure que je rongeais mon frein, quand monsieur est accouru. Vite, rue Saint-Lazare, au débit de tabac, fouette cocher. Nous arrivons: monsieur se précipite dans la boutique; et, du haut de mon siège, j'entends qu'on demande des renseignemens sur un jeune homme qui demeure dans la maison, au second étage.

MADAME JACOB.

Je comprends, il nous aura écoutés : c'est le *quiroga*.

MORODAN.

Le *quiroga!*

MADAME JACOB.

Oui, oui, allez toujours.

MORODAN.

« Monsieur, reprend la marchande de tabac, le
« jeune homme dont vous parlez n'est pas rentré
« hier. »

MADAME JACOB.

Je crois bien, c'est cela même; nous y sommes.

MORODAN.

« Mais voici un petit mot qu'il a envoyé à onze
« heures du soir : *Qu'on ne m'attende point, je ne
« rentrerai pas.* » Monsieur prend le billet, le re-

garde. Dieux ! s'écrie-t-il, quelle écriture ! il serait possible !

MADAME JACOB.

Il a dit cela ?

MORODAN.

Ces propres paroles : quelle écriture ! il serait possible !

Air de Marianne.

Soudain nous nous mettons en route,
Et jusqu'ici je l'ai conduit ;
Mais dans la voiture sans doute
Il aura r'pris son autre habit.
Tout confondu,
Quand je l'ai vu
En beau monsieur redescendre impromptu :
J' dis : Quels chang'mens !
Si tant de gens
Qui roul'nt carrosse, ou derrière ou dedans,
De mon maître imitant l'allure,
Allaient, s'éveillant en sursaut,
Se trouver des gens comme il faut
En descendant d' voiture.

Je vous le demande maintenant, qu'est-ce que cela signifie ?

MADAME JACOB.

Eh bien ! je me le demande aussi ; mais patience, nous sommes sur la bonne route, nous y arriverons.

SCÈNE XVI.

Les précédens; PHILIPPE, descendant vivement l'escalier.

PHILIPPE.

Madame Jacob, madame Jacob, j'ai des nouvelles.

MADAME JACOB.

Et moi aussi.

PHILIPPE, montrant Morodan qui s'est assis auprès du poêle.

Quel est ce cocher étranger?

MADAME JACOB.

Il est de la maison de ce M. Raymond.

PHILIPPE, le saluant.

Monsieur, j'ai bien l'honneur.

MORODAN, se levant et saluant aussi.

Monsieur, c'est moi qui...

PHILIPPE.

Je vous en prie, je suis chez moi; restez donc.

MORODAN.

Du tout, j'ai l'habitude d'être assis; si vous vouliez prendre mon siège.

PHILIPPE.

Ne faites donc pas attention, je passe ma vie à être debout. Je crois avoir déjà eu l'honneur de voir monsieur; n'avons-nous pas dîné ensemble chez ce prince russe?

MORODAN.

C'est mon avant-dernière maison. Nous nous sommes aussi rencontrés quelquefois à l'Opéra.

PHILIPPE.

L'année dernière; cette année, nous sommes abonnés aux Bouffons.

MORODAN.

Et vous avez bien raison; j'aime mieux ce théâtre, la salle est plus petite, et il fait plus chaud... sous le péristyle.

MADAME JACOB.

Eh! messieurs, vous parlerez spectacle une autre fois. (A Philippe.) Racontez-moi vite ce que vous savez. Vous pouvez tout dire devant monsieur; c'est un bon enfant.

PHILIPPE.

Ah! c'est un bon enfant. Eh bien! mes amis, le maître de monsieur est un prétendu; il vient pour épouser mademoiselle.

MADAME JACOB.

Eh! nous le savons de reste.

PHILIPPE.

Mais l'explication a été chaude, car on entendait leurs voix de l'antichambre.

MADAME JACOB.

Et vous n'avez pas écouté?

PHILIPPE.

J'étais de là, l'oreille contre la porte. « Monsieur, « (A Morodan.) disait votre maître, on m'a trompé sur « votre fortune; je sais que dans ce moment vous « êtes gêné. —Monsieur, disait M. de Selmar, il « n'est pas nécessaire de parler si haut; je vois que « vous refusez de vous allier à nous ; mais ce n'est

SCÈNE XVII.

« pas une raison pour me perdre. — Au contraire, je
« viens pour vous sauver, et j'ai cent mille francs à
« votre service; mais c'est à une condition. »

MADAME JACOB.

Eh bien! cette condition?

MORODAN.

Oui, quelle est-elle?

PHILIPPE.

Je ne l'ai pas entendue, car monsieur venait à la
porte qu'il a ouverte. « Philippe! » Vous comprenez
bien que j'étais déjà à dix pas de là, assis près de la
croisée, tenant à la main *le Solitaire*, et feignant
de dormir, comme quelqu'un qui aurait lu. Philippe!
j'étends les bras, je me frotte les yeux... « Des-
« cendez, et défendez ma porte, je n'y suis pour
« personne. — Et nous, reprend votre maître, pas-
« sons chez ces dames. » Alors... (On frappe.) Hein, qui
est-ce qui frappe?

MADAME JACOB, tirant le cordon sans regarder.

C'est égal, allez toujours.

SCÈNE XVII.

LES PRÉCÉDENS; ADOLPHE.

ADOLPHE.

M. de Selmar?

PHILIPPE, le regardant.

Ah, mon Dieu! si je ne me trompe...

ADOLPHE.

M. de Selmar?

MADAME JACOB, à part.

N'oublions pas la consigne. (Haut.) Monsieur est sorti.

ADOLPHE.

Sorti!

PHILIPPE.

Oui, monsieur.

ADOLPHE.

Tu mens, coquin!

PHILIPPE.

Monsieur me reconnaît; moi aussi, je reconnais monsieur. Lundi dernier, la nuit, le mur du jardin... oh! je n'ai rien dit.

ADOLPHE, lui donnant une bourse.

Prends, et tais-toi.

PHILIPPE.

Je prends, et je me tais. (Bas.) Monsieur est chez lui.

ADOLPHE, de même.

C'est bon. (Haut à madame Jacob.) Vous dites donc que monsieur ne reçoit pas: Il y a pourtant une voiture à la porte.

MADAME JACOB.

C'est égal, dès que monsieur dit qu'il n'y est pas. (A part.) Est-il obstiné!

PHILIPPE, bas.

C'est la voiture d'un futur.

ADOLPHE.

Un futur!

PHILIPPE, bas.

Il vient pour épouser.

ADOLPHE.

Épouser! c'est ce que nous verrons. Mais je suis bien bon, n'ai-je pas la clef? et cet escalier dérobé... Adieu, adieu, mes amis; puisque votre maître n'est pas visible, je reviendrai demain.

(Il fait semblant de sortir par le fond, et se glisse par le petit escalier.)

SCÈNE XVIII.

Les précédens; excepté ADOLPHE.

MADAME JACOB.

Eh bien donc, monsieur Philippe, continuez, puisqu'enfin le voilà parti.

PHILIPPE.

Parti... Ah! madame Jacob! aurez-vous donc toujours des yeux pour ne point voir?

MADAME JACOB.

Comment!

PHILIPPE.

Il est monté par le petit escalier.

MADAME JACOB.

Vous l'avez vu?

PHILIPPE.

Oui, sans doute. Il paraît qu'il connaît le chemin; et puisqu'il faut tout vous dire, c'est le jeune homme de l'autre soir, le monsieur aux louis d'or.

MADAME JACOB.

J'y suis; c'est le manteau de ce matin, ce monsieur qui venait pour...

PHILIPPE.

Ou pour... car nous ne savons pas encore au juste; mais, je vous le demande, madame Jacob, quelles mœurs!

MORODAN.

C'est pourtant vrai, quelles mœurs! Ce n'est pas dans notre classe que...

PHILIPPE.

Moi, je ne loge pas au premier, je ne suis qu'un laquais; mais, si j'épouse Annette, c'est que je sais à quoi m'en tenir. Mademoiselle Annette est la sagesse même.

MADAME JACOB.

Oh! oui, la sagesse même. Où donc est ce petit Jacob? (Appelant.) Jacob... Moi qui avais une commission à lui donner.

SCÈNE XIX.

Les précédens; ANNETTE.

ANNETTE.

Ah! mes amis! si vous saviez, l'émotion et surtout la surprise...

PHILIPPE.

Eh, bien! Annette? ma chère Annette! elle se trouve mal!

MADAME JACOB.

Tenez, c'est des vapeurs dans le genre de madame.

ANNETTE.

Ce ne sera rien. Le flacon de ma maîtresse, dans mon tablier.

SCÈNE XIX.

PHILIPPE, prenant le flacon dans la poche d'Annette.

Le voilà... elle revient.

ANNETTE.

Dans un autre moment, il y aurait eu de quoi se trouver mal tout-à-fait.... Imaginez-vous que tout à l'heure dans le boudoir de madame, où j'étais à travailler seule, voilà que tout à coup nous entendons, c'est-à-dire j'entends madame qui crie : Annette! Annette! ouvrez, pourquoi êtes-vous enfermée?

PHILIPPE.

Vous étiez enfermée!

MADAME JACOB.

Mais où donc est Jacob! je croyais qu'il était là!

ANNETTE.

Oui, je ne sais comment, par inadvertance. Enfin je me dépêche le plus possible; j'ouvre, et je vois ma maîtresse et sa fille, avec monsieur et cet étranger... monsieur Raymond.

PHILIPPE.

Comme je vous le disais tout à l'heure, ils étaient passés chez ces dames.

ANNETTE.

« Annette... sortez, » me dit ma maîtresse, et la porte se referme.

PHILIPPE.

Il fallait faire comme moi, écouter.

ANNETTE.

Impossible, ils parlaient à voix basse; mais que disaient-ils? voilà ce que je ne pouvais deviner; aussi la curiosité, l'impatience, d'autres idées encore, tout cela réuni, fait que je n'y puis plus tenir; je tourne le bouton de la porte, et j'entre audacieusement. — Madame a sonné ? — Du tout, mademoiselle. — Je demande pardon à madame, je suis certaine d'avoir entendu sonner. — Vous vous êtes trompée, laissez-nous. — Dans ce moment, la porte, que j'avais laissée tout contre, s'ouvre avec fracas ; un jeune homme se précipite...

MORODAN.

Parbleu, celui de tout-à-l'heure.

PHILIPPE.

Je vous disais bien qu'il était monté.

ANNETTE.

En l'apercevant, mademoiselle jette un cri...

MORODAN.

Décidément c'était pour mademoiselle.

ANNETTE.

Mais le jeune homme regarde l'étranger.

PHILIPPE.

Ah, mon Dieu ! ils vont se battre !

MORODAN.

Mon maître, se battre ! Monsieur, voilà nos deux maisons brouillées.

ANNETTE, ayant l'air de reprendre haleine.

Le jeune homme regarde l'étranger, s'élance vers lui... Celui-ci lui tend les bras, et ils s'embrassent tous deux, tandis que monsieur, me poussant par les épaules, me met hors du cabinet, et tout cela si rapidement, que j'ai à peine le temps de me reconnaître ; je descends, je me trouve mal, et voilà.

SCÈNE XIX.

PHILIPPE.
Air de Turenne.

Mais que veut dire ce mystère ?
Et quels sont ces deux inconnus ?

ANNETTE.

Est-ce son fils ?

MADAME JACOB.

Est-ce son père ?

MORODAN.

Attendez donc !... je n'y suis plus.

TOUS.

Nos soins seraient ils super-flus ?

MADAME JACOB.

Faut-il souffrir que par de tels outrages
Un maitre ainsi blesse nos intérêts ?

PHILIPPE.

Garder pour eux tous leurs secrets,
C'est presque nous voler nos gages.

C'est fini, au moment où nous croyons tenir le fil, le voilà plus embrouillé que jamais ; et nous n'y sommes plus.

MORODAN.

Il est de fait que vous n'y êtes plus.

MADAME JACOB.

Et dire que nous ne pourrons pas pénétrer ce mystère !

SCÈNE XX.

Les précédens; JACOB.

JACOB, descendant le petit escalier.

Ma mère, madame Jacob... ohé... les autres!

MADAME JACOB.

Ah! le voilà enfin... Eh bien! qu'y a-t-il donc?

JACOB.

Allez, de fameux événemens, et je peux vous en apprendre, car je connais toute la manigance.

TOUS.

Il serait possible!

MADAME JACOB, le caressant.

Quand je vous le disais, est-il gentil! Parle donc, mon enfant.

TOUS.

Eh! oui, parle vite.

PHILIPPE.

Mais par quel moyen as-tu appris...

JACOB.

Par quel moyen? ça c'est mon secret à moi, vous ne le saurez pas; mais pour celui de nos maîtres, c'est différent! Imaginez-vous donc que M. Adolphe qui vient d'arriver est le neveu de M. Raymond.

ANNETTE.

Son neveu!

MORODAN.

Notre neveu!

SCÈNE XX.

JACOB.

Eh! oui vraiment! il était dans la disgrace de son oncle, au sujet d'un mariage qu'il avait refusé à Marseille. Alors, il était venu ici à Paris, et il était tombé amoureux de mademoiselle.

MADAME JACOB, à Philippe.

Amoureux de mademoiselle, vous le voyez.

PHILIPPE.

Parbleu! c'est moi qui vous l'ai dit.

MORODAN.

Du tout, vous disiez de madame.

ANNETTE.

Laissez-le donc achever.

JACOB.

Étant sans fortune, et brouillé avec son oncle, il n'osait pas lui parler de son amour, et demander son consentement; d'un autre côté, M. de Selmar lui aurait refusé sa fille. Alors, depuis quelques jours, et sans en parler à personne, ils s'étaient mariés secrètement.

TOUS.

Secrètement.

ANNETTE.

Vous voyez, monsieur Philippe, avec vos idées.... moi j'étais bien sûre que ma maîtresse...

JACOB.

Là dessus, des reproches, des explications, des pardons avec des sanglots, mon père, ma fille, et ainsi de suite. Finalement, il a été convenu que, pour l'honneur de la famille, cela serait tenu secret; que le mariage ne serait censé avoir lieu qu'aujourd'hui ; qu'on allait tout préparer pour cela, et qu'on ne parlerait pas des soixante mille francs que monsieur Raymond doit prêter à notre maître. Alors, ils se sont tous réconciliés, et sont enfin sortis du boudoir ; (Bas à Annette.) heureusement pour moi, car j'étouffais.

ANNETTE, d'un air d'intérêt.

Comment ! vous étouffiez ?

JACOB.

Oui, cette armoire, où vous m'aviez fait cacher, était si étroite !

ANNETTE, de même.

Taisez-vous, voici ces messieurs.

SCÈNE XXI.

Les précédens ; M. DE SELMAR, M. RAYMOND, ADOLPHE.

M. SELMAR.

Mon cher Raymond, mon cher Adolphe, si vous saviez combien je suis heureux de cette alliance ! mais vous sentez comme moi que la plus grande discrétion...

RAYMOND.

Moi, d'abord, je vous réponds de mes gens.

M. SELMAR.

Moi des miens ; et la bonne raison, c'est qu'ils ne savent rien.

PHILIPPE, à Adolphe.

J'espère que monsieur est content de moi, et que

SCÈNE XXI.

maintenant qu'il va être notre maître, il ne m'oubliera pas.

M. SELMAR.

Comment! Philippe, vous savez...

PHILIPPE.

Oui, monsieur : les bonnes nouvelles se répandent vite, et comme madame nous avait promis que le jour du mariage de mademoiselle...

M. SELMAR.

En effet. Eh bien! quand ma fille se mariera, ce qui ne va pas tarder, nous verrons.

PHILIPPE.

Ah! monsieur, je suis tranquille; c'est comme si c'était déjà fait.

M. SELMAR.

Hein! qu'est-ce que cela signifie?

PHILIPPE.

Que quand même nous connaîtrions la vérité, ce n'est pas avec des domestiques aussi fidèles et aussi dévoués à leurs maîtres qu'il y a jamais rien à craindre.

RAYMOND, bas à M. Selmar.

Ils sont au courant de tout.

M. SELMAR.

Puisque vous étiez si bien instruits, pourquoi dès hier ne m'avoir pas averti?

ANNETTE.

Monsieur sait bien qu'hier c'était impossible.

M. SELMAR, troublé.

Ah! c'était... Allons, ils n'en ont pas manqué un.

RAYMOND.

Ce n'est pas étonnant; si vous aviez pris les mêmes précautions que moi.

MADAME JACOB, faisant la révérence à M. Raymond.

Puisque monsieur n'a pas de portier pour sa maison de la rue de Tournon, n° 32, s'il voulait prendre mon fils Jacob.

RAYMOND.

Comment! vous savez qui je suis?

MADAME JACOB.

Qui ne connaît monsieur Raymond, riche propriétaire de Marseille... J'ose croire que monsieur en serait content, et que pour le zèle, l'activité et la discrétion...

RAYMOND.

Oui, il est à bonne école.

M. SELMAR, bas à M. Raymond.

Eh bien! qu'en dites-vous? et quel parti faut-il prendre pour échapper à la maligne curiosité de ces argus?

RAYMOND.

Aucun, mon cher ami; et puisqu'on ne peut se soustraire à cette surveillance intérieure, à cette inquisition domestique; puisqu'il est impossible de leur cacher aucune de nos actions, tâchons qu'elles soient toujours telles, qu'on n'y puisse rien blâmer, et rappelons-nous toujours ce poète qui disait:

« La loge du portier
« Est le vrai tribunal où se juge un quartier. »

SCÈNE XXI.

Air de la Petite Lampe merveilleuse.
(Dieux ! que c'est beau !)

RAYMOND, à Jacob.

De mon hôtel je te crois digne
D'être portier : sois donc heureux :
Mais retiens bien cette consigne :
Quand il viendra quelques fâcheux,
Ferme bien la porte sur eux :
Mais lorsque vient l'humble mérite,
Quand la beauté me rend visite,
Sur-le-champ en portier discret :
   Le cordon s'il vous plaît.

M. SELMAR.

Qu'une maison soit opulente,
Que le maître occupe un emploi ;
Soudain l'amitié diligente
Frappe à la porte... Ouvrez, c'est moi,
Croyez à mon zèle, à ma foi :
Mais le jour du malheur arrive,
Soudain l'amitié fugitive,
S'écrie, en faisant son paquet,
   « Le cordon s'il vous plaît. »

PHILIPPE.

Des demandeurs la foule est grande,
Et même chez nos grands seigneurs ;
Chacun en veut, chacun demande
Ou de l'argent ou des honneurs.
L'un voudrait avoir une place,
L'autre se courbant avec grace,
Dit, en présentant son placet :
   « Un cordon, s'il vous plaît. »

MORODAN.

Moi, j'en conviens : de la Turquie
J'aime assez les goûts et les mœurs ;
On y vit sans cérémonie,
On y meurt plus gaiment qu'ailleurs ;

LA LOGE DU PORTIER.

Sitôt qu'un muet vous arrête,
Loin de fuir pour sauver sa tête,
On dit, en baissant son collet :
« Le cordon, s'il vous plaît. »

JACOB, au public.

Que de portiers, dans leur paresse,
Craignent de tirer le cordon ;
Moi, messieurs, je voudrais sans cesse
Avoir du monde à la maison :
Aussi, messieurs, je vous exhorte
A venir souvent à ma porte
Dire en prenant votre billet :
« Le cordon, s'il vous plaît. »

FIN DE LA LOGE DU PORTIER ET DU QUATRIÈME VOLUME.

TABLE

DES PIÈCES CONTENUES DANS CE VOLUME.

	PAGES.
Le Coiffeur et le Perruquier.	1
La Haine d'une Femme.	45
L'Écarté.	99
Les Grisettes.	149
Le Baiser au Porteur.	205
La Quarantaine.	255
Le Plus beau jour de la Vie.	303
La Demoiselle à Marier.	357
La Loge du Portier.	427

FIN DE LA TABLE.

www.ingramcontent.com/pod-product-compliance
Lightning Source LLC
Chambersburg PA
CBHW051405230426
43669CB00011B/1777